广东省中小学"百千万人才培养工程"
初中理科名教师培养项目丛书

丛书总主编：于 慧 李晓娟

核心素养视角下
初中数学教与学之道

侯燕香 著

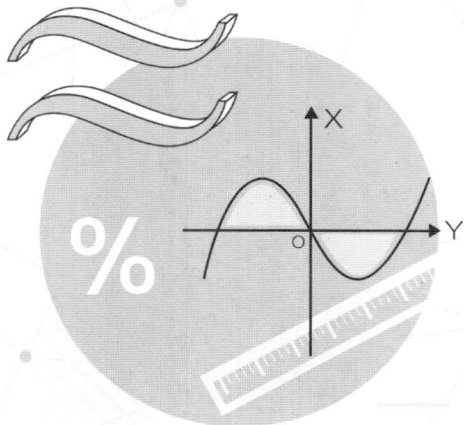

暨南大学出版社
JINAN UNIVERSITY PRESS
中国·广州

图书在版编目（CIP）数据

核心素养视角下初中数学教与学之道/侯燕香著 . —广州：暨南大学出版社，2024.3
　　（广东省中小学"百千万人才培养工程"初中理科名教师培养项目丛书/于慧，李晓娟总主编）
　　ISBN 978 – 7 – 5668 – 3782 – 0

　　Ⅰ . ①核…　　Ⅱ . ①侯…　　Ⅲ . ①中学数学课—教学研究—初中　　Ⅳ . ① G633.602

中国国家版本馆 CIP 数据核字（2023）第 183711 号

核心素养视角下初中数学教与学之道
HEXIN SUYANG SHIJIAO XIA CHUZHONG SHUXUE JIAO YU XUE ZHI DAO
著　者：侯燕香

··

出 版 人：阳　翼
统　　筹：黄　球　潘江曼
责任编辑：曾小利
责任校对：苏　洁　黄亦秋
责任印制：周一丹　郑玉婷

出版发行：暨南大学出版社（511443）
电　　话：总编室（8620）37332601
　　　　　营销部（8620）37332680　37332681　37332682　37332683
传　　真：（8620）37332660（办公室）　　37332684（营销部）
网　　址：http：//www.jnupress.com
排　　版：广州尚文数码科技有限公司
印　　刷：佛山家联印刷有限公司
开　　本：787mm×1092mm　1/16
印　　张：16.75
字　　数：300 千
版　　次：2024 年 3 月第 1 版
印　　次：2024 年 3 月第 1 次
定　　价：69.80 元

（暨大版图书如有印装质量问题，请与出版社总编室联系调换）

序

经过多年的理论研究和实践探索，侯燕香老师的大作《核心素养视角下初中数学教与学之道》马上就要与读者见面了，作为她曾经的老师，我甚是高兴，并致以热烈祝贺！

初中阶段是学生数学核心素养形成发展的关键时期，如何从核心素养的视角优化初中数学的教与学，是当前广大数学教育工作者特别是初中数学老师教学研究的前沿课题。

侯老师的这部专著，理论深刻，内容丰富，实践性强，它不仅是一项数学核心素养如何在初中数学教学中落地生根的理论研究成果，更是一部具有引领性和示范性的初中数学教学实践指南。

全书共四个篇章："教学论文——在思考中悟道"体现了她对初中数学教学的深入思考和独特见解；"课例赏析——在实践中求道"反映了她着眼于课堂根植于实践的探索毅力和灵动思维；"专题讲座——在交流中修道"显示出她对数学教育的痴迷热爱和精深功底；"课题研究——在研究中寻道"展示出她对数学教学研究的科学态度和创新精神。

他山之石，可以攻玉。侯老师专业精深，文笔斐然，业绩显著，声名远播。亲爱的读者，我相信，此大作的出版一定会像水中投石，在初中数学教学的大海中掀起阵阵涟漪；一定会像一把火种，引爆你教学与创新的思维火花；一定会像助推器，助力你的教学走向成功、走向辉煌！

黄学波

2023 年 10 月 16 日于广东省南雄市第一中学

前　言

我们知道，核心素养指的是学生应具备的能适应个人终身发展和社会发展需求的必备品格和关键能力。从核心素养概念被提出之日起，学生核心素养的培养问题就成了广大教育工作者的热门话题，其理论研究和实践探索自然也成了教师教育科研的重要课题。

"数学核心素养"是学生核心素养的重要组成部分，是数学教与学的根本目的，也是教与学质量高低的评价标准。课堂是教与学的主阵地，也是数学核心素养培养发展的演练场。教研教改必须以生为本，根植课堂，服务教学。离开了课堂的教研与课改，无论是过程还是结论都是无源之水，无本之木，难以令人信服。基于这些认识，笔者从小学到大学学习数学十多年，又从初中到高中教授数学二十多年，一直思考着、寻觅着初中数学教与学之道。此道为何？道在哪里？从课堂教学实践到与同行的学习交流、从每节课的教学设计到系统化课题研究，在中学数学核心素养理论的引领下，多层次立体式不断寻道、悟道、得道，于是慢慢有了撰写拙著的灵感与积淀。近些年自身、学校乃至本地的教学成绩也用事实和数据印证了笔者所寻之"道"具有创新性、普适性、科学性和高效性，窃以为为中学数学核心素养的全面落实和初中数学教学质量的提升找到了一条可借鉴、可复制、可检测且科学高效的初中数学教与学之道。

全书共四个篇章："教学论文——在思考中悟道"通过深入思考和总结，反映了笔者在初中数学教与学中获得的一些基本原则和有效策略；"课例赏析——在实践中求道"展示了笔者在初中数学教学中落实核心素养培养的具体过程和成功案例；"专题讲座——在交流中修道"分享了笔者在学术交流中获得的初中数学教与学的经验感悟和思维启迪；"课题研究——在研究中寻道"是笔者通过课题研究解决初中数学教与学问题的思路方法和研究成果。

　　"真实、科学、有用"是笔者撰写本书的目标追求和价值取向,但由于笔者水平和经验有限,书中难免存在错漏之处,敬请广大读者批评指正!

　　当您阅读本书时,我们就成了推动数学核心素养在教与学上落地生根的践行者和同路人!

　　有您的关注和陪伴,在教研和课改的探索道路上,笔者的步伐一定会更加坚定稳健,谢谢您!

作者

2023 年 12 月

目　录
CONTENTS

第三编　专题讲座——在交流中修道

第四编　课题研究——在研究中寻道

第一编

教学论文——在思考中悟道

学生说题教学模式初探[*]

"说题"的习题课教学模式有利于激活课堂氛围，增强学生的参与意识。教师可引领学生通过说问题背景、说审题过程、说解题方法、说问题拓展、说思想方法以及说反思总结等步骤展开说题教学，从而帮助学生提升表达能力以及分析、解决问题的能力。

"说题"是近些年出现的一种习题课教学模式，数学课堂教学中的"学生说题"，就是学生把自己解决某一数学问题时的思考与分析、解法与策略、反思与拓展等思维过程用口头或书面语言清晰地表述出来的一种教学形式。"说题"不仅可以很好地发挥学生的主体地位、提升数学学习效率，而且能最大限度地提高数学题的教学价值，提升学生分析、解决问题的能力。下面以一道题为例，呈现笔者在数学习题课中开展"学生说题"的实践探索过程及反思。

一、题目呈现

如图 1 所示，已知 $\triangle ABC$ 和 $\triangle ADE$ 是等腰直角三角形，$\angle ACB = \angle ADE = 90°$，连接 BE，点 F 是 BE 中点，连接 DF、CF。

（1）如图 1 所示，当点 D 在 AB 上，点 E 在 AC 上，判断此时线段 DF 与 CF 的数量关系和位置关系，并证明。

（2）如图 2 所示，将图 1 中的 $\triangle ADE$ 绕点 A 顺时针旋转 $45°$，请判断此时（1）中结论是否仍成立，并证明。

（3）如图 3 所示，将图 1 中的 $\triangle ADE$ 绕点 A 顺时针旋转 $90°$，若 $AD = 1$，

———————————

* 本文系 2021 年度广东省教育研究院教育研究课题"初三数学'说题'教学的实践研究"（项目编号：GDJY - 2021 - M112）的阶段性研究成果。本文发表于《中学数学教学参考》2022 年第 3 期；获 2021 年广东省中学数学教育论文特等奖。

$AC = 2\sqrt{2}$，求此时线段 CF 的长。

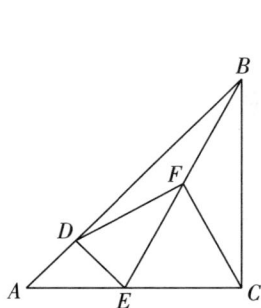
图 1

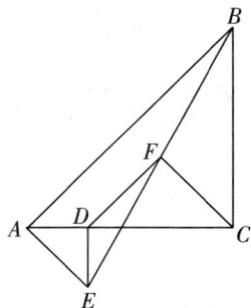
图 2

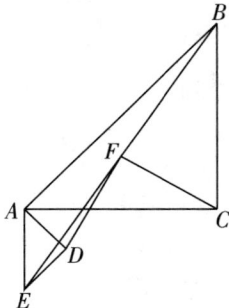
图 3

二、说题过程

环节1　说问题背景

说问题背景，就是让学生说出问题的来源，如题目出自教材例题、习题原型，竞赛题原型，经典数学问题原型等。

出示题目后，很快有学生说这是一道初中几何综合题，在人教版新课标教材八年级上册第二章"全等三角形"中有相似题。

环节2　说审题过程

此环节可以让学生采用"由分到总"的审题方法分析题意，说清楚题目的条件是什么（包括显性的、隐性的、直接的、间接的）？以怎样的方式（文字语言、符号语言、图形语言）呈现？结论或要解决的问题是什么？问题涉及哪些方面的知识点？相关知识之间有什么联系（定义、公式、定理等）？目前的思维障碍是什么？是否见过相似的问题？有可能转化为我们熟悉的问题吗？等等。

基于以上问题的引领，学生思考后说出本题所给的条件主要有：①△ABC 和△ADE 是等腰直角三角形，∠ACB = ∠ADE = 90°；②点 F 是 BE 中点；③△ADE 绕点 A 顺时针旋转一定的角度得到图 2 和图 3。涉及的知识点主要有：直角三角形性质、三角形全等的判定和性质，等等。

学生广泛联想，相互启发、补充，对解题思路与方法有了初步判断：①条件中有等腰直角三角形和中点，猜想要用到特殊三角形的性质和中点的有关知识解题；②从图形看，有线垂直、线平行、旋转和"手拉手"模型，估计要用到图形旋转的性质；③比较三个图形，猜测有 $DF = CF$，$DF \perp CF$ 成立；④要证明线段相等，估计会涉及三角形全等。还有的学生提出了建立平面直角坐标系，将线段长度坐标化，利用代数法解决几何问题。

环节3　说解题方法

说解题方法，就是让学生说出或展示具体的解题过程，然后师生评判该过程的正确性、灵活性、精彩性、创造性等。学生在说问题背景、说审题过程的基础上，已初步形成解题思路。

对于第（1）问，学生有如下精彩解法。

学生1：利用"斜边中线"。如图4所示，因为 BE 是 $Rt\triangle BDE$ 和 $Rt\triangle BCE$ 的公共斜边，点 F 为 BE 的中点，所以 $DF = \dfrac{1}{2}BE = CF$。又因为 $DF = BF = FC$，所以 $\angle 1 = \angle 2$，$\angle 3 = \angle 4$。所以 $\angle DFC = 2(\angle 2 + \angle 4) = 90°$。

学生2：利用"圆的基本性质"。如图5所示，因为四边形 $BCED$ 的对角互补，所以 D、B、C、E 四点共圆，BE 的中点 F 为圆心，DF、FC 为半径，所以 $DF = FC$，$\angle DFC = 2\angle ABC = 90°$。

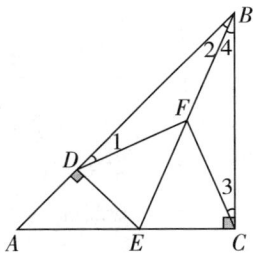

图4

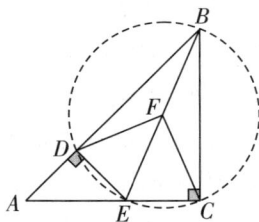

图5

对于第（2）问，学生的解答亮点频出。

学生3：利用"斜边中线性质和线段垂直平分线的判定定理"。如图6所示，因为 $AC = BC$，$AF = BF$，延长 CF 交 AB 于点 M，所以 CM 是线段 AB 的垂直平分线，延长 FD 交 AE 于点 N，同理可得 FN 是线段 AE 的垂直平分线。所以四边形 $MANF$ 是矩形，$\angle DFC = 90°$，$AB \parallel DF$，所以 $\angle FDC = \angle BAC = 45°$，即 $DF = CF$，$DF \perp CF$。

学生4：利用"倍长中线"。如图7所示，延长 DF 交 BC 于点 G，因为 $DE \parallel BC$，F 为 BE 的中点，易证 $\triangle DFE \cong \triangle GFB$，所以 $DE = BG = AD$。又 $AC = BC$，所以 $CD = CG$，在 $Rt\triangle DCG$ 中，F 为 DG 的中点，故 $CF = DF$，$CF \perp DF$。

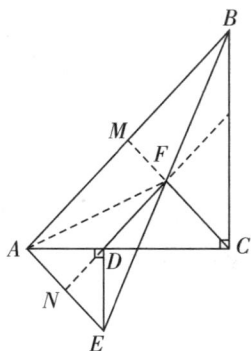
图6

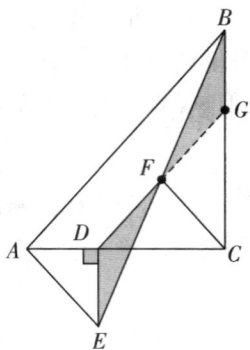
图7

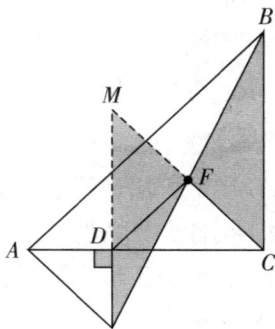
图8

还有学生受上述方法的启发，尝试用"倍长中线"法，延长 CF 交 DE 延长线于点 M，如图8所示，发现通过证明 $\triangle MDC$ 是等腰直角三角形也可以得到结论。

学生5：利用"圆的基本性质"和"全等三角形的性质"。受学生2的启发，构造 $\triangle ABE$ 的外接圆，圆心为点 F，如图9所示，延长 BC 交于 $\odot F$ 于点 M，

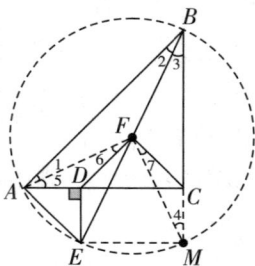
图9

连接 EM，则有 $AF = BF = EF = FM = r$，易证四边形 $CDEM$ 是矩形，所以 $CM = DE = AD$。由于 $\angle 1 + \angle 5 = \angle 2 + \angle 3 = 45°$，$\angle 1 = \angle 2$，故 $\angle 5 = \angle 3$。又因为 $\angle 3 = \angle 4$，所以 $\angle 5 = \angle 4$，$\triangle ADF \cong \triangle MCF$（SAS）。所以 $DF = FC$，$\angle 6 = \angle 7$。所以 $\angle DFC = \angle DFM + \angle 7 = \angle DFM + \angle 6 = \angle AFM = 90°$，从而有 $CF \perp DF$，$CF = DF$。

学生6：利用"中位线"。如图10所示，进行翻折，易得点 C、D 分别为 BM、EN 的中点。所以 $FC \underline{\underline{\parallel}} \frac{1}{2}EM$；$DF \underline{\underline{\parallel}} \frac{1}{2}BN$。因为 $AN = AE$，$AB = AM$，所以 $BN = EM$，进而 $DF = FC$。又因为 $\angle BAM = 90°$，所以 $\angle DFC = 90°$，即 $FC = DF$，$DF \perp CF$。

对于第（3）问，学生的解答更是精彩纷呈。

思路1：利用"倍长中线"，有三种构图方式。

学生7：如图11所示，延长 DF 交 AB 于点 N，易证 $\triangle EDF \cong \triangle BNF$，可得 $BN = DE = 1$，$AN = AB - BN = $

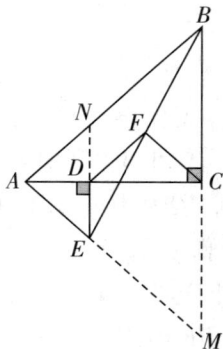
图10

$4-1=3$，在 $\text{Rt}\triangle AND$ 中，$DN=\sqrt{AN^2+AD^2}=\sqrt{10}$，所以 $FC=\dfrac{1}{2}DN=\dfrac{\sqrt{10}}{2}$。

学生 8：如图 12 所示，延长 CF、EA 相交于点 N，易证 $\triangle BFC\cong\triangle EFN$，得 $NE=BC=2\sqrt{2}$，$CF=NF$，又因为 $AD=1$，$AE=\sqrt{2}$，所以 $AN=\sqrt{2}$。在 $\text{Rt}\triangle NAC$ 中，$CN=\sqrt{AN^2+AC^2}=\sqrt{10}$，所以 $FC=\dfrac{1}{2}NC=\dfrac{\sqrt{10}}{2}$。

学生 9：如图 13 所示，连接 AF 并延长，交 BC 于点 N，则 $BN=AE=\sqrt{2}$，所以 $CN=BC-BN=2\sqrt{2}-\sqrt{2}=\sqrt{2}$，在 $\text{Rt}\triangle CAN$ 中，$AN=\sqrt{AC^2+CN^2}=\sqrt{10}$。又因为 F 为 AN 的中点，所以 $FC=\dfrac{1}{2}AN=\dfrac{\sqrt{10}}{2}$。

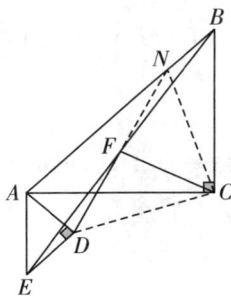　　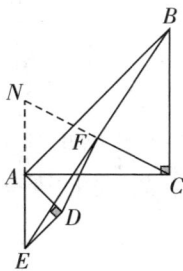　　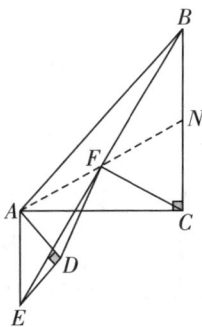

图 11　　　　　　　　　图 12　　　　　　　　　图 13

教师小结：以上利用"倍长中线"的三种解法中，学生 7 思路清晰，但过程冗长。学生 8、学生 9 的方法都只需利用"斜边中线性质"和"倍长中线"，容易想到。

思路 2：利用中位线，有两种构图方式。

学生 10：如图 14 所示，延长 BC 至点 N，使 $CN=BC$，过点 E 作 $EM\perp BC$，垂足为 M，在 $\text{Rt}\triangle EMN$ 中，可求 $EN=\sqrt{MN^2+EM^2}=\sqrt{10}$，所以 $FC=\dfrac{1}{2}EN=\dfrac{\sqrt{10}}{2}$。

学生 11：如图 15 所示，延长 BC、AD 相交于 N，连接 EN，易证 $\triangle ABN$ 为等腰直角三角形，又因为 $\angle ACB=90°$，所以 C 是 BN 的中点，$FC=\dfrac{1}{2}EN$。在 $\text{Rt}\triangle EDN$ 中，$DN=AN-AD=AB-AD=3$。所以 $EN=\sqrt{ED^2+DN^2}=\sqrt{10}$，$FC=\dfrac{\sqrt{10}}{2}$。

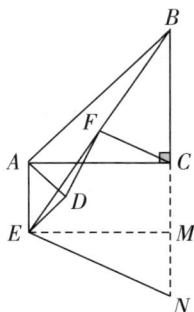

图 14

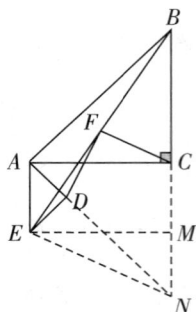

图 15

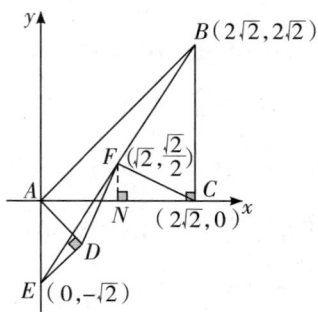

图 16

思路 3：建立平面直角坐标系，将线段长度坐标化，利用代数法解决几何问题。

学生 12：如图 16 所示，建立平面直角坐标系，在 Rt△FCN 中，由勾股定理易求 $CF = \sqrt{(2\sqrt{2} - \sqrt{2})^2 + (\frac{\sqrt{2}}{2} - 0)^2} = \frac{\sqrt{10}}{2}$。

教师评析：坐标法（解析法）反映出学生解题思维方法上的创新和突破。虽然每个问题的解法多样，但各解法之间既有共性，又有个性。

环节4 说问题拓展

说问题拓展，就是在问题解决后启发学生再思考，产生新问题，获得新成果。如：题目的条件或者结论能变换呈现方式吗？能增删或变更条件吗？能对换条件与结论吗？一般问题能特殊化吗？特殊问题能一般化吗？代数问题能作出几何解释吗？几何问题能用代数语言描述吗？还有其他解法吗（引导学生发散思维，一题多解）？哪些相似或相近的问题可以用同一种方法求解（聚敛思维，多题一解）？等等。

对于以上连续追问，学生提出了如下新问题，并给出了相应解答，限于篇幅，此处解法略。

拓展 1：如图 17 所示，在第（1）问的基础上，△ADE 绕点 A 顺时针旋转 $90°$，若 $AD = 1$，$AC = 2\sqrt{2}$，求此时 CF 边上的高。

拓展 2：如图 18 所示，在第（1）问的基础上，△ADE 绕点 A 旋转 α，结论 $DF = CF$，$DF \perp CF$ 还成立吗？

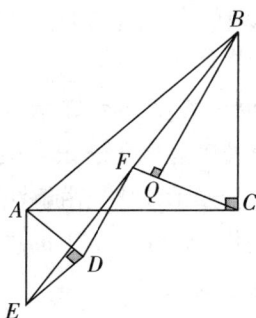

图 17

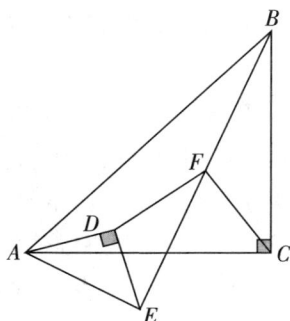

图 18

环节5 说思想方法

说"思想方法",就是让学生说出解决本题运用了哪些数学思想方法,更重要的是说出自己是如何运用相关数学思想方法分析题意、寻找解题突破口、发现解题思路、调整解题策略及纠正解题错误的。

学生13:本题用到的数学思想方法精彩纷呈,有综合法、分析法、转化法、解析法、构造法等。比如第(1)问和第(2)问,有同学通过构造圆解决问题,第(3)问有同学用坐标法解答,让我耳目一新,深受启发。

学生14:我是用分析法找到思路的。要证△DFC 是等腰直角三角形,只需证 AB∥DF,得 DF⊥AE,于是想到线段的垂直平分线。

学生15:我是从基本模型着手,如"倍长中线模型""翻折构造中位线模型""手拉手模型""利用等面积法求高"等,得出解法的。

环节6 说总结反思

说总结反思,就是让学生说出解决一道题后所获得的启发和收获。

学生16:我发现了中点的妙用,学会利用圆的基本性质解题。

学生17:无论△ADE 绕点 A 顺时针旋转多少度,结论一致,体现了数学变化中的不变性和数学美。

三、总结与反思

"说题"让习题课充满生命活力。古希腊数学家毕达哥拉斯曾经说过:"在数学的天地里,重要的不是学生知道了什么,而是学生怎样知道了什么。"通过说题活动,教师把课堂还给学生,让他们自主参与知识的形成过程并思索如何利用所学知识解决相应的问题,从而将知识理解得更加透彻,提升自己的学习水平和学习效率。笔者在说题教学实践中，总结出以下三条说题教学策略：

（1）引导策略。在学生尝试说题的过程中，教师要做好示范与指导，为学生说题积累丰富的数学语言资料，使学生能准确运用数学语言表达自己的观点。引导学生断句式审题，由条件追问"你会想到什么?"由解法追问"你还可以怎么解?"在学生出现思维障碍时及时点拨。此外，学生的说题过程是循序渐进的，包括题目的难度由易到难，知识点由浅至深。

（2）激励策略。制定学生说题的评价标准，重在关注学生说题的过程，鼓励学生大胆表达自己的想法，学会思考分析题目。在学生说题之后，教师鼓励其好的想法与思维。课上激励学生主动交流"研题"，适当地予以表扬并提供学生展示的机会，形成良好的"竞争"氛围。当然，在说题过程中，学生遇到的疑难、困惑和反映出的认知缺陷也都会暴露无遗，这不仅及时反映了该生的问题，对其他学生也有很好的启发和教育作用。当学生说题遇到瓶颈时，教师更要适时点拨与鼓励，帮助学生平复紧张的情绪，消除羞愧心理，让学生有勇气和信心克服困难继续探究问题。此外，在教学中要做到"不以解法论英雄"，打消学生说题时的各种顾虑，使其敢于积极分享自己的解法。

（3）反思策略。教师要对学生的说题情况及时进行反思与总结，反思学生思维的"错点、难点、亮点"，总结学生的奇思妙想。做好学生说题过程的记录（小视频），及时评价说题稿（图片），课后优化整理成电子稿。学生则要反思自己的说题内容、与其他同学交流过程，总结知识并深化理解。同时，学生还可对说题教学活动存在的不足提出建议，便于师生及时调整和完善等。

总之，"说题"不仅是一种高效的解题教学形式，还是一种新颖的教学研究形式。"说题"充满生命活力，笔者企盼与同行一道将其发扬光大。

深挖教学资源　实现减负增效[*]

　　解题教学中，教师应重视挖掘题目的教学价值，引导学生寻找思维起点和突破口，从解一道题的感性认识上升到解一类题的理性认识，从而优化认知结构，实现思维有序生长和减负增效。在"双减"背景下，为了有效减轻学生课业负担，实现思维进阶，教师应在解题教学中充分挖掘教学资源的价值，引导学生深入理解概念、掌握方法，学会举一反三，并在此过程中拓展思维，优化认知结构，发展数学核心素养。下面笔者以一道校级模拟题为例，呈现基于这一观点的解题教学实践及思考。

一、题目呈现

　　（2021 年饶平县校级模拟题）如图 1 所示，抛物线 $y = ax^2 + bx + c (a \neq 0)$ 的顶点为 $C(1，4)$，交 x 轴于 A、B 两点，交 y 轴于点 D，其中点 B 的坐标为 $(3，0)$。

　　（1）求抛物线的解析式；

　　（2）如图 2 所示，点 P 为直线 BD 上方抛物线上一点，若 $S_{\triangle PBD} = 3$，请求出点 P 的坐标；

　　（3）如图 3 所示，M 为线段 AB 上的一点，过点 M 作 $MN /\!/ BD$，交线段 AD 于点 N，连接 MD，若 $\triangle DNM \backsim \triangle BMD$，请求出点 M 的坐标。

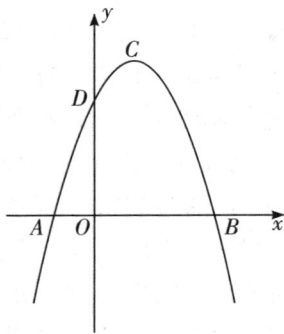

图 1

　　* 本文系 2021 年度广东省教育研究院教育研究课题"初三数学'说题'教学的实践研究"（项目编号：GDJY–2021–M112）的阶段性研究成果。本文发表于《中学数学教学参考》2022 年第 8 期。

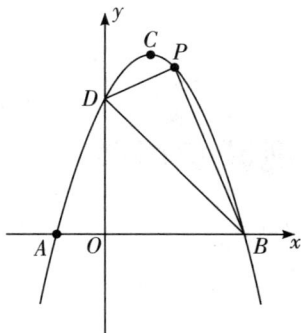

图 2

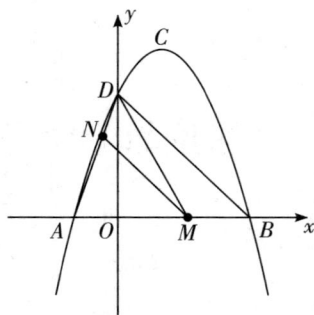

图 3

二、教学实施

本题具有较强的综合性、灵活性和拓展性。第（1）问比较基础，下面主要呈现后两问的教学过程。

（一）第（2）问的教学

环节1 引导探究，激活思维

问题1：对于第（2）问，你们有哪些思路和想法？

问题1让学生自主探究、思考，学生在相互启发下思维不断碰撞，巧思妙想精彩纷呈，如图4至图10所示。选用"补"的方法的学生（图4至图6）遇见含参数的直线 BP 或 PE，有畏难情绪；画出图7、图8的学生发现根据点 D、P 的位置关系需要分两种情况讨论，$S_{\triangle PBD} = S_{直角梯形OBPE} - S_{\triangle EDP} - S_{\triangle OBD}$（图7）或 $S_{\triangle PBD} = S_{\triangle EDP} + S_{直角梯形OBPE} - S_{\triangle OBD}$（图8），计算烦琐，停滞不前；而选用"割"的方法的学生（图9、图10）也存在困惑，为什么图10竖切的方法更简洁，图9横割的方法却需要借助含参直线方程求解？

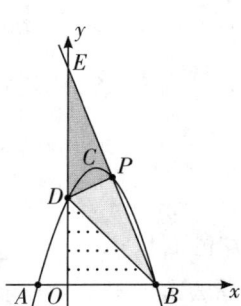

图 4

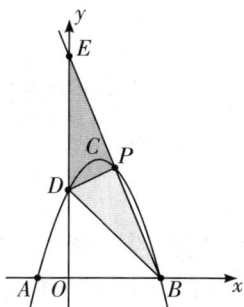

图 5

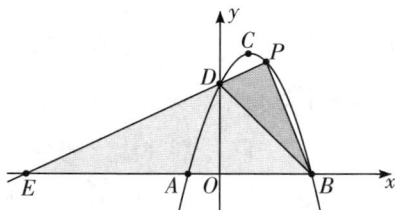

图 6

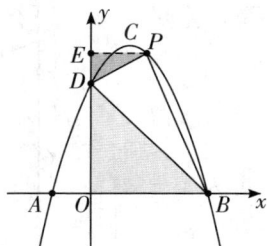

图 7

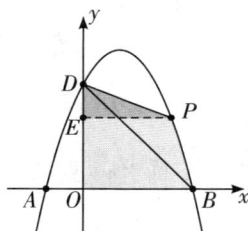

图 8

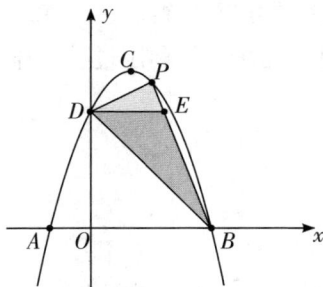

图 9

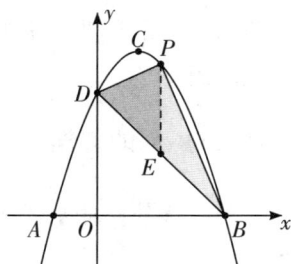

图 10

此时，笔者耐心引导分析，$\triangle PBD$ 的面积难于"代数"化的原因是点 P 是动点。考虑到点 P 坐标含参，我们应尽可能把 $\triangle PBD$ 分割成较少图形面积的和差，一般如图 9、图 10 那样横割或竖切即可，而在这里由于直线 BD 可确定，所以竖切方法运算会简便许多。在此分析引导的基础上，学生思考得出下面的解法。

解法 1（铅垂法）：如图 10 所示，作 $PE /\!/ y$ 轴交直线 BD 于点 E，由 $y = -x^2 + 2x + 3$ 易求得 $D(0，3)$，进而可得直线 BD 的解析式为 $y = -x + 3$。设

$P(t, -t^2+2t+3)$，则 $E(t, -t+3)$，所以 $PE = -t^2+3t(0 < t < 3)$。此时 $S_{\triangle PBD} = S_{\triangle PED} + S_{\triangle PEB} = \frac{1}{2} OB \cdot PE = \frac{3}{2} PE = 3$，所以 $PE = 2$，即 $-t^2+3t = 2$，解得 $t_1 = 1$，$t_2 = 2$，从而得到点 $P(1, 4)$ 或 $(2, 3)$。

环节2　转换视角，延伸思考

问题2：除了割补法，能否通过作辅助线直接求 $\triangle PBD$ 的面积？

问题2旨在引导学生以三角形的一条边为底，寻找这条边上的高。学生在此思路指引下，纷纷在草稿纸上画图，探索辅助线作法，最终得到解法2。

解法2（定底平行线法）：如图11所示，过点 P 作 $PF \parallel BD$ 交 y 轴于点 F，过点 D 作 $DE \perp PF$，垂足为 E，易证 $\triangle DEF$ 为等腰直角三角形。此时 $S_{\triangle PBD} = \frac{1}{2} BD \cdot DE = \frac{1}{2} \times 3\sqrt{2} \cdot DE = 3$，得到 $DE = \sqrt{2}$，所以 $DF = \sqrt{2} DE = 2$，从而求得直线 PF 的解析式为 $y = -x+5$，再联立 $y = -x^2+2x+3$ 即可求出点 P 坐标。

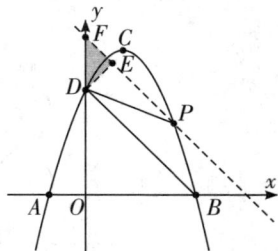

图11

教学说明：得出解法1后，要引导学生反思总结，割补的目的都是"化斜为直"，即把三角形的边转化为平行（垂直）于坐标轴的线段。得出解法2后，教师应及时引导学生归纳出"定底平行线法"也是求解三角形面积的通法。需要强调的是，此法往往利用过动点作可确定的底边的平行线求解。

（二）第（3）问的教学

环节3　剖析条件，寻求突破

问题3：对于第（3）问，由 $MN \parallel BD$ 可以得到哪些边角关系？

学生能很快说出由平行可以得到角相等或互补，对应边成比例，再由相似得到对应角相等、对应边成比例，从而得出以下解法。

解法1：设 $M(m, 0)$，因为 $\triangle DNM \backsim \triangle BMD$，所以 $\angle NDM = \angle DBM = 45°$。又因为 $\angle DAB = \angle MAD$，所以 $\triangle DAB \backsim \triangle MAD$，所以 $\frac{DA}{MA} = \frac{AB}{AD}$，即 $\frac{\sqrt{10}}{m+1} = \frac{4}{\sqrt{10}}$，解得 $m = \frac{3}{2}$，所以 $M\left(\frac{3}{2}, 0\right)$。

环节4　联想类比，发现新路

问题4：既然图3中存在45°角，那么能否构造等腰直角三角形求解呢？

当题目中存在45°角时，构造等腰直角三角形是常用方法。问题4旨在唤醒学生已有经验，让其自主构造图形。学生的解法主要有以下两种：

解法2：如图12所示，过点A作$AE \perp AD$，AE交直线DM于点E，并构造"一线三垂直"模型。易证明$\triangle ADF \cong \triangle EAG$，所以$AG = DF = 1$，$GE = AF = 3$，则点$E$坐标为（2，$-1$）。由$D$（0，3）可求得直线$DE$的解析式为$y = -2x + 3$，令$y = 0$，解得$x = \dfrac{3}{2}$，所以$M\left(\dfrac{3}{2},\ 0\right)$。

解法3：如图13所示，过点A作$AH \perp DM$，垂足为H。因为$\angle ADM = \angle DBM = 45°$，所以$AH = DH = \dfrac{AD}{\sqrt{2}} = \dfrac{\sqrt{10}}{\sqrt{2}} = \sqrt{5}$。设$M(m,\ 0)$，因为$S_{\triangle AMD} = \dfrac{AM \cdot OD}{2} = \dfrac{DM \cdot AH}{2}$，所以$\dfrac{3(m+1)}{2} = \dfrac{\sqrt{5} \cdot \sqrt{9 + m^2}}{2}$，解得$m_1 = \dfrac{3}{2}$，$m_2 = -6$。因为$-1 < m < 3$，所以$m = \dfrac{3}{2}$，所以$M\left(\dfrac{3}{2},\ 0\right)$。

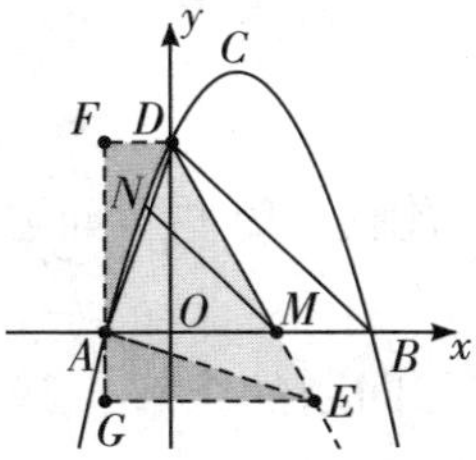

图12 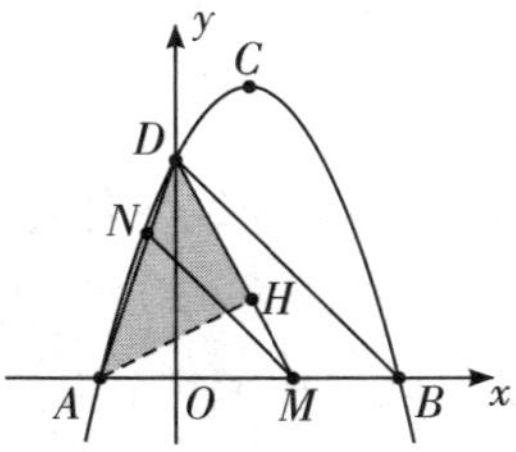　　　　　　　　图13

同理，还可以过点M作AD的垂线构造等腰直角三角形求解，这里不再详细阐述，留给学生课后演练。接着，引导学生归纳总结：解法2、解法3同样是构造等腰直角三角形，但"过定点作定直线的垂线"的方法更简便。

环节5　另辟蹊径，拓展思维

问题5：我们在问题3中得到了很多边、角的对应关系，以上解法都是从对应角的视角寻求思路，那么能否从对应边入手进行求解呢？

学生在求解过程中可能会遇到MN无法用m表示的难点，教师可视情况引导其分析条件，由$MN /\!/ BD$得到新的对应边成比例来求解。

解法 4：如图 13 所示，因为 $\triangle DNM \backsim \triangle BMD$，所以 $MD^2 = BD \cdot MN$，即 $(\sqrt{3^2+m^2})^2 = 3\sqrt{2}MN$，化简得 $9 + m^2 = 3\sqrt{2}MN$。又因为 $MN /\!/ BD$，所以 $\triangle AMN \backsim \triangle ABD$，所以 $\dfrac{MN}{BD} = \dfrac{AM}{AB}$，所以 $\dfrac{MN}{3\sqrt{2}} = \dfrac{m+1}{4}$，$MN = \dfrac{3\sqrt{2}}{4}(m+1)$。所以 $9 + m^2 = 3\sqrt{2} \times \dfrac{3\sqrt{2}}{4}(m+1)$，解得 $m_1 = \dfrac{3}{2}$，$m_2 = 3$（舍去），所以 $M\left(\dfrac{3}{2}, 0\right)$。

教学说明： 第（3）问分别从相似、平行和特殊角等视角引导学生寻找解题切入点。学生得出 3 种解法后，思维似"山穷水尽"，教师再引导其从边的角度探究，学生思维又"柳暗花明"，获得有序全面发展。

（三）变式探索

环节6 发散思维，举一反三

问题 6：对于第（2）问，如图 2 所示，若点 P 为直线 BD 上方抛物线上一点，你还能提出哪些问题？

学生积极思考，得出以下变式：

变式 1：如图 2 所示，求 $\triangle PBD$ 面积的最大值。

变式 2：连接 OP 交直线 BD 于点 F，求 $\dfrac{PF}{OF}$ 的最大值。（或当 $\dfrac{PF}{OF} = \dfrac{2}{3}$ 时，求点 P 的坐标）

追问：若点 P 为抛物线上任意一点，你还能提出哪些新问题呢？

……

对于第（3）问二次函数背景下三角形相似问题的求解，其关键在于处理好动点产生的角度问题，这是教学难点，因此笔者特意为学生设计了两个能"够得着"的关于角度的变式。

变式 1：在图 3 基础上，P 为抛物线上一点，当 $\tan \angle BDP = \dfrac{1}{3}$ 时，求点 P 的横坐标。

变式 2：在图 3 基础上过点 B 作 $BP \perp BD$ 交抛物线于点 P，在 x 轴上求一点 M，使得 $\triangle ABD$ 和 $\triangle BMP$ 相似。

教学说明： 本环节让学生对第（2）问自主进行变式，开放性较强，有利于学生发散思维，从解一道题的感性认识上升到解一类题的理性认识，还可让学生自行选择一道变式题课后完成。第（3）问的变式由教师直接给出，意在直指教学难点，目标明确，可让学有余力的学生课后选择性完成。

三、教学反思

（一）一题多解多变，实现减负增效

一道模拟题，若就题论题，简单练完评完就立刻变为过去式，然后在同一题型同一思维层次上反复练习，这样做也许能提高一点解题速度，但难以实现能力和素养的提升，事倍功半，而一题多解多变正是破解这种困局的有效方法。在本案例第（2）问的教学中，笔者引导学生从常规思路起步，尝试求$\triangle PBD$面积的各种"割"或"补"方法，并比较各种解法的难易优劣，实现了"以一当十"的教学效果。在学生兴趣满满、硕果累累之际，笔者再次启发学生转换视角，类比联想，从三角形的边角关系着眼，大胆突破常规思路，使学生对问题本质的认识上升到新高度，思维水平获得新突破，实现了减负增效的目的。

（二）突出主体地位，提升核心素养

当前，重复做题和被动做题是学生学习数学的常态，以致不少学生成了"题奴"而非学习的主人。在顺利完成第（2）问、第（3）问的多解分析后，笔者一反常态，让学生从刷题"苦海"进入磨题"乐园"，变"做题"为"造题"，将学生思维引向"创造"的新高度，促进学生思维有序生长，收获"既见树木又见森林"的效果。在学生尝试自主提出问题的过程中，为了让学生"有方向""够得着"，笔者点拨开路，并适时追问，使学生考虑问题的视角不断创新，对问题本质的理解层层深入。学生在"变"中提高了兴趣、尝试了创造、提升了素养、收获了成功。

利用错误资源促进减负增效的教学实践[*]

错误资源是教与学的重要资源，在教学中，教师有意识地引导学生对错误资源进行探究，能促进其思维能力有效提升，注重变式与拓展研究能确保数学核心素养的真正落实。

前些天，笔者布置了一道教材习题让学生课后练习，批阅作业时发现部分学生的证明过程存在一个似是而非的错误，这引起了笔者的重视。于是，笔者借题发挥，设计了一节纠错习题课，利用错误资源促进减负增效，教学效果良好。现整理成文，与同行分享。

一、习题呈现

（人教版《数学》九年级上册第 90 页第 13 题）如图 1
所示，A、B 是 $\odot O$ 上的两点，$\angle AOB = 120°$，点 C 是 $\overset{\frown}{AB}$ 的
中点。求证：四边形 $OACB$ 是菱形。

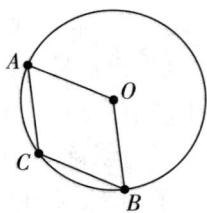

部分学生在证明时，或是对"菱形的判定定理"不熟
悉，或是对"线段垂直平分线"的概念理解有偏差，于是
误以为由"$OA = OB$ 且 $AC = BC$"就可以推出"$OA = OB =$
$AC = BC$"，得到"四边形 $OACB$ 是菱形"的结论。笔者询
问原因，发现学生把"OC 垂直平分 AB"错误地理解成"OC 与 AB 互相垂直"
且"OC 与 AB 互相平分"。

图 1

———————————

* 本文系 2021 年度广东省中小学"百千万人才培养工程"专项科研课题"双减政策下初中数学教学'错误'资源有效利用研究"（项目编号：BQW2021JCL015）的阶段性研究成果。本文发表于《中学数学教学参考》2023 年第 3 期（中旬）。

二、深度探究

（一）多解探究，激活思维

问题1：由题目条件易得 $OA=OB$ 且 $AC=BC$。请大家回顾有关的几何知识，思考哪些路径可证四边形 $OACB$ 是菱形？

学生经过思考后说出可以在四边形或平行四边形的基础上再添加条件，证得四边形 $OACB$ 是菱形。有学生指出，由 $OA=OB$ 且 $AC=BC$，可得出线段 OC 垂直平分线段 AB，那我们可以尝试证"对角线互相垂直且互相平分"。也有学生总结出，在不明确四边形 $OACB$ 是平行四边形的前提下，可以先考虑证明四边相等。

问题2：思路已经明确，同学们能给出具体的证明方法吗？

解法1：如图2所示，连接 OC。因为点 C 是 $\overset{\frown}{AB}$ 的中点，所以 $\angle 1=\angle 2=\frac{1}{2}\angle AOB=60°$。因为 $OA=OC=OB$，所以 $\triangle OAC$ 和 $\triangle OCB$ 都是等边三角形，所以有 $OA=AC=OB=BC$，所以四边形 $OACB$ 是菱形。

解法2：如图3所示，在优弧 AB 上任取一点 P。由 $\angle AOB=120°$，得 $\angle P=60°$，于是 $\angle C=120°$。由 $OA=OB$，所以 $\angle 1=30°$；由 C 是 $\overset{\frown}{AB}$ 的中点，得 $AC=BC$，所以 $\angle 2=30°$。又因为 $AB=AB$，所以 $\triangle AOB\cong\triangle ACB$（AAS），所以有 $OA=AC$，所以 $OA=AC=OB=BC$，所以四边形 $OACB$ 是菱形。

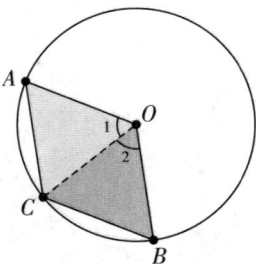

图2

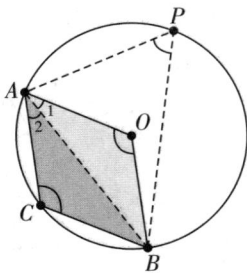

图3

教学说明：解法1是通过构造两个等边三角形证四边都相等，这是大多数学生采用的证明方法，简洁明了。解法2是构造圆内接四边形，利用"两等腰三角形全等"证四边都相等，也是种很不错的解法，能很好地综合圆心角、圆周角、圆内接四边形解题，构图灵活。但当证到 $\angle AOB = \angle C = 120°$ 时，有学生结合 $OA = OB$，$AC = BC$ 就下结论 $\triangle AOB \cong \triangle ACB$，理由是"SAS"，显然是把邻边相等错当作对应边相等了，教师应对学生的错误思维及时进行引导，促进学生自主思考、改进。

解法 3：如图 4 所示，延长 AO 交于点 P，连接 BP、CP。因为 $\angle AOB = 120°$，所以 $\angle APB = 60°$，因为点 C 是 $\overset{\frown}{AB}$ 的中点，所以 $\overset{\frown}{AC} = \overset{\frown}{BC}$，所以 $AC = BC$ 且 $\angle 1 = \angle 2 = 30°$。又因为 AP 是直径，所以 $\angle 3 = 90°$。在 Rt$\triangle ACP$ 中，$AC = \frac{1}{2}AP = AO$，所以有 $OA = AC = OB = BC$，所以四边形 $OACB$ 是菱形。

解法 4：如图 5 所示，连接 OC、AB。因为 $\angle AOB = 120°$，C 是 $\overset{\frown}{AB}$ 的中点，所以 $\angle 1 = \angle 2 = 60°$。因为 $OA = OB$，所以 $AE = BE$、$OE \perp AB$。因为 $OC = OB$，所以 $\triangle BOC$ 是等边三角形，所以 $\angle 3 = \angle 1 = 60°$，所以 $OA \parallel BC$，所以 $\angle 5 = \angle 6$，所以 $\triangle AOE \cong \triangle BCE$（AAS），所以 $OE = CE$。又因为 $AE = BE$、$OC \perp AB$，所以四边形 $OACB$ 是菱形。

教学说明：解法 3 构造直角三角形，利用"直角三角形 30°角所对边等于斜边的一半"证四边都相等，其中连半径或作直径的方法是在圆中构图的常用方法。解法 4 利用等腰三角形"三线合一"和"三角形全等"证四边形 $OACB$ 的对角线互相垂直、平分。至此以上 4 种解法都是从四边形出发直接证明四边形 $OACB$ 是菱形，还有个别学生通过证四边形 $ACBE$ 和四边形 $ACBD$ 是等腰梯形，$\triangle AOE$ 和 $\triangle BOD$ 是等边三角形从而证得四边形 $OACB$ 是菱形（见图 6），教师应多鼓励学生发散思维，多解分析。

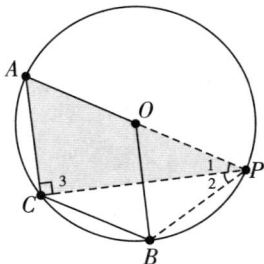

图 4

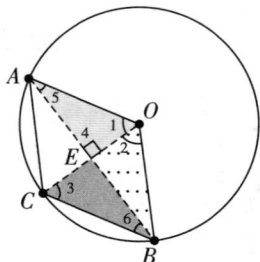

图 5

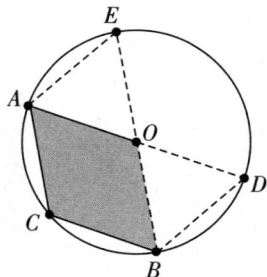

图 6

问题 3：有没有同学是先证四边形 $OACB$ 为平行四边形，再证其是菱形呢？

解法 5：如图 5 所示，因为 $\angle AOB = 120°$，C 是 $\overparen{AB}$ 的中点，所以 $\angle 1 = \angle 2 = 60°$，$AC = BC$。因为 $OA = OB$，所以 OC 垂直平分 AB。因为 $OC = OB$，所以 $\triangle BOC$ 是等边三角形，所以 $BC = BO$，$\angle 3 = 60°$，所以 $\angle 1 = \angle 3$，所以 $OA \parallel BC$。又因为 $OA = BC$，所以四边形 $OACB$ 是平行四边形，进而得平行四边形 $OACB$ 是菱形。

解法 6：如图 5 所示，因为 $\angle AOB = 120°$，C 是 $\overparen{AB}$ 的中点，所以 $\angle 1 = \angle 2 = 60°$。因为 $OC = OB$，所以 $\triangle BOC$ 是等边三角形，所以 $OB = BC = OA$，$\angle 3 = \angle 1 = 60°$，所以 $OA \parallel BC$，所以四边形 $OACB$ 是菱形。

教学说明： 解法 5 证四边形 $OACB$ 是平行四边形及其对角线垂直，解法 6 证四边形 $OACB$ 是平行四边形加一组邻边相等。至此，教师应引导学生及时总结，不同的思维起点、不同的思考视角产生了精彩纷呈的证明方法，但最终的落脚点都是菱形的判定定理，可谓殊途同归。

（二）变式练习，优化思维

问题 4：同学们，如果我们对原问题逆向思考会产生怎样的新问题呢？
学生小组讨论得出以下变式。

变式 1：如图 7 所示，如何在 $\odot O$ 上找到三个点 A、B、C，使得以 O、A、C、B 为顶点的四边形是菱形？

问题 5：请同学们先考虑如何作图，再给出理由（即证明过程的正确性）。

方法 1：如图 8 所示，在 $\odot O$ 上任取一点 A，然后以 A 为圆心、线段 OA 为半径画圆，两圆相交于点 B、C，则四边形 $OBAC$ 是菱形。

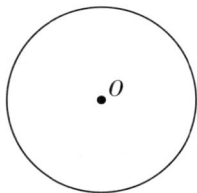

图 7

方法 2：如图 9 所示，在 $\odot O$ 上任取一点 A，连接 OA，作线段 OA 的垂直平分线与 $\odot O$ 相交于点 B、C，则四边形 $OBAC$ 是菱形。

方法 3：如图 10 所示，在 $\odot O$ 上任取一点 A，然后将线段 OA 绕着点 O 逆时针旋转 $60°$、$120°$，得到点 C、B，则四边形 $OACB$ 是菱形。

方法 4：如图 11 所示，在 $\odot O$ 上任取一点 A，然后以 A 为圆心、线段 OA 为半径在 $\odot O$ 上画弧得到点 B，再以 B 为圆心，线段 OA 为半径得到点 C，则四边形 $OABC$ 是菱形。

方法 5：如图 12 所示，在 $\odot O$ 上任取一点 A，连接 AO 并延长与 $\odot O$ 相交

于点 E。然后分别以 A、E 为圆心，线段 AE 为半径画弧相交于点 F，连接 AF、EF，与⊙O 分别相交于点 B、C，则四边形 $OABC$ 是菱形。

方法 6：如图 13 所示，在⊙O 上任取一点 A，连接 AO。然后以 A 为圆心、线段 OA 为半径画弧交⊙O 于点 B，连接 AB，再作 $\angle OAB$ 的平分线与⊙O 交于点 C，则四边形 $OABC$ 是菱形。

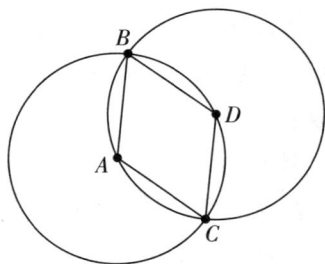

图 8

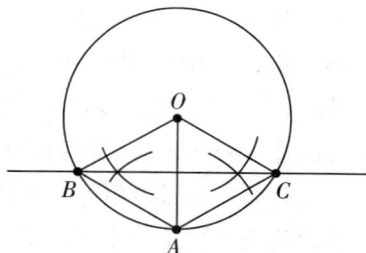

图 9

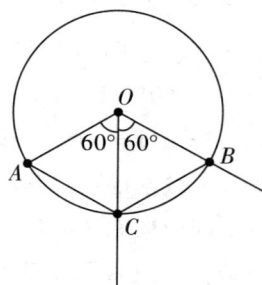

图 10

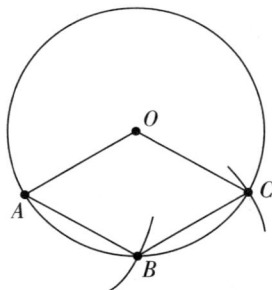

图 11

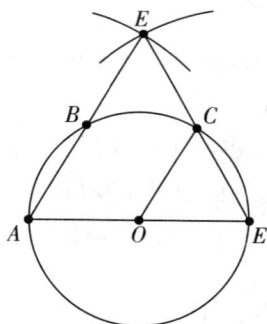

图 12

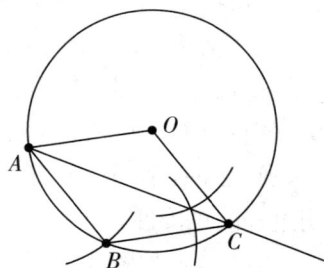

图 13

问题 6：还能变换思维角度产生什么新问题呢？

开启学生的头脑风暴，形成如下多样变式问题。

变式 2：如图 14 所示，A、B、C 是⊙O 上的点，四边形 $OACB$ 是菱形，求证 C 是 $\overparen{AB}$ 的中点。

变式 3：如图 14 所示，A、B、C 是⊙O 上的点，①若 $\angle AOB = 120°$，求 $\angle ACB$ 的度数；②若 $\angle AOB = \alpha$（$0° < \alpha < 180°$），求 $\angle ACB$ 的度数。（用含有 α 的式子表示）

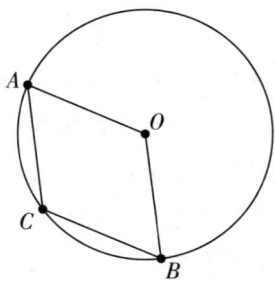

图 14

教学说明：通过启发，学生"脑洞大开"，由被动"做题"变主动"造题"，原题的教学效果显著。由证明题逆向思考变为作图题，难度明显增大；由原题转换视角、发散思维，再将原问题变式为求证、求解题，形式与内容更加丰富多彩。方法5（图12）的证明过程曾难倒部分学生，连作图者本人也讲不清楚所以然，只是直觉让他认为可行。笔者在肯定学生的数感好的同时进行适时点拨：在△AEF中，$\angle A = \angle E = 60°$连接OB、BC得到三个全等的等边三角形，学生恍然大悟。本教学环节自由开放，学生参与度高，不仅可以深化学生认知，还可以提高学生直观想象、推理论证及动手实践等能力。

（三）延伸拓展，创新思维

问题7：由以上多解、变式的过程，我们还可以进行更深入的拓展，同学们能尝试解决下面的拓展问题吗？（先独立思考再交流）

拓展1：如图15所示，A、B是⊙O上的两点，$\angle AOB = 120°$，C是$\overset{\frown}{AB}$的中点。P为优弧APB上的一点，$PA = 4$，$PB = 3$，求PC的长。（提示：如图16所示，$PC = PE + CE = 2\sqrt{3} + \dfrac{\sqrt{3}}{3} = \dfrac{7\sqrt{3}}{3}$或$PC = PF + CF = \dfrac{3\sqrt{3}}{2} + \dfrac{5\sqrt{3}}{6} = \dfrac{7\sqrt{3}}{3}$）

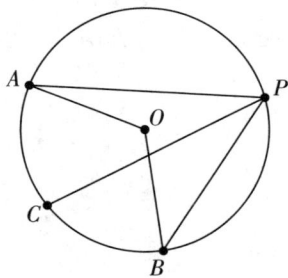　　　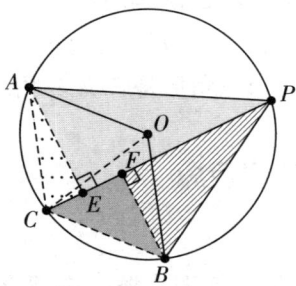

图15　　　　　　　　　　　　图16

拓展2：如图17所示，A、B是⊙O上的两点，$\angle AOB = 120°$，C是$\overset{\frown}{AB}$的中点。

（1）如图17所示，弦EF在优弧AB上滑动（不与A、B重合），且$EF = \sqrt{3}OA$，连接CE、CF分别交OA、OB于点M、N。若$OA = 2$，当弦EF在优弧AB上滑动时，分别探讨四边形OMCN和△OMN的面积是否会发生变化？如果不变，求出这个定值；如果会变化，求出面积的取值范围。

（2）在（1）的条件下，$\triangle OMN$ 的周长最小值为_____。

（提示：如图18、图19所示；$S_{四边形OMCN} = \sqrt{3}$；$0 < S_{\triangle OMN} \leqslant \frac{\sqrt{3}}{4}$；$\triangle OMN$ 的周长最小值为 $2 + \sqrt{3}$）

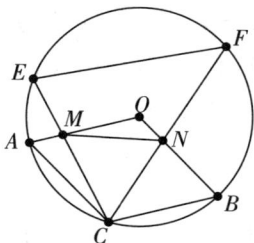
图17

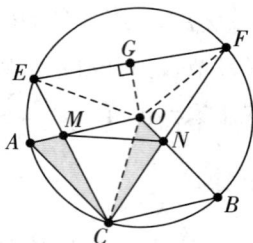
图18

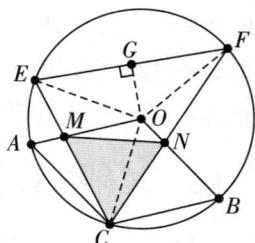
图19

教学说明：在学生"造题"意犹未尽之际，教师投石击水，再掀波澜。在教师启发帮助下，学生很快想出了拓展1，同时笔者考虑"动静"结合，便有了拓展2。这两个题目难度较大，计算也要求比较高，留给学有余力的学生研讨。解决拓展1的关键在于求到 CF 和 CE 后，利用勾股定理借 $AC = BC$ 搭桥列出方程，这是学生较难想到的；拓展2的解决需要学生抓住 $EF = \sqrt{3}OA$ 这个突破口，构造以 EF 为边的 $\triangle EF$，而证明 $\triangle ACM \cong \triangle OCA$（SAS）得到 $\triangle CMN$ 为等边三角形是解决该题的关键。

三、教学反思

（一）利用错误资源，实现高效教学

学生的"错误""困惑"往往是教师了解学生的重要窗口，也是教学的重要资源。当学生把"OC 垂直平分 AB"理解成"OC 与 AB 互相垂直且 OC 与 AB 互相平分"、把"邻边相等"当作"对应边相等"，误判 $\triangle AOB \cong \triangle ACB$ 时，当学生利用方法5（图12）作图却说不清理由时，当学生在拓展中思路受阻时，教学的契机和着力点也就清楚了，因此合理恰当地利用学生的"错误""困惑"，不仅可以完善学生认知，还可以实现高效教学。

（二）开展多解探究，促进减负增效

本节课中，学生从不同的方向、用不同的视角寻求问题的多种解法，学生抓住"菱形的判定定理"这个牛鼻子，以"四边形"或"平行四边形"为思考起点，在不断寻找证明四边形 $OABC$ 是菱形的条件的过程中，思维得到很大的训练和挑战。"解一题，会一类，通一片"以少胜多，学生"既见树木，又见森林"，教与学实现了减负增效。

（三）借助变式研究，形成高质课堂

本节课教学中，教师通过创设必要的课堂情境和开放性问题，无论是变式练习还是拓展延伸，学生从会"做"题到会"问"题、会"造"题，认知的深度和广度获得了提升，思维的灵活性、综合性和创造性得到了有效训练，数学推理、直观想象等数学核心素养的培养在教学活动中得以真正落实。这样的教学突破了传统的"讲—练"模式，学生喜欢，教学优质，效果优良。

追求高效、简约、深刻的思维课堂

——基于"一题一课"的初中数学专题复习课的实践与探索[*]

  "一题一课"是以一类问题的解决为教学目标，以主干问题不变层层递进的题目变式为载体，培养学生解决问题的能力，在思维上则凸显知识关联，强化方法概括和本质揭示，注重学习策略与方法的获取与延伸，增加课堂学习效率。^①

  "一题一课"，顾名思义，就是以一类问题的解决为教学目标，以及这个问题变式生成出来的问题串进行一节课的完整教学，以达到形成知识体系、内化数学方法的目的。专题复习课是初中数学针对模块进行重点突破和提升的一种课型，特别是九年级中考专题复习课显得尤为重要。从知识层面上看，专题复习有助于问题难度的分解，以一题多变的形式层层递进，既减少了学生对题目录入所需的时间，又能让学生体会到微小的条件变化对整个题目带来的影响，对学生自信心的建立大有益处；从能力要求上看，专题复习能促进学生整体意识和综合能力的提高，凸显数学思维能力的培养。根据以上理解，专题复习课有助于让学生感悟具有普适性的数学思想和方法，逐步掌握解决问题的"相似方法"，进而形成"数学思维方式"，提高课堂效率，为数学核心素养的渗透提供有利条件。本文以 2021 年广东中考试题第 25 题第二问"平行四边形的存在性"为初始问题进行"一题一课"专题教学设计。

---

  * 本文获 2023 年韶关市中学数学教育论文一等奖。

  ① 戴承惠. 追求自然、简约、深刻的思维课堂："基于'一题一课'的初中数学专题复习课的实践探究"开题报告 [J]. 中学数学教学参考，2020（29）：67－70.

一、试题呈现

（2021·广东）已知二次函数 $y = ax^2 + bx + c$ 的图像过点 $(-1，0)$，且对任意实数 x，都有 $4x - 12 \leqslant ax^2 + bx + c \leqslant 2x^2 - 8x + 6$。

（1）求该二次函数的解析式；

（2）若（1）中二次函数图像与 x 轴的正半轴交点为 A，与 y 轴交点为 C；点 M 是（1）中二次函数图像上的动点。问在 x 轴上是否存在点 N，使得以 A、C、M、N 为顶点的四边形是平行四边形。若存在，求出所有满足条件的点 N 的坐标；若不存在，请说明理由。

二、核心素养视角下的试题评价

（一）题目解析

由第一问求得二次函数 $y = x^2 - 2x - 3$，依题意可得点 $A(3，0)$、$C(0，-3)$，设点 M 坐标为 $(m，m^2 - 2m - 3)$，$N(n，0)$。根据对角线的不同可分三类情况建立方程组讨论求解即可：①AC 为对角线则有 $\begin{cases} x_A + x_C = x_M + x_N \\ y_A + y_C = y_M + y_N \end{cases}$；②$AM$为对角线则有 $\begin{cases} x_A + x_M = x_C + x_N \\ y_A + y_M = y_C + y_N \end{cases}$；③$AN$ 为对角线则有 $\begin{cases} x_A + x_N = x_C + x_M \\ y_A + y_N = y_C + y_M \end{cases}$。但此类题目若没有系统研究过，学生很难在规定时间内找到行之有效的方法，对结果的获得很难做到不重不漏、考虑周全。

（二）核心素养视角下的试题分析

试题以二次函数为背景考察平行四边形的存在性问题，问题看似单一但如何切入利用已有知识进行搭建是关键，本题涉及的知识点广泛，如二次函数图像及其性质、平行四边形的判定及其性质、平移的性质等知识；解决问题过程中涉及的转化、分类讨论、数形结合等思想方法。作为代数几何综合类的压轴题对学生的运算能力、推理能力、应用意识等核心素养进行了考察。

三、专题教学　问题突破

针对平行四边形的存在性这一专题的教学设计如下：

教学目标设定：学生对于求坐标的基本认知是向坐标轴作垂线，通过求线段长度得到点的坐标，这也是本节专题课的一个重要生长点，从学生认知基础出发让旧知识得以延续，得出更多解决新问题的方法。通过本节课的学习，帮助学生理解平行四边形顶点坐标关系及原理；明确作图分类标准、正确画图；会求解函数背景下的"三定一动""两定两动"等类型的平行四边形存在性问题（难点）。

（一）复习引入

问题：如图 1 所示，在平面直角坐标系中，平行四边形 $ABCD$ 的顶点坐标分别为 $A(-1,2)$、$B(-3,-1)$、$C(3,1)$、$D(x,y)$，如何确定第 4 个顶点的坐标？

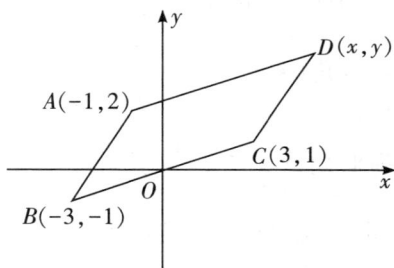

图 1

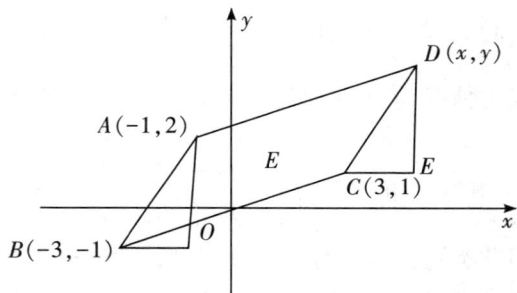

图 2

问题 1：你可以用哪些方法求解？

问题 2：这些方法有没有共通之处？

问题 3：结合以上方法，你能归纳出更好的方法吗？

教学说明：认真倾听学生的思维展示和求解过程，为理答时完善学生思维做准备。学生对于求坐标的基本认知是向坐标轴作垂线，通过求线段长度得到点的坐标，在这个过程中，需要用三角形的全等关系得出等量关系，学生对 $\triangle DEC \cong \triangle AFB$（图 2）的证明过程能准确表述，能快速把坐标转化成线段长度，再用坐标表示出需要的长度，在证明全等的过程中运用到了平行四边形的性质，展示出了学生思维的连续性、灵活性、可跨越性。在学生作出辅助线的基础上引导学生利用平移理解问题，通过线段相等找到坐标关系，结合以上共通之处，从平移入手结合平行四边形的性质得出一般结论，学生口头表达，给予学生积极参与课堂的机会，培养学生用数学的语言描述现实世界的核心素养。

设计意图： 从学生认知基础出发让旧知识得以延续，得出更多解决新问题的方法。把学生已有的知识和方法系统化，以问题串的形式引发学生深度思考，逼近问题的核心，为得出一般结论更快捷有效地解决一类问题做好准备。

（二）探究归纳

如图 3 所示，在平面直角坐标系中，平行四边形 $ABCD$ 的顶点坐标分别为 $A(x_A, y_A)$、$B(x_B, y_B)$、$C(x_C, y_c)$、$D(x_D, y_D)$，已知其中任意 3 个顶点的坐标，如何确定第 4 个顶点的坐标？

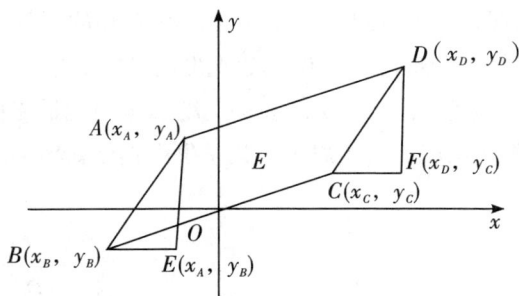

$$AE = DF \quad y_A - y_B = y_D - y_C$$
$$BE = CF \quad x_A - x_B = x_D - x_C$$
$$平移\begin{cases} x_A + x_C = x_B + x_D \\ y_A + y_C = y_B + y_D \end{cases}$$

图 3

环节 1 将平移分解为水平方向和铅垂方向，得出结论如图 4 所示。

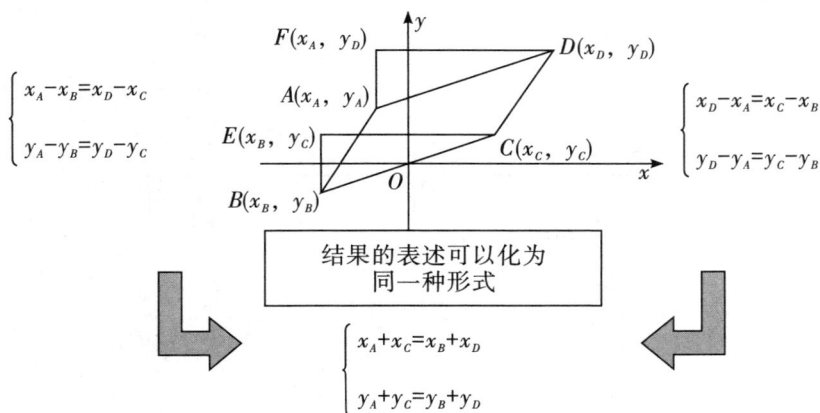

$$\begin{cases} x_A - x_B = x_D - x_C \\ y_A - y_B = y_D - y_C \end{cases}$$

$$\begin{cases} x_D - x_A = x_C - x_B \\ y_D - y_A = y_C - y_B \end{cases}$$

结果的表述可以化为同一种形式

$$\begin{cases} x_A + x_C = x_B + x_D \\ y_A + y_C = y_B + y_D \end{cases}$$

图 4

环节2

从平行四边形对角线互相平分（即两条对角线有公共中点）入手来帮助学生理解，插入微课讲解中点坐标公式。

中点坐标公式：
$$\begin{cases} \dfrac{x_A + x_C}{2} = \dfrac{x_B + x_D}{2} \\ \dfrac{y_A + y_C}{2} = \dfrac{y_B + y_D}{2} \end{cases}$$

教学说明： 教师引导学生将"利用三角形全等"的方法与"点的平移"相结合，将平移分解为水平方向和铅垂方向；学生根据图形分解，完成知识整合，快速得出结论；师生共同观察公式特点，发现两对角线端点的横、纵坐标之和相等，教师提问能否从"对角线互相平分"这一角度对公式进行理解；学生观看微课讲解中点坐标公式的推导，将二者化归为同一结论，完成知识的融合，让学生的知识体系更完善。

设计意图： 让学生理解其中原理，对公式进行理解记忆。在教师的引导下分解结论得出的难度，突破本节课的一个难点；体现从数到形的转化，能更好地让学生体会"数形结合"和"转化思想"；让学生体会多角度思考问题最终回归到同一本质这一过程，激发学生勤于动脑、敢于思考，让学生更具创新精神。

例题学习

类型1　三定一动

例题：如图5所示，已知点 $A(-1, 2)$、$B(-3, -1)$、$C(3, 1)$、$D(x, y)$，且以点 A、B、C、D 为顶点的四边形是平行四边形，在坐标系中画出满足条件的点 D，并求出点 D 的坐标。

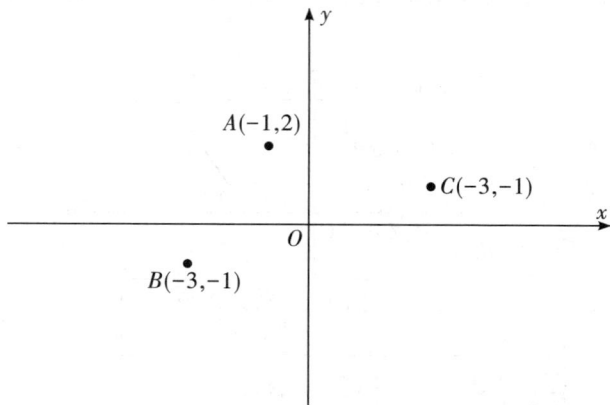

图5

追问 1：符合条件的点 D 有几个？

追问 2：如何进行分类？如何求解？

追问 3：本题与问题引入有何区别和联系？

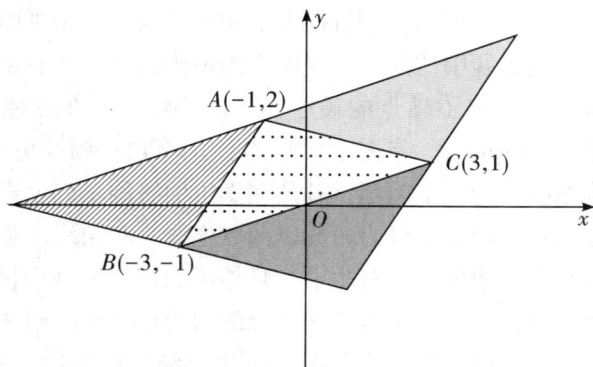

图 6

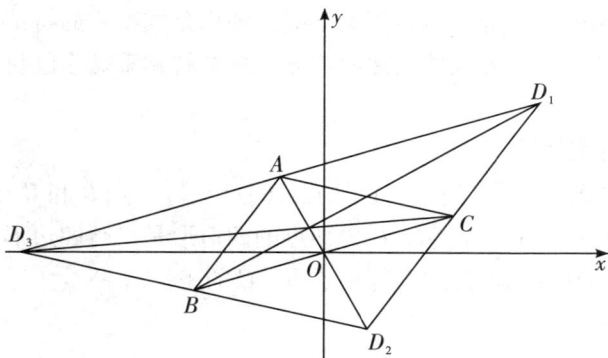

图 7

学生疑点解析：在没有画出图形的情况下，我们可以在四个顶点中任选两个点做对角线，那么如何做到不重不漏也是学生想不通的一个问题，我们要从中找到规律，帮助学生突破难点。任选一点与其余三点组合这样分类讨论真的就能做到不重不漏吗？对于学生这样的疑惑，我们必须解释清楚，因为心有疑惑，使用时总是会怀疑。我们可以用实例来说明。

平行四边形的对角线一条一旦确定，另外一条也随之被确定，我们以本题为例来说明。

（1）以 AC 为对角线，言外之意就是 BD 是它的另外一条对角线。

（2）同理，以 AB 为对角线时，另外一条对角线就是 CD。

（3）而以 AD 为对角线，另外一条就是 BC。

让学生从心理上接受后再去使用。

教学说明： 师生共同审题，题目提出了两个要求，一是画图找点，二是求点的坐标。首先明确本题中的四个顶点顺序的不确定性，会有多个满足条件的解，而问题引入已经确定了顶点的顺序，所以解唯一。在此强调审题的重要性。给学生创造展示的机会，暴露学生思维会让课堂目标性更强、效率更高。师生互动完成刚刚提出的三个问题；教师在学生回答的基础上进行完善，最终得出两种分类方式：以两点连线为边或以两点连线为对角线。强调要点：以两点连线为边进行平移的依据是：对边平行且相等的四边形是平行四边形；以两点连线为对角线的依据是：对角线互相平分的四边形是平行四边形，教师进行几何画板动态演示，帮助学生直观理解；师生总结分类标准，板书解题过程。总结此类题目的解题策略。

设计意图： 通过分析，学生明确作图依据并能正确找出平行四边形第四个顶点。明确作图分类标准，做到不重不漏。利用公式整齐的特征快速求解点的坐标，让学生体会运用公式的快捷的特点。总结解题策略为题目难度增大做好铺垫。

类型 2　两定两动

变式 1：如图 8、图 9 所示，已知点 $A(-1,2)$，点 B 和 C 分别是 x 轴和 y 轴上的动点，且以点 O、A、B、C 为顶点的四边形是平行四边形，在坐标系中画出满足条件的平行四边形。并写出点 B、C 的坐标。

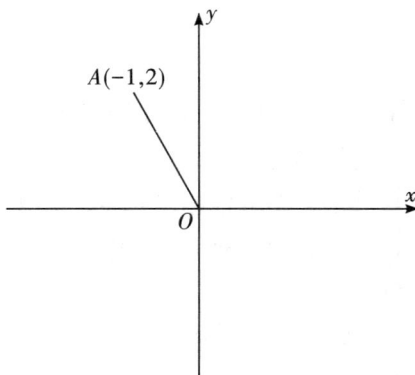

图 8

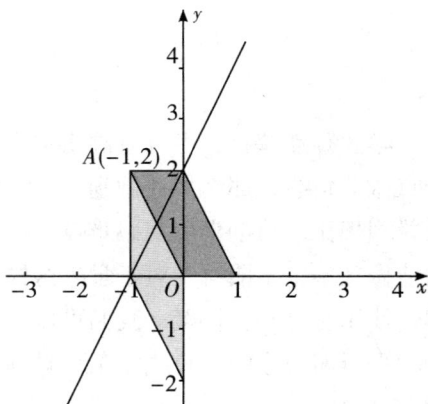

图 9

思考1：找点时如何进行分类？

平行四边形两顶点的连线既可以做边也可以做对角线。

分类：$\begin{cases} \text{以 } OA \text{ 为边} \\ \text{以 } OA \text{ 为对角线} \end{cases}$

思考2：如何求点的坐标？试求解。

教学说明：

对于如何找点，学生独立思考后，以学习小组为单位进行讨论，小组长汇总小组意见并发言；教师指导学生的思考方式，总结两定两动模型的作图分类方法，最终与对角线分类统一；值得一提的是本题满足条件的点在坐标轴上，直接由平移得出点的坐标更快捷。教师给出几何画板动态展示，教师对学生作品投屏展示，对学生讲解进行点评。

设计意图：

利用一题多变增大题目难度引导学生深度思考，给学生创造思维展示的机会，便于学生思维的培养；几何画板的展示更直观，能更好地培养学生的作图能力，使学生适应中考作图的要求；对满足条件的点的坐标求解，可结合几何图形特征得出也可以利用公式计算得出，方法选择视具体题目而定。

变式2：如图10、图11所示，在平面直角坐标系中，直线 $y = -x + 1$ 与 $y = x + 3$ 经过点 A，与 x 轴分别交于点 B 和点 C，D 是直线 AC 上一动点，则在直线 AB 上是否存在点 E，使以 O、D、A、E 为顶点的四边形是平行四边形？若存在，求出点 E 的坐标；若不存在，请说明理由。

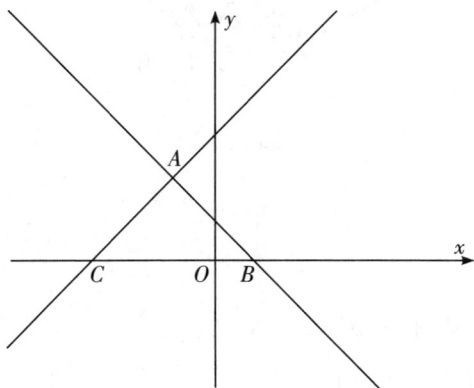

图10

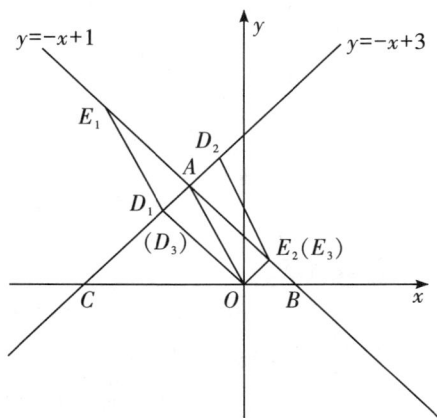

图11

教学说明：

学生独立完成题目求解。教师提问：满足条件的平行四边形有几个？求得的点 E 坐标有几个？你能说明原因吗？教师通过对例题追问引导学生积极思考；学生主动参与并说明解题思路。教师帮助学生发现满足条件的平行四边形有 3 个（图 11），求得的点 E 坐标有 2 个，从图形中看两个点 E 是重合的，让学生体会画图可以帮助检验根，渗透教学数形结合思想的重要性，帮助学生规避在以后解题中容易出现的错误。

设计意图：

提升学生解决问题的能力。鼓励学生勇于表达自己的观点，培养学生的归纳总结能力及表达能力，体会数形结合思想。

变式 3：如图 12、图 13 所示，二次函数 $y = x^2 - 2x - 3$ 的图像与 x 轴的正半轴交点为 A，与 y 轴交点为 C；点 M 是二次函数图像上的动点。问在 x 轴上是否存在点 N，使得以 A、C、M、N 为顶点的四边形是平行四边形。若存在，求出所有满足条件的点 N 的坐标；若不存在，请说明理由。

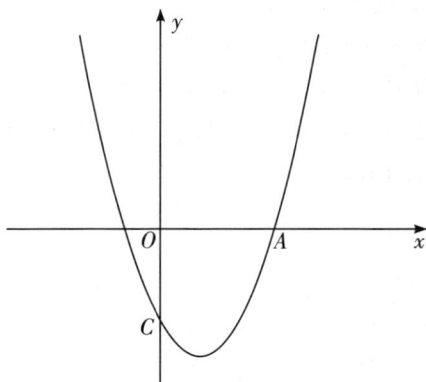

图 12

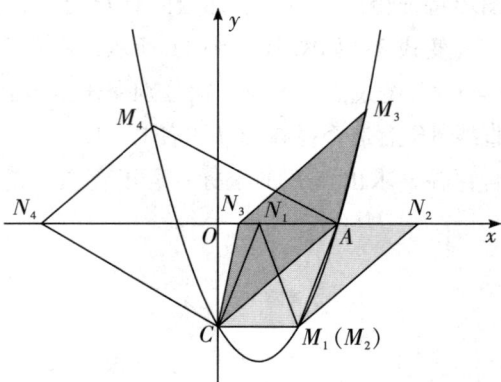

图 13

解题示范：

解：存在，理由如下：

令 $y = x^2 - 2x - 3$ 中 $y = 0$，得 $x = 3$，则 A 点坐标为（3，0）；

令 $x = 0$，得 $y = -3$，则点 C 坐标为（0，-3）。

设点 M 坐标为（m，$m^2 - 2m - 3$），$N(n, 0)$

根据平行四边形对角线性质以及中点坐标公式可得：

①当 AC 为对角线时（如图 $\square AN_1CM_1$），$\begin{cases} x_A+x_C=x_M+x_N, \\ y_A+y_C=y_M+y_N \end{cases}$

即 $\begin{cases} 3+0=m+n \\ 0-3=m^2-2m-3+0 \end{cases}$，解得：$m_1=0$（舍去），$m_2=2$

$\therefore n=1$，即 $N_1(1,0)$

②当 AM 为对角线时（如图 $\square ACM_2N_2$），$\begin{cases} x_A+x_M=x_C+x_N, \\ y_A+y_M=y_C+y_N \end{cases}$

即 $\begin{cases} 3+m=0+n \\ 0+m^2-2m-3=-3+0 \end{cases}$，解得：$m_3=0$（舍去），$m_4=2$

$\therefore n=5$，即 $N_2(5,0)$

③当 AN 为对角线时（如图 $\square ACN_3M_3$ 或 $\square ACN_4M_4$），$\begin{cases} x_A+x_N=x_C+x_M, \\ y_A+y_N=y_C+y_M \end{cases}$

即 $\begin{cases} 3+n=0+m \\ 0+0=-3+m^2-2m-3 \end{cases}$，解得：$m_5=1+\sqrt{7}$，$m_6=1-\sqrt{7}$，

$\therefore n=\sqrt{7}-2$ 或 $-2-\sqrt{7}$

$\therefore N_3(\sqrt{7}-2,0)$，$N_4(-2-\sqrt{7},0)$

综上所述，N 点坐标为 $(1,0)$ 或 $(5,0)$ 或 $(\sqrt{7}-2,0)$ 或 $(-2-\sqrt{7},0)$。

教学说明：

本题的问法与前面一致，学生能根据问题实质将刚刚学的方法应用到新环境中，实现了从一次函数为背景，到二次函数为背景的跨越。学生在计算过程中对解的取舍有疑惑，对根的检验需要加强。把握本节核心，强化研究思路，让学生掌握一类问题的解决方法。

设计意图：

以一题多变的形式层层递进，既减少了学生对题目"输入"所需的时间，又能让学生体会到微小的条件变化给整个题目带来的影响，对学生解题能力的培养大有益处，让学生感悟具有普适性的数学思想和方法，逐步掌握解决问题的"相似方法"，进而形成"数学思维方式"；提高课堂效率，为数学核心素养的渗透提供有利条件。

四、教学建议

平行四边形的存在性问题是近几年中考的考点，也是难点。存在性问题多

以函数为背景，根据学生已有知识水平，笔者以函数为背景进行了本节课的设计，本节课的教学设计重点落实三个问题：①通过平移得出平行四边形顶点坐标间的关系；②通过找平行四边形顶点的过程总结分类的方法，培养学生分类讨论的思想意识；③运用公式求得坐标，数形结合更好地理解题目。围绕这几个目标，从学生已掌握的求点方法入手，把学生已有知识系统化，让学生体会知识间的联系性和渗透性。根据学生的认知水平，设计了从找点画图到计算点的坐标，再到结果与图形的对照理解，加强学生数形结合的应用意识，通过本节课的学习，能让学生运用学到的知识、技能、思想方法更快捷有效地解决一类问题。以下笔者从几个方面谈一谈感想：

（一）成功做法

（1）在学生已有基础上，利用平移得出平行四边形顶点坐标间的关系，把学生已有知识和方法系统化，得出一般结论，成功解决了中点坐标公式在初中范围内的超纲问题，使其在初中数学中得到合理应用。

（2）题目设计梯度明显，以一题多变的形式层层递进，既减少了学生对题目"输入"所需的时间，又能让学生体会到微小的条件变化对整个题目造成的影响，对学生审题能力的提高大有益处。题目设计由浅入深，让各个层次的学生都学有所获，还可以降低学生对综合性压轴题的恐惧心理，利用变式教学将题目难度逐渐分解，可增加学生的成功体验，获得更多的自信心，在这样的前提下，更有利于学生抓住问题实质，突破难点。

（3）合理使用信息技术对数学思想方法的升华意义重大。本节课设计为把学生已经掌握的"利用全等关系求坐标""利用点的平移求坐标"更好地系统化，采用了将平移分解为铅垂方向和水平方向这一方法，中点坐标公式的推导，也选择了相同的思路制作微课，这样的设计能加深学生对这一处理方法的应用意识。

（4）本节课的设计使学生对平行四边形的性质和判定的理解应用有更进一步的提升，公式推导过程中抓住的是平行四边形的性质即对边平行且相等、对角线互相平分，在找平行四边形顶点作图的过程中则抓住"一组对边平行且相等的四边形是平行四边形""对角线互相平分的四边形是平行四边形"等判定方法。

（二）信息技术融合提高课堂效率

（1）信息技术的融合让作图找点的过程更直观，利用信息技术教学手段，激发学生的学习兴趣，多媒体教学使图片与文字有机结合，把复杂问题简单化，把抽象问题具体化。几何画板的使用直观体现了线段平移的过程和结果，以点平移的形式展示按对角线分类的结果，让知识的形成看得见，利用图形动态展示的鲜明形象使学生深刻理解和记忆相关知识。

（2）运用信息技术节省教学时间，扩大课堂容量。利用预先设计好的课件，能迅速地多角度展示教学内容，给学生更多独立思考的时间。本节课对平行四边形的顶点坐标关系的另一种解释——中点坐标公式是以微课的形式呈现的，目的在于帮助学生从对角线互相平分这一角度来理解。微课的制作选择了符合本节知识主干问题证明的"化斜为直"的思想方法，利用全等关系得出公式，既节省了时间，又对思想方法进行了强化，从而有效推动课堂教学进程。

（三）目标达成情况

整节课学生都能认真思考，积极表达自己的看法，展示自己的学习成果。学生在老师的引导下能够根据"一组对边平行且相等的四边形是平行四边形"从平移的角度得出平行四边形顶点坐标关系，根据"对角线互相平分的四边形是平行四边形"从中点坐标公式理解平行四边形顶点坐标关系；对于"三定一动""两定两动"两种类型，能选择正确的分类标准画出平行四边形，并做到不重不漏；懂得分析题目背景，从中找到"三定一动"或"两定两动"模型，在正确作图的基础上运用公式解决平行四边形的存在性问题；从公式得出、画图找点等过程积累数学学习经验，会利用所学的数学知识解决一类问题；通过观察探究说理等活动，学生认真参与、积极交流的主题意识和乐于探索、积极钻研的科学精神得到发展。本节课基本达成预设目标。

深度学习视角下一道课本习题的教学思考[*]

从深度学习视角将课本习题通过"错解分析""多解探究""变式拓展"等教学环节，引导学生展开深度研习，并尝试"再创造"，实现课本资源的高效应用，不仅可以帮助学生梳理知识方法，完善认知结构，还可以在此教学活动中提升他们的学科能力和核心素养。

深度学习是解决问题层次逐级提高的学习。给问题、给方法、找结论；给问题、悟方法、找结论；创设情境，让学生发现问题，找出方法，得出结论。基于深度学习观点，在例题习题教学时，笔者常常在引导学生获得基本的解法之后，通过改变题目条件、改变设问方式、将特殊问题一般化、将一般问题特殊化、将几何问题代数化、将代数问题几何化等方式进行变式拓展，并在解题过程中重视学生错因分析，寻找突破口。实践证明这样教学既能提高学生对该知识与方法的理解应用能力，又能活跃学生思维、增强其创新意识，收到举一反三、触类旁通的教学效果，同时顺应了当前"减负增效"的教改潮流。

一、原题呈现

如图 1 所示，四边形 $ABCD$ 是正方形，点 E 是边 BC 的中点，$\angle AEF = 90°$，且 EF 交正方形外角的平分线 CF 于点 F。求证：$AE = EF$。

这是来自人教版《数学》八年级

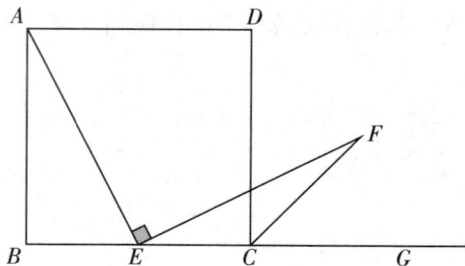

图 1

＊ 本文系 2021 年度广东省中小学"百千万人才培养工程"专项科研课题"双减政策下初中数学教学'错误'资源有效利用研究"（项目编号：BQW2021JCL015）的阶段性研究成果；获 2023 年韶关市优秀教育教学论文一等奖。

下册第 69 页的第 14 题，主要考察正方形、角平分线的性质和全等三角形的应用。该题在八年级主要利用三角形全等的方法证明，思路狭窄，方法单一。但在九年级全面复习后，学生知识面更广了，方法更多样了，分析解决问题的能力更强了，于是从深度学习的视角看，一个普通的课本习题可以深度开发利用，使它成为学生进行数学复习研究的良好学习资源，实现"减负增效"的目的。

二、发现问题

抛出题目后，学生独立思考。该题在课本上有提示取 AB 的中点，但笔者在教学时没有给出提示，九年级的学生更容易由 $\angle AEF = 90°$想到用一线三等角模型（图 2），想直接通过证明 $\triangle ABE \cong \triangle EMF$ 得到 $AE = EF$，但苦于找不到相等的边。也有学生利用过 B 点作 $BN \parallel EF$ 构造十字模型（图 3），易证 $AE = BN$，再证 $BN = EF$。还有学生构造图 4，想利用 $\triangle AEM \cong \triangle EFN$ 求解，等等。这些思路虽然正确，但都苦于找不到相等的边而最终放弃或无法自圆其说。可见解决此题的关键在于如何引导学生"无中生有"，去构造相等的边了。

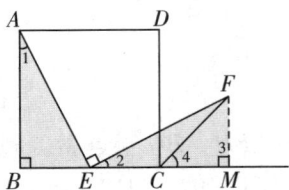
图 2

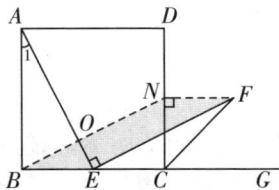
图 3

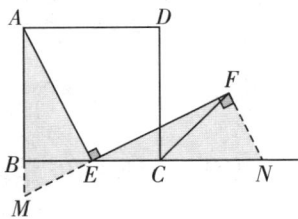
图 4

三、解决问题

证明两条线段相等的基本思路是构造它们所在的三角形全等或利用等腰三角形的性质求解。鉴于前面的问题分析，难在构造相等的边，因此在构图的时候需要我们紧紧抓住条件中的"四边形 $ABCD$ 是正方形，点 E 是边 BC 的中点，CF 平分 $\angle DCG$（90°）"等去创造相等的线段。

思路 1：构造 AE、EF 所在的三角形全等，这里可以利用正方形的边相等和中点性质，或利用正方形的对角线产生 45°角结合中点性质，又或者利用 CF

平分∠DCG 构造等腰直角三角形结合方程思想等去创造相等的边，主要有四种构图（图5 至图8）。

方法1：证△AEM≌△EFC。如图5 所示，取 AB 的中点 M（构造相等边），连接 ME，易证△BEM 为等腰直角三角形，所以∠3 = 45°，∠AME = 135°，又因为 CF 平分∠DCG，所以∠4 = 45°，∠ECF = 135°，因为∠AEF = 90°，易证∠1 = ∠2，又因为 AM = EC，所以△AEM≌△EFC（ASA），所以 AE = EF。

方法2：证△AEM≌△FEC。如图6 所示，连接 AC，过点 E 作 EM⊥BC 交 AC 于点 M，易证△MEC 为等腰直角三角形，所以 ME = EC，∠1 = 45°，∠AME = 135°，又因为 CF 平分∠DCG，所以∠2 = ∠7 = 45°，∠ECF = 135°，因为∠ACF = ∠6 + ∠7 = 90° = ∠AEF，∠4 = ∠5，得∠3 = ∠F，所以△AEM≌△FEC（AAS），所以 AE = EF。

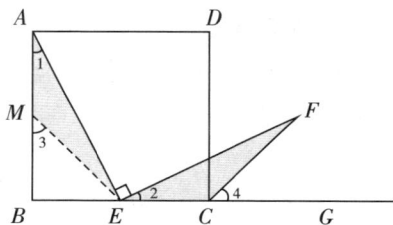

图5

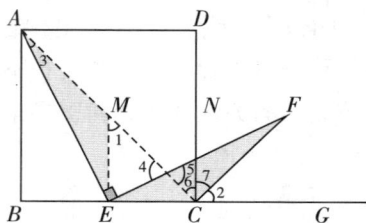

图6

方法3：证△ABE≌△EMF。如图7 所示，过点 F 作 FM⊥BC 于点 M。利用 CF 平分∠DCG，易证△CMF 为等腰直角三角形，所以 MF = MC，∠3 = ∠B = 90°，又因为∠AEF = 90°，易证∠1 = ∠2，所以△ABE∽△EMF，所以 $\frac{AB}{EM} = \frac{BE}{MF}$。令 MF = MC = b，BE = EC = a，则有 $\frac{2a}{a+b} = \frac{a}{b}$（ab≠0），解得 a = b，所以 EM = a + b = 2a = AB，所以△ABE≌△EMF，所以 AE = EF。

方法4：证两次三角形全等即△ABE≌△BCM、△MBE≌△FEC。如图8 所示，过点 B 作 BM∥EF，连接 EM，则∠BOE = ∠AEF = 90°，根据同角的余角相等，可证∠1 = ∠2，∠1 = ∠3，所以∠2 = ∠3，由正方形十字模型易证△ABE≌△BCM（ASA），所以 AE = BM，BE = CM。又因为 BE = EC，所以 CE = CM，得△CEM 是等腰直角三角形，所以∠MEC = 45°，所以∠BEM = 135°，而∠ECF = 135°，可证△MBE≌△FEC（ASA），所以 BM = EF，所以 AE = EF。

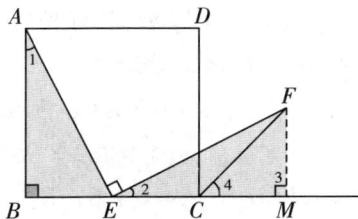

图7

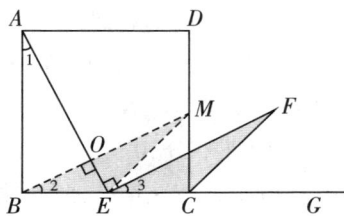

图8

思路2：可以构造和 AE 或 EF 有关的等腰三角形，在这里我们利用四点共圆的相关知识构造等腰直角三角形 $\triangle AEF$，又或者利用轴对称几何变换去构造 AE、AF 所在的三角形为等腰三角形从而突破构造相等的边这一难点求解。主要有三种构图：

方法5：利用四点共圆构造等腰直角三角形（$\triangle AEF$）。如图9所示，连接 AC、AF，则 $\angle 3 = 45°$，因为 CF 平分 $\angle DCG$，所以 $\angle 1 = \angle 2 = 45°$，$\angle ACF = \angle 2 + \angle 3 = 90°$，设 $\triangle ACF$ 的外接圆为 $\odot O$，则 AF 为直径，因为 $\angle AEF = 90°$，所以点 E 也在 $\odot O$ 上，即 A、E、C、F 四点共圆，所以 $\angle AFE = \angle 4 = 45°$，所以 $\triangle AEF$ 为等腰直角三角形，所以 $AE = EF$。

方法6：利用线段垂直平分线性质构造 2 个等腰三角形（$\triangle AEM$、$\triangle MEF$）。如图10所示，延长 AB、FC 相交于点 M，得 $\angle 5 = \angle 6 = 45°$，所以 $\triangle BCM$ 为等腰直角三角形，所以 $\angle 3 + \angle 4 = 45°$，$BC = BM = AB$，所以 BC 垂直平分 AM，所以 $AE = ME$，得 $\angle 1 = \angle 4$，又因为 $\angle AEF = 90°$，易证 $\angle 1 = \angle 2$，所以 $\angle 2 = \angle 4$，又因为 $\angle 2 + \angle F = \angle 6 = 45°$，所以 $\angle 3 = \angle F$，所以 $EM = EF$，从而得证 $AE = EF$。

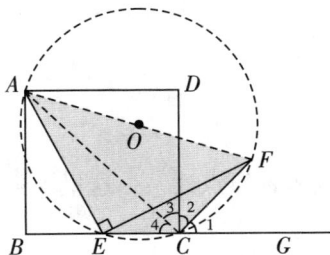

图9

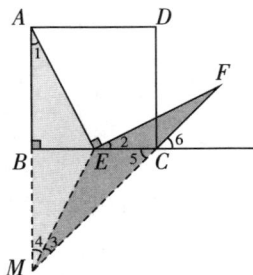

图10

方法 7：利用线段垂直平分线性质构造 2 个等腰三角形（△AEM、△MEF）。如图 11 所示，过点 F 作 FM⊥BC 于点 G，并与 AC 的延长线相交于点 M，因为∠1 = 45°，所以△CGF 为等腰直角三角形，所以 CG = FG，因为∠3 = ∠2 = 45°，所以△CGM 为等腰直角三角形，所以 CG = GM，所以 FG = GM，得 CG 垂直平分 MF，所以 EF = EM，CF = CM，又因为 CE = CE，所以△ECF≌△ECM，得∠4 = ∠5，由△AEO≌△FCO 得∠4 = ∠6，所以∠5 = ∠6，所以 AE = EM，所以 AE = EF。

由于本题是在矩形（正方形）背景下求线段的长，也许考虑用代数方法计算线段的长度也是一种不错的"选择"。

思路 3：建立平面直角坐标系，利用解析式法直接计算两条线段的长度。

方法 8：如图 12 所示，建立平面直角坐标系，不妨设正方形的边长为 2，则 $A(0, 2)$、$C(2, 0)$、$E(1, 0)$，所以 $AE = \sqrt{4+1} = \sqrt{5}$。因为∠AEF = 90°，易证∠1 = ∠2，所以 $\tan\angle 2 = \tan\angle 1 = \dfrac{1}{2}$，设直线 EF 的解析式为 $y = \dfrac{1}{2}x + b$，把 $E(1, 0)$ 代入得 $b = -\dfrac{1}{2}$，所以直线 EF 为 $y = \dfrac{1}{2}x - \dfrac{1}{2}$，同理可求得直线 CF 的解析式为 $y = x - 2$，从而求得 $F(3, 1)$，所以 $EF = \sqrt{(3-1)^2 + (1-0)^2} = \sqrt{5}$，所以 AE = EF。

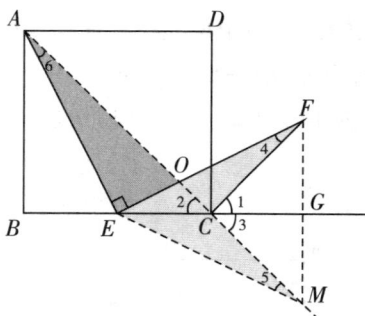

图 11

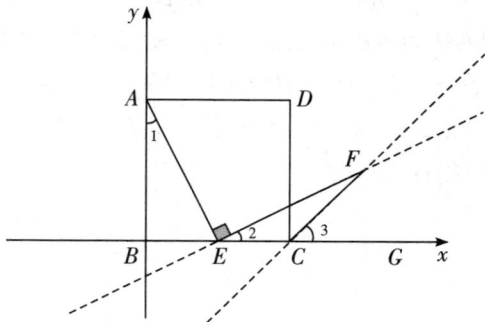

图 12

当然，我们还可以尝试选择其他不同的坐标原点建系，这里不再分享。

四、总结问题

认真研究以上解法,我们可以发现找"相等的边"时,最关键的做法是利用 CF 平分 $\angle DCG$ 构造等腰直角三角形,而结合条件中 $\angle AEF = 90°$ 和结论 $AE = EF$,这里也"藏着"一个等腰直角三角形,两个三角形还共顶点,如图 6 中 $\triangle AEM$ 绕着点 E 顺时针旋转 $90°$ 可以得到 $\triangle FEC$,图 5 中 $\triangle AEM$ 绕着线段 BC 的中点逆时针旋转 $90°$ 可以得到 $\triangle FEC$,图 7 中 $\triangle AEB$ 绕着线段 BC 的中点逆时针旋转 $90°$ 可以得到 $\triangle EFM$。根据这一共性,我们是否还可以构造其他的旋转手拉手模型,大家不妨试试,可得到图 13 至图 16……在解题完毕后,我们需要好好回顾和反思,因为解法之间的强大联系往往隐藏着该题的解决秘诀。

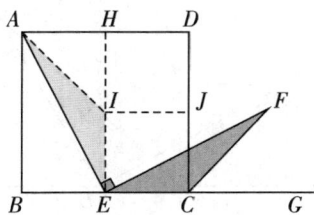

图 13

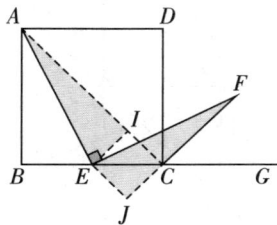

图 14

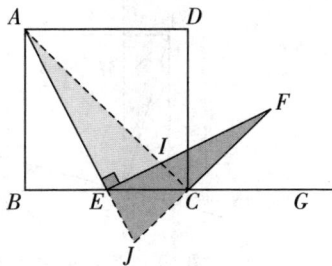

图 15

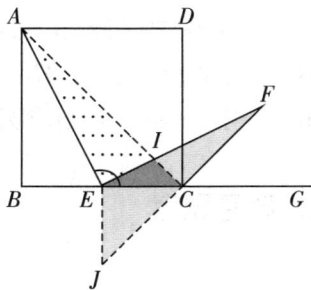

图 16

五、拓展问题

题目中点 E 是边 BC 的中点，是个定点，我们可否让点 E 动起来呢？另外，在上面众多解法中有没有一种固定的解法可以解决所有情况下的结论证明呢？由静到动，由特殊到一般，推广模型。

拓展 1：把"点 E 是边 BC 的中点"改为"点 E 是直线 BC 上任意一点（B、C 两点除外）"，结论（$AE = EF$）也是成立的。如图 17、图 18 所示，我们只需要过 E 点作 BC 的垂线与 CF（或 AC）相交于点 M，构造"手拉手"模型就可以证 $\triangle AEC \cong \triangle FEM$（ASA）[或 $\triangle AEC \cong \triangle FME$（ASA）]，从而得到 $AE = EF$。

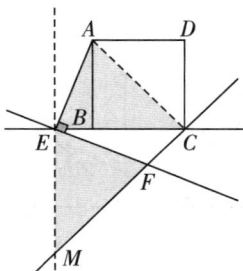

图 17　点 E 在线段 BC 的左侧　　　图 18　点 E 在线段 BC 的右侧

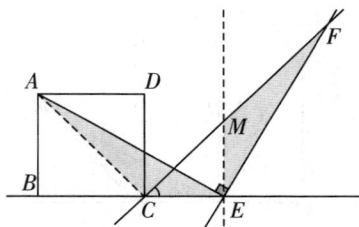

拓展 2：如图 19 所示，四边形 $ABCD$ 是正方形，点 E 在直线 BC 上，$\angle AEF = 90°$ 且 $AE = EF$。求证：CF 平分 $\angle DCG$。（证明略）

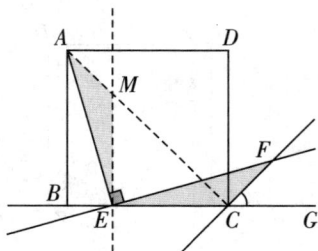

图 19　点 E 在线段 BC 上

六、解题思考

（一）因错误而精彩

该题不少学生因 $\angle AEF = 90°$ 都能想到一线三等角（图 2），想直接证明 $\triangle ABE \cong \triangle EMF$，苦于找不到相等的边而放弃或无法自圆其说。笔者并没有给出课本中的提示以匆匆解决问题，而是引导学生可否"无中生有"，引入方程创造了相等的边从而解决问题，顺便帮助构造图 3 的学生扫除疑点，拓宽了解法。并在解法探究过程中紧紧抓住"四边形 $ABCD$ 是正方形,点 E 是边 BC 的中点, CF 平分 $\angle DCG$"等条件去构造等腰(直角)三角形,从而得到关键的相等线段作为新条件去求解。解题中我们经历了解题困惑、错误归因、一题多解多变的过程,让学生克服了解题畏难情绪,提升了自信,也提高了解题能力。

(二)因角度而多解

证明线段相等的基本思路是构造三角形全等或等腰三角形,师生仅从这两个角度出发就得到了 8 种解法,在这过程中,我们灵活运用了几何模型如一线三等角、手拉手、等腰直角三角形、四点共圆、十字模型等,又熟悉了初中的基本几何变换如平移、旋转、翻折(轴对称)等,在深度学习下对习题的研究有了思维进阶,也许有些解法不简便甚至相对复杂,但在这个解决问题的过程中我们不仅巩固了知识,还构建了相关知识之间的体系,提高了运用知识解决问题的能力。

(三)因特殊成就一般

从"点 E 是边 BC 的中点"到"点 E 是边 BC 的任意一点"再到"点 E 是直线 BC 上的点"结论依旧成立,让学生体会了数学研究从特殊到一般的思想方法,也启发了学生思考问题的视角可以从几何法再到代数法(图 12),从而提高学生分析问题、解决问题的能力,提升学生学科能力和素养。

学生"说题"教学模式下的创新复习课教学

——以"反比例函数与一次函数的综合复习"为例*

教师精心设计一定的问题情境，在内容和形式上突破传统的数学复习课教学模式，让学生自主地、不断地发现问题、提出问题并解决问题，学生在一系列的有序说题教学活动中巩固深化"四基"，提炼解题方法，总结思维规律，提升数学素养。

复习课如何引导学生从基本问题情境出发，让学生在自主思考与探究中发现问题、提出问题和解决问题，让复习课教学效率更高、教学效益更好、更有亮点，这是一线教师不断追求的理想课堂，也是教师们常思常改、又常改常新的教研课题。

笔者认为，一节高效的复习课，必须做到既能达到"四基"的复习巩固，又能在解题实践中让学生体会数学思想方法在解题思路与解法探究中所发挥的分析、定向和调节作用，并从中感悟解决一类问题的通性通法和一般的解题规律，学生在一系列的数学思维活动中提高了解题能力和数学思维能力，真正把数学核心素养的培养落到实处。

本文以"反比例函数与一次函数的综合复习"为例，展示笔者近年来在初中数学复习课教学中的一些新思路、新做法。

---

  * 本文系 2021 年度广东省教育研究院教育研究课题"初三数学'说题'教学的实践研究"（项目编号：GDJY – 2021 – M112）的阶段性研究成果。

一、教学流程

（一）创设情境，温故知新

（据 2021·中山模拟改编）如图 1 所示，一次函数 $y = k_1 x + b$ 与反比例函数 $y = \dfrac{k_2}{x}$（$x > 0$）的图像交于点 $A(a, 5)$ 和 $B(5, 1)$，与 y 轴、x 轴分别交于点 M 和 N。

师：（提出要求，引发思考）请同学们思考，你能从这个问题情境中提出什么有助于巩固"四基"的基本问题并解决它？请大家尝试。

学生经过思考、交流，很快获得了下面的问题串：

（1）已知点 $B(5, 1)$，求点 A 及一次函数 $y = k_1 x + b$ 与反比例函数 $y = \dfrac{k_2}{x}$（$x > 0$）。解略。

（2）在（1）的条件下，求线段 AB 和 MN 的长。解略。

（3）在（1）的条件下，当 $\dfrac{k_2}{x}$（$x > 0$）$> x + b$ 时，求 x 的取值范围。解略。

（4）在（1）的条件下，求 $\triangle OAB$ 的面积。

对于（4），学生给出了多种解法：

解法 1：如图 2 所示（补），$S_{\triangle OAB} = S_{\triangle OMN} - S_{\triangle OAM} - S_{\triangle OBN} = 1$。

有学生说可以优化为 $S_{\triangle OAB} = S_{\triangle OBM} - S_{\triangle OAM}$ 或 $S_{\triangle OAB} = S_{\triangle OAN} - S_{\triangle OBN}$，笔者给予肯定和表扬。

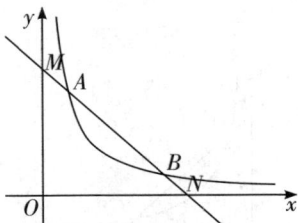

图 1

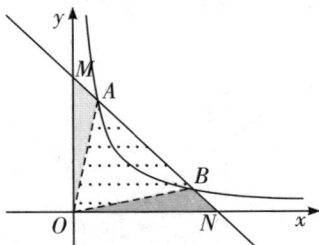

图 2

解法 2：如图 3 所示（补），$S_{\triangle OAB} = S_{四边形OEGF} - S_{\triangle OAE} - S_{\triangle OBF} - S_{\triangle ABG} = 12$。

解法 3：如图 4 所示（直接求），以 AB 为底，过点 O 作 $OH \perp AB$ 于点 H，则 $S_{\triangle OAB} = \dfrac{1}{2} AB \cdot OH$，马同学利用解析法求直线 OH 和直线 AB 对应的函数解析式并求出点 H 的坐标，由两点间的距离公式求 OH。但过程复杂。刘同学说可利用 $\triangle OMN$ 是等腰直角三角形求出 $OH = \dfrac{1}{2} MN = \dfrac{1}{2} \times 6\sqrt{2} = 3\sqrt{2}$ 或者 $OH = \dfrac{OM}{\sqrt{2}} = \dfrac{6}{\sqrt{2}} = 3\sqrt{2}$。李同学则在 MN 中利用等面积法求出 OH。

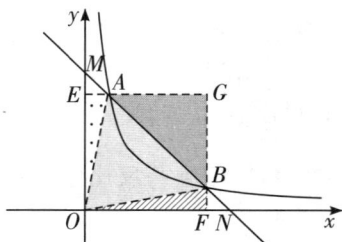

图 3

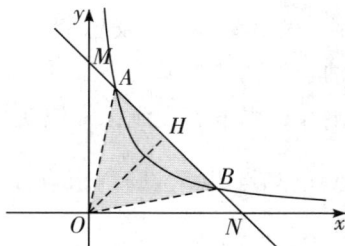

图 4

解法 4：如图 5 所示（铅垂法），过点 A 作 $AC /\!/ y$ 轴交 OB 于点 C。因为 $B(5，1)$，易求直线 OB 的解析式为 $y = \dfrac{1}{5}x$，于是得点 $C\left(1，\dfrac{1}{5}\right)$，所以 $AC = 5 - \dfrac{1}{5} = \dfrac{24}{5}$，$S_{\triangle OAB} = \dfrac{1}{2} AC \cdot x_B = \dfrac{1}{2} \times \dfrac{24}{5} \times 5 = 12$。也可以过点 B 横切分割，这里不再分享。

解法 5：如图 6 所示（等积转换），过点 A 作 $AL /\!/ y$ 轴并交 x 轴于点 L，过点 B 作 $BK /\!/ y$ 轴交 x 轴于点 K。因为 $S_{\triangle AOL} = S_{\triangle OBK} = \dfrac{5}{2}$，所以 $S_{\triangle AOC} = S_{梯形CLKB}$，所以 $S_{\triangle AOB} = \dfrac{1}{2} \times (5 + 1) \times (5 - 1) = 12$。

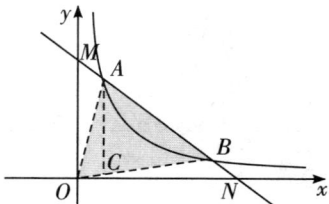

图 5

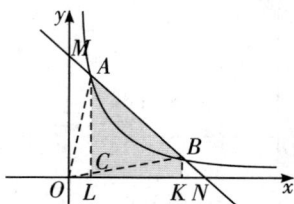

图 6

（5）在（1）的条件下，求将直线 $y = k_1 x + b$ 向下平移多少个单位长度时与双曲线 $y = \dfrac{k_2}{x}$（$x > 0$）只有一个公共点。

解：设直线 $y = -x + m$ 与双曲线只有一个公共点，由 $\begin{cases} y = \dfrac{5}{x} \\ y = -x + m \end{cases}$ 得到 $x^2 - mx + 5 = 0$，

因为 $\Delta = m^2 - 20 = 0$，所以 $m = \pm 2\sqrt{5}$，又因为 $x > 0$，所以 $m = 2\sqrt{5}$，所以 $y = -x + 2\sqrt{5}$，因此只需将直线 $y = -x + 6$ 向下平移（$6 - 2\sqrt{5}$）个单位长度即可。

（6）在（1）的条件下，如图 7 所示，连接 OA，过 OA 的中点 C 作 OA 的垂线交 y 轴于点 E，求直线 CE 的解析式。

解：连接 AE，过点 A 作 $AF \perp y$ 轴于点 F，设 $E(0，e)$，则 $AE = OE = e$。因为 $A(1，5)$，所以 $AF = 1$，$EF = 5 - e$，所以在 $\mathrm{Rt}\triangle AEF$ 中有 $1^2 + (5 - e)^2 = e^2$，解得 $e = \dfrac{13}{5}$，所以 $E\left(0，\dfrac{13}{5}\right)$。又因为 C 是 OA 的中点，由中点坐标公式易得 $C\left(\dfrac{1}{2}，\dfrac{5}{2}\right)$。设直线 CE 的解析式为 $y = mx + \dfrac{13}{5}$（$m \neq 0$），把 $C\left(\dfrac{1}{2}，\dfrac{5}{2}\right)$ 代入得 $\dfrac{1}{2}m + \dfrac{13}{5} = \dfrac{5}{2}$，求得 $m = -\dfrac{1}{5}$，所以直线 CE 的解析式为 $y = -\dfrac{1}{5}x + \dfrac{13}{5}$。

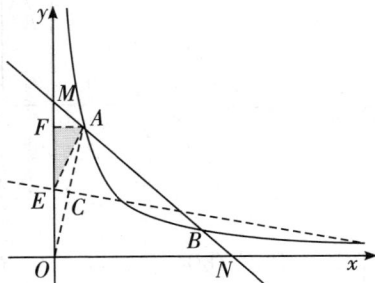

图 7

（二）钩联知识，扩大战果

师：（激活思维，继续探究）前面我们已经获得了许多有趣的问题和结论，还得到了很多巧妙的解法，巩固了基础，提升了能力。现在我们在原题基

础上变更问题：如图 8 所示，若 Q 是反比例函数 $y = \dfrac{k_2}{x}$（$x > 0$）上的任意一点，过点 Q 作 $QD \perp x$ 轴于点 D，并交一次函数图像于点 P，连接 OA、OB，同学们又能提出些什么新颖的问题呢？

（7）在（1）的条件下，当 $\triangle ODP$（或 $\triangle OQP$）面积取最大值时，求点 P 的坐标。

解：设 $P(t, -t + 6)$，所以 $S_{\triangle ODP} = \dfrac{1}{2}t(-t + 6) = -\dfrac{1}{2}(t - 3)^2 + \dfrac{9}{2}$，当 $t = 3$ 时，$\triangle ODP$ 的面积最大，最大值为 $\dfrac{9}{2}$，此时 $P(3, 3)$。

（8）在（1）的条件下，若 $S_{\triangle AOP} : S_{\triangle BOP} = 2 : 3$，求 P 点坐标。

解：因为 $S_{\triangle AOP} : S_{\triangle BOP} = AP : BP = 2 : 3$，所以 $AP = \dfrac{2}{5}AB = \dfrac{2}{5} \times 4\sqrt{2} = \dfrac{8\sqrt{2}}{5}$，如图 9 所示构造等腰直角三角形 $\triangle ATP$。$PT = \dfrac{AP}{\sqrt{2}} = \dfrac{8}{5}$，所以 $t - 1 = \dfrac{8}{5}$，所以 $t = \dfrac{13}{5}$，得 P 点坐标 $\left(\dfrac{13}{5}, \dfrac{17}{5}\right)$。

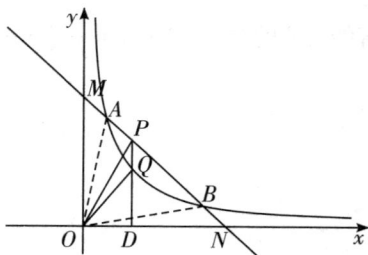

图 8

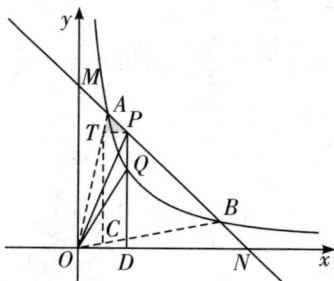

图 9

（9）在（1）的条件下，点 P 在直线上，当 $\triangle OPN$ 为等腰三角形时，求 P 点的坐标。

解：如图 10 所示，当 $OP = ON = 6$ 时，易知此时 P 与 M 重合，即为 $P_1(0, 6)$；当 $ON = NP = 6$ 时，找到 P_2 和 P_3。根据 $\angle ANO = 45°$，易求 $P_2(6 - 3\sqrt{2}, 3\sqrt{2})$，$P_3(6 + 3\sqrt{2}, -3\sqrt{2})$；当 $OP = NP$ 时，求得 $P_4(3, 3)$。

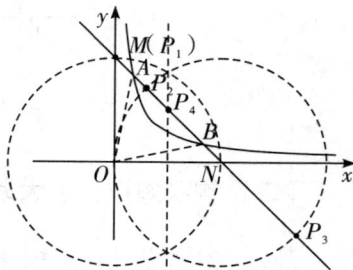

图 10

（10）在（1）的条件下，点 P 在双曲线上，当 $\triangle OAQ$ 为等腰三角形时，求 P 点的坐标。

如图 11 所示，设 $Q\left(n, \dfrac{5}{n}\right)$，当 $OA = OQ$ 时，易知此时 Q 与 B 重合，即 B 为 $Q_1(5, 1)$；当 $OA = AQ$ 时，找到 Q_2 和 Q_3，由 $OA = AQ$ 得到 $(n-1)^2 + \left(\dfrac{5}{n} - 5\right)^2 = 1^2 + 5^2$，化简后得 $n^4 - 2n^3 - 50n + 25 = 0$，这个方程对于初中学生不作要求。当 $OQ = AQ$ 时，找到 Q_4 和 Q_5，根据两点间的距离公式，由 $OQ = AQ$ 得到 $(n-1)^2 + \left(\dfrac{5}{n} - 5\right)^2 = n^2 + \left(\dfrac{5}{n}\right)^2$，解得 $n_1 = \dfrac{13 + \sqrt{69}}{2}$，$n_2 = \dfrac{13 - \sqrt{69}}{2}$，进而求得 $Q_4\left(\dfrac{13 - \sqrt{69}}{2}, \dfrac{13 + \sqrt{69}}{10}\right)$，$Q_5\left(\dfrac{13 + \sqrt{69}}{2}, \dfrac{13 - \sqrt{69}}{10}\right)$。

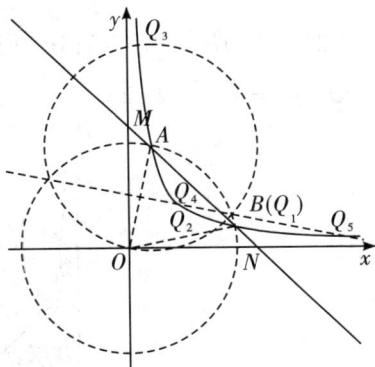

图 11

评析：虽然第（9）（10）问都是在等腰三角形背景下求点的坐标，但由于点在直线上和点在双曲线或抛物线上的不同，会影响计算的难易程度。

（11）在（1）的条件下，当 $\angle PON = 30°$ 时，求点 Q 的坐标。（分两种情况，如图 12 所示）

解：设 $P(t, -t + 6)$，则 $Q\left(t, \dfrac{5}{t}\right)$。当 P 点在 x 轴上方时，在 Rt $\triangle ODP$ 中，$\angle POD = 30°$，所以 $OD = \sqrt{3}DP$，即 $t = \sqrt{3}(-t + 6)$，解得

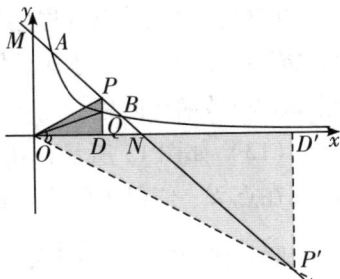

图 12

$t = 9 - 3\sqrt{3}$，所以 $\dfrac{5}{t} = \dfrac{5}{9 - 3\sqrt{3}} = \dfrac{15 + 5\sqrt{3}}{18}$，所以 $Q\left(9 - 3\sqrt{3},\ \dfrac{15 + 5\sqrt{3}}{18}\right)$；当 P

点在 x 轴下方时，同理可求 $Q\left(9 + 3\sqrt{3},\ \dfrac{15 - 5\sqrt{3}}{18}\right)$。

（三）不断创新，提升能力

师：（鼓励创新，深入探究）同学们能在这个图形中提出有关最值的问题吗？（先思考，再交流）

（12）E 为 AB 的中点，连接 DE，点 B' 与点 B 关于 DE 对称，求 OB' 的最小值（图 13）。

解：因为 E 为 AB 的中点，$A(1,\ 5)$，$B(5,\ 1)$，所以 $E(3,\ 3)$，$BE = \dfrac{1}{2}$

$AB = 2\sqrt{2}$。因为点 B' 与点 B 关于 DE 对称，所以 $B'E = BE = 2$。即 B' 在以 E 为圆心，$2\sqrt{2}$ 为半径的圆上（如图 14 所示），当且仅当 O、B'、E 三点共线时，OB' 取最小值，此时 $OB' = OE - r = 3\sqrt{2} - 2\sqrt{2} = \sqrt{2}$。

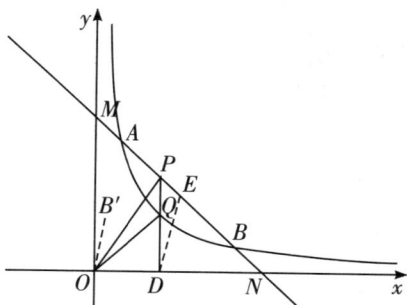

图 13

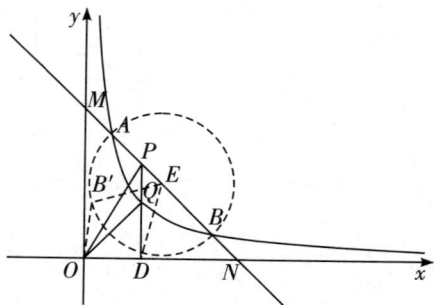

图 14

评析：学生的设计思路来自 Q 是双曲线上的动点，所以 D 也是动点，因此 DE 是动直线，于是有了与"定点（不在圆上）到定圆上的点的最短距离"模型的巧妙融合问题。

（13）如图 15 所示，在（1）的条件下，当 $\triangle OPQ$ 的面积为 2 时，若平面内存在点 E，使得 $\angle PEQ = \angle ANO$，求 PEQ 面积的最大值。

解：设 $P(t,\ -t + 6)$，则 $Q\left(t,\ \dfrac{5}{t}\right)$，所以 $PQ = -t + 6 - \dfrac{5}{t}$。因为 $S_{\triangle OPQ} =$

$\dfrac{1}{2}PQ \cdot OD = 2$，所以 $\dfrac{1}{2}\left(-t+6-\dfrac{5}{t}\right)t = 2$，解得 $t_1 = t_2 = 3$，所以 $P(3，3)$，

$Q\left(3，\dfrac{5}{3}\right)$，所以 $PQ = \dfrac{4}{3}$。因为 $OM = ON = 6$，所以 $\angle ANO = 45°$，所以

$\angle PEQ = 45°$，此时可知点 E 是在经过 P、Q 的 $\odot T$ 上（图 16），过圆心 T 作

$TF \perp PQ$ 于点 F，易知当且仅当 E、F、T 三点共线时，EF 有最大值，从而

$\triangle PEQ$ 面积最大。在 $\triangle PTQ$ 中，$\angle PTQ = 2\angle PEQ = 90°$，$TP = TQ = r = \dfrac{PQ}{\sqrt{2}} =$

$\dfrac{2\sqrt{2}}{3}$，$TF = PF = QF = \dfrac{1}{2}PQ = \dfrac{2}{3}$。此时 $EF = ET + TF = \dfrac{2\sqrt{2}}{3} + \dfrac{2}{3}$，$S_{\triangle PEQ} =$

$\dfrac{1}{2}PQ \cdot EF = \dfrac{1}{2} \times \dfrac{4}{3} \times \left(\dfrac{2\sqrt{2}}{3} + \dfrac{2}{3}\right) = \dfrac{4}{9} + \dfrac{4\sqrt{2}}{9}$，即 $\triangle PEQ$ 面积的最大值为

$\dfrac{4}{9} + \dfrac{4\sqrt{2}}{9}$。

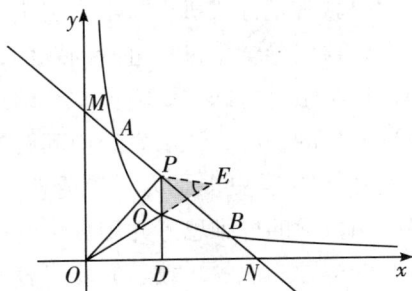

图 15

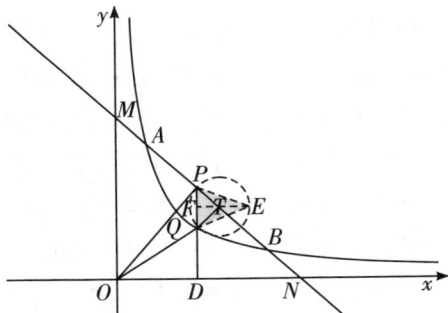

图 16

评析：这个问题学生利用 $\triangle OPQ$ 的面积为 2 来定弦 PQ，利用 $\angle PEQ =$ $\angle ANO = 45°$ 来定角，构造了"定弦定角"动态几何模型——动点 E 的轨迹为 $\triangle PEQ$ 外接圆。又发现 $\triangle PEQ$ 面积的最大值由 PQ 上的高决定，问题最终化归为解等腰直角三角形的问题。

二、教学思考

（一）以说促教，点拨思路

复习课中以学生为主体，笔者点拨为辅，引导学生思考问题，不断地追

问，让学生在笔者引导下层层思考，去探究复习知识的乐趣，寻找解决问题的突破口，深入剖析知识点之间的关系，及时总结归纳，画龙点睛。复习课不同于新课，因为学生已有相关知识与方法的储备，所以复习课建议把更多的时间留给学生，把学习的主动权交给学生，让学生有更多的动手、动脑、动口的机会。本节课真正突破了传统的"知识小结—例题讲解—巩固练习"教学模式，用一个简单的问题情境，通过添加条件、改变设问、创新问题等数学思维活动过程，让学生自己发现问题、提出问题并解决问题①，由"做题"变为"造题"，既回顾复习了反比例函数与一次函数的相关基础知识，又沟通了与其他知识的联系，以一当十，优质高效。整节课随着问题和探究的层层深入，学生兴致获得极大的释放，学生在"自作自受"中实现了主体地位的真正回归，也在说题教学中体会着分享的快乐与自我存在的价值。

（二）回归本质，落实素养

复习课的重点不仅在于基础知识的回顾，更要有反思总结、感悟提升。本节课以开放性问题引入，在激起学生探究欲望时教师把握时机，将学生提出的基础性问题一一解决，以达到巩固基础的前提，再引导学生进行进阶问题的设计，最终确定两个极具探究价值的最值问题，让学生进行深入研究。本节课通过问题连接知识，用思想引领方法，抓住图形变化的核心，让学生经历问题的逐渐递进、深度探究，从而提升学生的核心素养。②教学更多是为了渗透教育，数学的教学本质是让学生用数学的眼光观察、用数学的思维思考并用数学的语言表达现实世界。在本次教学中学生通过造题、解题、说题，数学的复习教学不再是简单、机械地重复，不是填鸭式地做题、刷题，而是回归教育教学的本质，落实知识教学的同时，关注能力的培养、素养的落实，为学生全方面的成长添砖加瓦。

---

① 潘静. 一图多问，创新复习课教学：以"抛物线"为例［J］. 中学数学教学参考，2021（12）：36–38.

② 汪俊. 一图多问　促进思维　提升素养：以高三《椭圆》一轮复习第1课时为例［J］. 中学数学，2019（19）：12–13.

凸显数学思想　优化性质教学

——市级公开课《等腰三角形的性质》的教学感悟[*]

中学数学的课程内容是由具体的数学知识与抽象的数学思想方法组成的有机整体，现行数学教材的编排是沿知识的纵向脉络展开的，数学思想方法只是蕴涵在数学知识的体系之中，没有明确的揭示和总结。这样就产生了如何处理数学思想方法的教学的问题。因此，探讨数学思想方法教学的一系列问题，已成为数学现代教育研究中的一项重要课题。

中学数学教学大纲中明确指出：数学基础知识是指数学中的概念、性质、法则、公式、公理、定理以及由其内容所反映出来的数学思想方法。将数学思想方法纳入基础知识范畴，足见数学思想方法的教学问题已引起教育研究部门的重视，也体现了我国数学教育工作者对于数学课程发展的一个共识。

数学思想方法是对数学知识在更高层次的抽象和概括，它存在于数学知识发生、发展和应用的过程中，是数学的精髓和灵魂。教师应该把数学思想方法的培养与数学知识的教学融为一体，优化各类教学，凸显数学思想。目前，中学数学中的主要思想有函数与方程思想、数形结合思想、分类与整合思想、化归与转化思想等。数学思想方法是形成学生良好认知结构的纽带，是由知识转化为能力的桥梁。因此，加强数学思想方法的教学也是提高学生数学能力和中学数学教学质量的重要环节。

本文就一节市公开课——《等腰三角形的性质》教学实践，结合自己的一些教学感悟，谈谈性质教学中教师如何凸显数学思想方法的一些具体做法与个人体会。

---

* 本文发表于《韶关学院学报》2017年第38卷；获2015年广东省中学数学教学优秀论文二等奖。

一、重视教学内容的深加工，有意识地引导学生在性质的探究过程中挖掘和提炼内蕴的数学思想方法

数学思想方法是人们探索数学真理过程的思想精华的积淀，但教材往往不是这种探索轨迹的真实记录，教材内容的呈现方式往往掩盖了内蕴的数学思想方法，这就要求教师要有意识地引导学生去还原知识发生发展过程的"真相"，同时站在更高的视角对教学内容进行深加工，总结方法，提炼思想。教师备课时不仅要关注教学内容的知识点，还要列出知识与思想方法的结合点。比如，数学中的许多规律（概念、定理、公式、法则等）的生成发展过程本身就蕴含着某种思想方法。

教学片断 1：课件呈现教材中的探究过程：如图 1 所示，把一张长方形的纸按图中虚线对折，并剪去阴影部分，再把它展开，得到的 $\triangle ABC$ 是什么三角形？

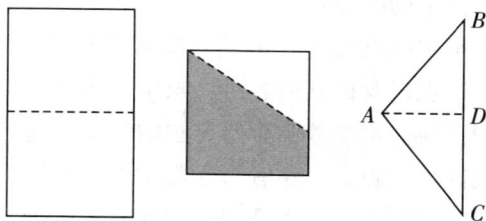

图 1

众生：$\triangle ABC$ 是等腰三角形。

教师：你能说出等腰三角形的概念吗？

学生 1：有两条腰相等的三角形是等腰三角形。

学生 2：有两条边相等的三角形是等腰三角形。

学生 3：有两个角相等的三角形是等腰三角形。

…………

教师：有两个角相等的三角形的确是等腰三角形，但平面几何图形的定义一般是从边出发的，所以有两条边相等的三角形叫做等腰三角形。而有两个角相等的三角形可作为等腰三角形的一个性质或一种判定定理。于是得到了"等边对等角"的性质。

师又问：折线 AD 是 $\triangle ABC$ 的什么线？

学生 4：是△ABC 中底边 BC 上的高。

学生 5：是△ABC 中底边 BC 上的中线。

学生 6：是△ABC 中顶角∠BAC 的平分线。

…………

教师：利用轴对称知识不难得到：等腰三角形中，底边上的高、中线和顶角的平分线重合，即"三线"合一。所以等腰三角形的性质有：①两条边相等（定义）；②两个角相等；③"三线"合一。

感悟：教师不是简单给出性质定理，而是在学生已有的轴对称知识这一数学"现实"的基础上，提出问题，引发学生观察、思考，并辅以直观演示，让学生在感知确认的过程中"悟"出性质。在此过程中学生会提出自己的见解，学生与学生间思维会发生碰撞，这一经历会让学生自然"生成"对性质的理解，同时教师引导学生总结反思，提炼获得性质所用到的数学思想方法——化归思想，它是数学中以旧引新的"法宝"。

教学片断 2：对"三线"合一的解读。

师问：等腰三角形"三线"是指哪三线？"合一"又该如何理解？（教学难点）

师生共同解读："三线"是指顶角的平分线、底边上的高、底边上的中线，它们都是线段。"合一"包括：①已知顶角的平分线，其他两线与之重合；②已知底边上的高，其他两线与之重合；③已知底边上的中线，其他两线与之重合。

这样实施教学，不但能让学生轻松突破难点，丰富学生的知识视野，而且悄悄地植入了分类讨论的数学思想，训练学生数学思维的严谨性和敏捷性，提升了学生的数学素养，使学生从中领悟数学思想的无穷魅力。因此可以这样说，只有对性质定理本身有了深刻的理解，站得高看得远，我们才能在性质证明的教学过程中对数学思想的渗透做到灵活自如、自然贴切。

二、注重过程教学，让学生在探究数学性质的证明方法中感悟数学思想方法的指导价值和应用技巧

新课标指出，应当让学生了解概念、结论等产生的背景，理解基本的数学概念、数学结论的本质，体会其中所蕴涵的数学思想和方法，体验数学发现和创造的历程。

数学思想方法发源于数学知识，这就决定了它的教学要以数学知识为载

体，并按"分散—集中"的形式进行教学，同时通过问题的解决过程让学生在潜移默化中逐步感受、领悟和掌握数学思想方法。

性质证明方法的探究和证明过程是定理教学的一出重头戏，是深化学生知识、提高学生逻辑推理能力和数学素养的一条重要途径。教学中教师要有意识地引导学生总结反思证明方法的探究和论证过程，感悟数学思想方法的指导价值和应用技巧。

教学片断3：

（1）等边对等角。

已知：如图2所示，$\triangle ABC$ 中，$AB = AC$，求证：$\angle B = \angle C$。

师生共同分析：证明两角相等的一般方法是证三角形全等，回顾证明三角形全等的判定（SSS、SAS、ASA、AAS、HL）。

师问：能否用 SSS（或 SAS、ASA、AAS、HL）证明性质？

众生交流后给出相应的辅助线的作法，并独立写出证明过程。

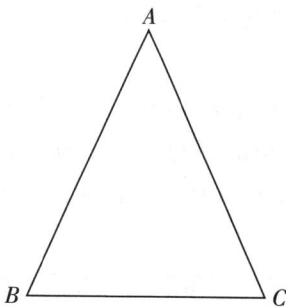

图2

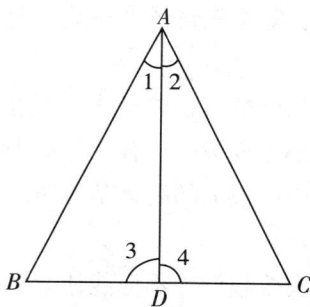

图3

（2）"三线"合一，如图3所示。

①已知：$\triangle ABC$ 中，$AB = AC$，AD 平分 $\angle BAC$，求证：$BD = CD$，$AD \perp BC$。

②已知：$\triangle ABC$ 中，$AB = AC$，$BD = CD$，求证：AD 平分 $\angle BAC$，$AD \perp BC$。

③已知：$\triangle ABC$ 中，$AB = AC$，$AD \perp BC$，求证：AD 平分 $\angle BAC$，$BD = CD$。

其实对"等边对等角"的性质证明稍加分析就可以得到"三线"合一，另基于在教学片断2（对"三线"合一的解读）的分析，学生易知分三种情况、继续利用三角形全等证明该性质定理，教师因此可再次强调在等腰三角形中：①AD 平分 $\angle BAC$，②$BD = CD$，③$AD \perp BC$，知其一可推其二。

在这两条性质定理的证明中，学生在教师的引导点拨下共同探索得到了多种不同的证明方法，而每一种证明方法都蕴涵着不同的数学思想。教师通过精心预设与适时且智慧的点拨引导，有意识地渗透化归、分类讨论、数形结合、类比、变与不变、整体的思想，在以上多种方法的揭示中，多数是将问题化归到最为原始的证三角形全等的研究中，使学生对化归思想的灵魂又有了更为深刻的认识。

三、在性质的运用中，提升学生灵活和综合运用数学思想方法分析解决问题的能力和水平

美籍匈牙利数学家波利亚曾强调指出："中学数学教学的首要任务就是加强解题训练。"解题教学是学生理解和运用数学思想方法最直接、最深刻、最有效的实践活动。学生一方面通过解题和反思活动总结归纳出解题方法，并提炼上升到思想高度，认识数学方法的内涵和本质；另一方面在解题活动中，可充分发挥数学思想对发现解题途径的定向、联想和转化功能，体会数学思想方法对解的指导作用。教师要善于通过选择典型例题进行解题示范，并且在性质的运用过程中引导学生开展总结反思活动，突出数学思想方法在沟通知识内在联系中的统摄作用和分析、探求解题过程中的调控作用。

应用1：如图4所示，$\triangle ABC$ 中，$AB = AC$，点 D 在 AC 上，且 $BD = BC = AD$，问：

①图中有哪几个等腰三角形？②图中有哪些相等的角？③求 $\triangle ABC$ 中各角的度数。

应用2：如图5所示，点 D、E 在 $\triangle ABC$ 的边 BC 上，$AB = AC$，$AD = AE$，求证：$BD = CE$。

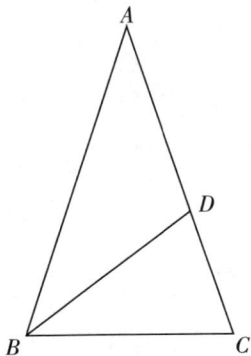

图4

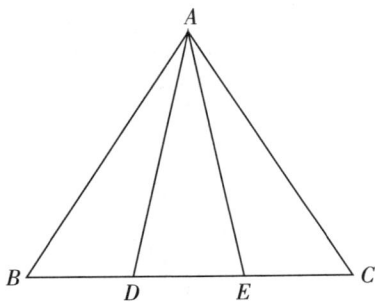

图5

应用 1 根据等腰三角形的定义和等边对等角这一性质，利用方程的思想可以很快算出 $\triangle ABC$ 中各角的度数。实质上这个三角形就是数学史上的"黄金三角形"。此处可以拓展为：在 $\triangle ABC$ 中，$AB = AC$，请你把它分成两个等腰三角形，并求出各角的度数。此时要对锐角等腰、直角等腰和钝角等腰三角形分别讨论求解；应用 2 意在一题多解，可以用三角形全等（旧知）证明，也可以通过作辅助线利用"三线合一"的性质（新知）来证明，即相等的线段的和差相等。两条思路展开后方法也很多，这样设计意在发挥其应用功能，通过层层拓展、不断深入地探索，巧妙地将相应的类比、化归、分类、从特殊到一般等数学思想融入其间，慢慢渗透。其实在抓住学习重点、突破学习难点及解决具体数学问题中，数学思想方法是处理这些问题的精髓，这些问题的解决过程，无一不是数学思想方法反复运用的过程，因此，时时注意数学思想方法的运用既有条件又有可能，这是进行数学思想方法教学行之有效的普遍途径。

总之，在数学教学中应该把数学思想方法的培养与数学知识的教学融为一体。这样不仅能教给学生数学知识，即概念、性质、定理、法则、公式等结果，而且更重要的是让学生掌握得到这些知识的过程。这个过程的实质就是发现数学和运用数学，是比数学知识本身即结果更重要、更为宝贵的数学思想和方法。本文所论及的仅仅是在数学性质教学中，如何有目的、有意识地进行数学思想的渗透、说明，是笔者在实践操作层面上的一些粗浅做法与体会，意在抛砖引玉。教师在数学的概念、公式、法则、例题、习题等教学中如何更有效地进行数学思想和方法的教学，还有待我们大家继续研究。

教师要敢于成为数学课堂教学的"牧者"

——一道"简单"几何习题的教学感悟*

常规数学习题课可以通过学生的"思、议、探、评、结"让课堂回归本原，获得精彩，产生高效，其关键在于教师能以生为本，敢于成为数学课堂教学的"牧者"。一道不起眼的几何题让学生思维像驰骋的骏马，活力四射；一节常规的习题教学课让教师思绪万千，感慨无穷。这就是新课改带来的数学教学新气象。

回首最近一堂初一《三角形》复习课，不禁让笔者想起了华南师范大学郭思乐教授倡导的生本教育。其核心理念是：一切为了学生，高度尊重学生，全面依靠学生。郭教授认为：人的发展具有无限可能性，教育应充分发挥人的潜能；人具有学习的天性，教育的功能在于顺应人的潜能；人具有发展的需要，人渴望实现自己的价值；尊重、信任、依靠学生，是教育成功的秘诀。郭教授的生本教育理论让笔者豁然开朗，通过这节课的教学，也让笔者对新课程改革有了新的感悟。

下面是这节课的教学过程，从中也可以看到笔者对这节课总结反思的心路历程。

一、习题再现

如图 1 为某零件的平面图，合格零件为：$\angle BAC = 90°$，$\angle B = 21°$，$\angle C = 20°$，现一工人量得 $\angle BAC = 90°$，$\angle BDC = 130°$，请问零件合格吗？

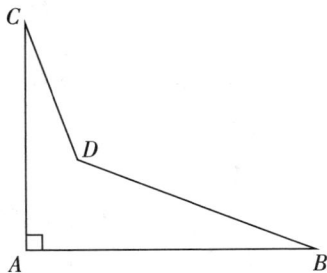

图 1

* 本文发表于《中学数学研究》2013 年第 14 期。

二、过程回放

［学生1］：老师，我认为不合格，理由为：
连接 AD（如图2所示）

∵ $\angle 3 = \angle 1 + \angle B$；$\angle 4 = \angle 2 + \angle C$

∴ $\angle BDC = \angle 3 + \angle 4 = \angle 1 + \angle B + \angle 2 + \angle C$
$= 90° + 21° + 20° = 131° \neq 130°$

∴ 零件不合格。

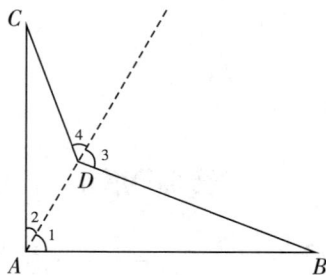

图2

［学生2］：不合格，理由为：延长 CD 交 AB 于点 E（如图3所示），则

$\angle BDC = \angle 1 + \angle B = \angle C + \angle A + \angle B$
$= 20° + 90° + 21° = 131° \neq 130°$

课堂点评：这两位同学都是把实际问题转化为两个三角形，并利用三角形的外角等于不相邻的两个内角和，直接求出 $\angle BDC$ 的度数，进而判断零件合格与否，两位同学解法常规，过程简单，值得肯定。

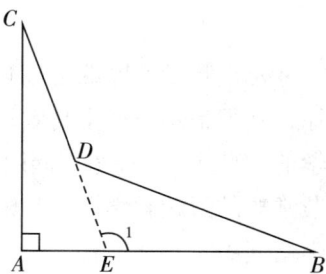

图3

［学生3］：老师，我也是利用三角形解的，如图4所示，连接 BC，

∵ $\angle A = 90°$

∴ （$\angle 1 + \angle 3$）+（$\angle 2 + \angle 4$）$= 90°$

∴ $\angle 1 + \angle 2 = 90° - \angle 3 - \angle 4 = 90° - 21° - 20° = 49°$

∴ $\angle BDC = 180° - 49° = 131° \neq 130°$

∴ 零件不合格。

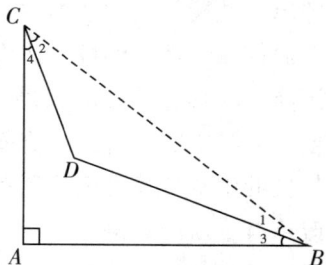

图4

［学生4］：如图5所示，连接 BC，过点 B 作 $EF \parallel AC$，

∵ $EF \parallel AC$

∴ $\angle ACB + \angle EBC = 180°$

即 $\angle 2 + \angle 4 + \angle 1 + \angle 3 + \angle ABE = 180°$

易求 $\angle 1 + \angle 2 = 49°$

∴ $\angle BDC = 180° - 49° = 131°$

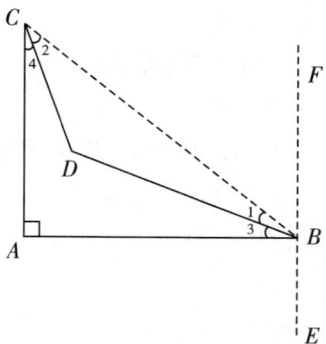

图5

课堂点评：这两位同学的解法在一定程度上有些相似，但仔细分析却有差异。学生3主要利用结论：三角形内角和等于180°，而学生4则构造平行线求解，思路新颖，很有创新意味，值得大家学习。

至此，笔者觉得这个题目的教学已经可以收尾了。然而正当笔者准备讲下一个问题时，一只手举了起来，学生5非常期待老师和同学分享他的解法。

［学生5］：（略解）如图6所示，过点D作$EF/\!/$
AC，

$$\angle BDC = \angle 1 + \angle 2 = (\angle B + \angle 3) + \angle C$$
$$= 21° + 90° + 20° = 131°$$

让学生完成一道习题解答，应该不是数学教学追求的最终目标，让学生通过习题的解答去掌握数学的知识和思想方法，并在此过程中认识到知识的内在联系与区别，从而深化学生对数学知识的认识和理解，提高学生思考问题、解决问题的能力，这才是数学教

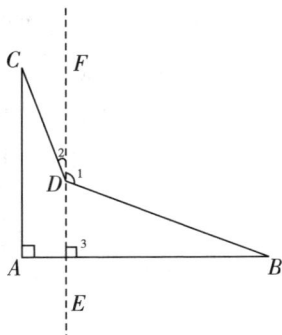

图6

学的根本目的。为此，笔者放弃课前预设的教学流程，大胆地做一次数学教学的"牧者"，让学生放飞思维，开拓创新。果然，受前面学生的影响，其他学生的思维也像打开了的闸门，各种想法不断涌现，令人目不暇接，精彩纷呈！

［学生6］：（略解）如图7所示，过点D作$DF/\!/AC$，$DE/\!/AB$，

$$\angle BDC = \angle 1 + \angle 2 + \angle EDF$$
$$= \angle C + \angle B + \angle EDF = 131°$$

［学生7］：（略解）如图8所示，过点A作$AE/\!/DC$，$AF/\!/DB$，

$$\angle BDC = \angle EAF = \angle 1 + \angle CAB + \angle 2 = 20° + 90° + 21° = 131°$$

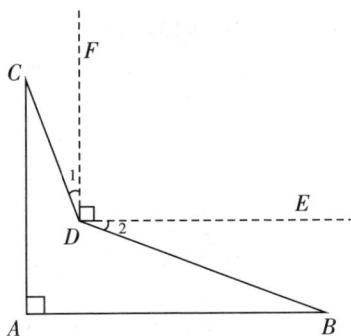

图7

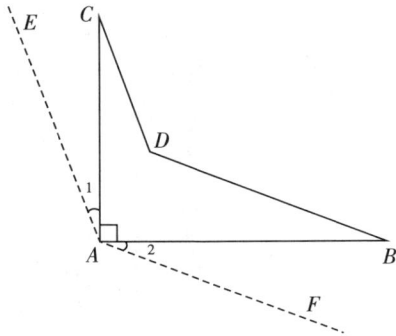

图8

[学生 8]：（略解）如图 9 所示，作矩形，其中

$\angle 3 = 90 - \angle 2$；$\angle 4 = 90° - \angle 1$；

$$\begin{aligned}\therefore \angle BDC &= 360° - \angle E - \angle 3 - \angle 4 \\ &= 360° - \angle E - (90° - \angle 2) - (90° - \angle 1) \\ &= 90° + 20° + 21° = 131°\end{aligned}$$

[学生 9]：（略解）如图 10 所示，作 $CE /\!/ BD$，$BE /\!/ CD$，

$$\begin{aligned}\angle BDC &= 360° - (\angle 2 + \angle 4 + \angle BEC) \\ &= 360° - (360° - \angle A - \angle 3 - \angle 1) \\ &= \angle A + \angle 3 + \angle 1 = 90° + 21° + 20° = 131°\end{aligned}$$

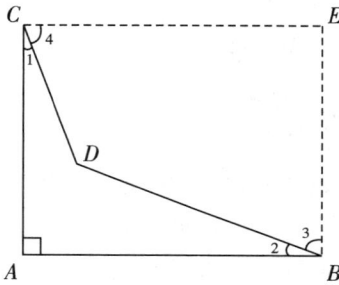 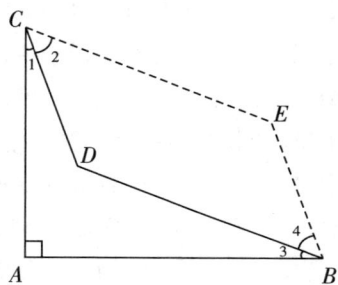

图 9　　　　　　　　　　　　　　　图 10

课堂点评： 这几位学生都是巧妙利用平行线的性质，同时结合多边形内角和知识来求 $\angle BDC$，新颖别致，连老师自己都没有想到，同学们你们真了不得啊！

[学生 10]：（略解）如图 11 所示，

$\angle 1 = 90° - \angle C = 70°$；$\angle 2 = 90° - \angle B = 69°$；

$\angle 3 = 360° - \angle A - \angle 1 - \angle 2 = 360° - 90° - 70° - 69° = 131°$；

即 $\angle BDC = \angle 3 = 131°$

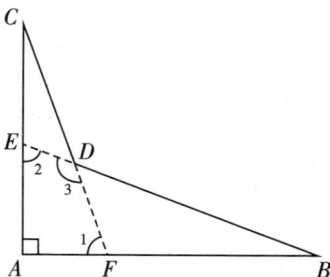

图 11

一会儿，几种新解法又呈现在师生面前，令人拍案叫绝！

［学生11］：（略解）如图12所示，

∵ $\angle 1 + \angle 2 = 90°$

∴ $\angle CDE + \angle BDF = (\angle 1 - \angle C) + (\angle 2 - \angle B) = 49°$

∴ $\angle BDC = 180° - 49° = 131°$

［学生12］：（略解）如图13所示，

如果 $\angle BDC = 130°$，则 $\angle CBD + \angle BCD = 50°$，

则 $\triangle ABC$ 的内角和为 $\angle 1 + \angle 2 + \angle CBD + \angle BCD + \angle A$

$$= 20° + 21° + 50° + 90° = 181°$$

这与三角形内角和等于 $180°$ 矛盾。

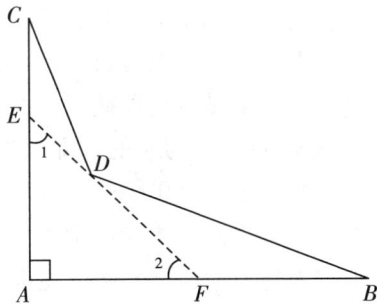

图12

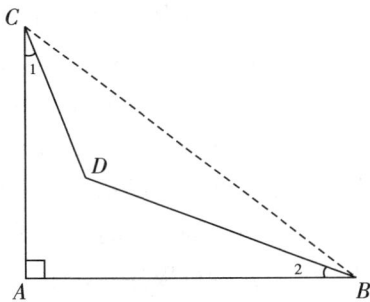

图13

课堂点评：同学们，今天与其说是一堂习题教学课，不如说是一堂学习成果展示课，大家的各种思想让我们像站在山巅，眼界大开，各种解法让我们像喝了一杯醇香的美酒，回味无穷。我们暂不去比较各种解法孰优孰劣，但大家在解题过程中几乎把初一学的几何知识全部融于此题，早已超越了我的教学目标。从整节课大家的参与程度和知识的运用水平可以看出，这已经不是一道简单的几何习题教学，也不是已有知识的简单重复，而是同学们认知的再创造过程。其中学生12已涉及了八年级的反证法，这是我没预想到的，他的解法让我看到了同学们学习的无穷潜能。正因为同学们的积极思考，发散思维，才使这节课有了这么多精彩的解答。

由于时间关系，又据于学生对此题的关注，笔者最后把此题稍作变化作为作业布置给大家，顺便复习一下三角形中线段的有关知识。

　　［变式练习］ 如图 14 所示，O 是 $\triangle ABC$ 内一点，连接 OB、OC，

　　（1） 你能说明 $OB + OC < AB + AC$ 的理由吗？

　　（2） 若 $AB = 5$，$AC = 6$，$BC = 7$，你能写出 $OB + OC$ 的取值范围吗？

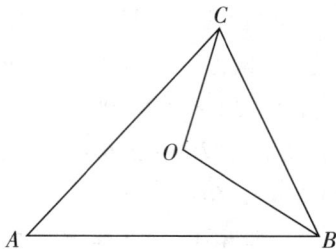

图 14

三、教学反思

　　（1） 数学题目的收效不在它的难易，而在于对学生是否适切。学生只要做有心人，只要善于思索，只要敢于突破定势思维，教师只要敢于做教学的"牧者"，那么平凡中也能创造出精彩，小舞台也能演绎大世界。

　　（2） 以学生为主体、教师为主导，以学定教，为学而教，应是数学教学不变的定律。教师要高度尊重学生，全面依靠学生，允许学生有自己的个性思维，有不同的见解，让学生自主学习，独立思考，而不是被动地接受。有时学生的想法是不成熟的，甚至是明显错误的或与教师的观点相左的，即使这样，教师也要给学生保留自己意见的权利，要让学生有展示自己思想的空间。与此同时，教师要耐心倾听，耐心解释，以理服人。只有这样，才能让学生有心理安全感，他们才能积极参与、乐于参与，真正成为学习上、课堂上的主人。

　　（3） 教师要有强烈的课程资源意识。其实学生的各种思想、方法、成果，不论对错优劣，都真实反映了他们的思维轨迹，是一种动态生成的、原生态的、不可多得的教与学的课程资源，教师要善于捕捉，倍加珍惜。充分利用这种资源往往更能触及学生思维的深处，收到以一当十，甚至是意想不到的教学效果，从而提高教学的针对性和有效性。

　　（4） 反思不仅是学生学习进步的阶梯，也是教师提升专业水平的有效途径。在数学的教学中，如果教师能引导学生经常性地对数学问题进行一些反思拓展，学生不仅能在反思中养成良好的学习习惯，还能在探索与实践中看到知识"树木"的同时发现知识"森林"。作为教学组织者、引导者、参与者的教师，若能长期对自己的教学过程进行反思总结，那么一定能在此过程促进自己的专业成长，还能从中享受教学的乐趣。

第二编

课例赏析——在实践中求道

几何综合之"双垂直模型中射影定理"的灵活应用[*]

初中几何会讲到很多定理,有些定理很基础,无论课本如何改编都必须学习;有些定理则可利用基础定理推导出来,在课本改编时可能会删去,但是在解题中如果我们能熟悉这些定理,题目的难度就会大大降低,解法水到渠成,从而提高学生的解题速度。满足双垂直模型的射影定理就是一个能极大帮助学生解题的定理。本文以实例展示"双垂直模型中射影定理"在初中几何解题中的应用。

射影定理在几何的证明及计算中的应用很广泛,学生能够灵活应用这个定理将能够起到事半功倍的效果。以下为射影定理的主要内容和简单图示:

一、辅例题(构建知识网络,做好解题铺垫)

如图 1 所示,在 $\triangle ABC$ 中,$\angle BCA = 90°$,$CD \perp AB$ 于点 D,

求证:$BC^2 = BD \cdot AB$。

证明思路 1:

$\triangle ABC \backsim \triangle CBD$(易证)$\Rightarrow \dfrac{BC}{BD} = \dfrac{AB}{CB} \Rightarrow$

$BC^2 = BD \cdot AB$

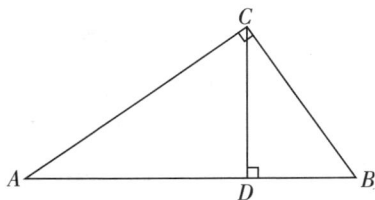

图 1

证明思路 2:

在 $\mathrm{Rt}\triangle BCD$ 和 $\mathrm{Rt}\triangle ABC$ 中,有 $\cos B = \dfrac{BD}{BC} = \dfrac{BC}{AB}$,所以 $BC^2 = BD \cdot AB$。

类似结论:$AC^2 = AD \cdot AB$、$CD^2 = AD \cdot BD$

---

[*] 本文获广东省第二届(2020 年)"中考数学疑难问题教学设计"二等奖。

模型建立：

若在 $\triangle ABC$ 中，$\angle BCA = 90°$，$CD \perp AB$，则有结论：

$BC^2 = BD \cdot AB$、$AC^2 = AD \cdot AB$、$CD^2 = AD \cdot BD$

横纵联系：借助模型，系统复习整个初中阶段与该模型有联系的知识点，如高、点到直线的距离、同角（等角）的余角相等、勾股定理、相似三角形、锐角三角函数、等面积法等，形成网络，构建知识体系。

通常，我们将满足射影定理的基本图形称为"双垂直模型"。此模型经常与其他模型结合起来考查学生解决数学问题的综合能力。笔者在教学中发现，当我们遇到一个较复杂的几何题时，只要认真观察、分析它的图形，并对图形进行分解，找出它由哪些基本图形组合而成（有时需要添加辅助线，构造基本图形），然后运用基本图形的性质去推理或计算，就可以较顺利地解决问题。

二、主例题（"双垂直"模型的灵活应用）

（2018 禅城区二模）如图 2 所示，CD 为 $\odot O$ 的直径，AD、AB、BC 分别与 $\odot O$ 相切于点 D、E、$C (AD < BC)$，连接 DE 并延长与直线 BC 相交于点 P，连接 OB。

（1）求证：$BC = BP$；

（2）若 $DE \cdot OB = 40$，求 $AD \cdot BC$ 的值；

（3）在（2）的条件下，若 $S_{\triangle ADE} : S_{\triangle PBE} = 16 : 25$，求 $S_{\triangle ADE}$ 和 $S_{\triangle PBE}$。

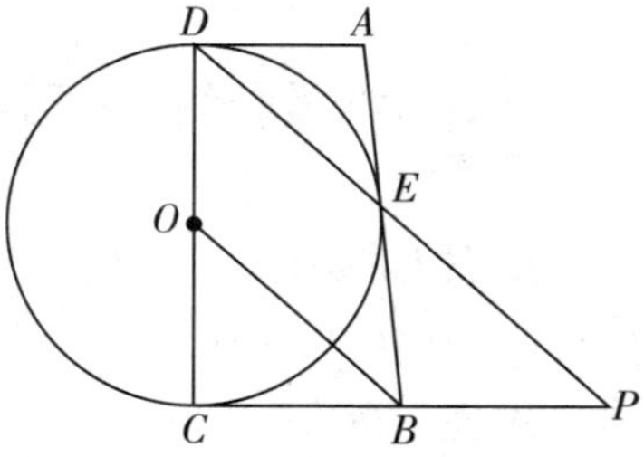

学生反馈

第（1）小问能完整解答，并能提供多种解法；但第（2）（3）小问无从下手，找不到思路和突破口。

图 2

归因分析

本题考查相似三角的判定和性质、圆的切线的性质和切线长定理、三角形的中位线定理等知识，解题的关键是学会添加常用辅助线，构造相似三角形解决问题，属于中考压轴题。学生面对此题无从下手，表明还没有切实掌握"相似三角形"这个知识点，尤其对其中的基本图形很陌生，如双垂直模型中的"射影定理"。

复杂的题目往往可以分解为若干个简单的题目。教师在解题教学中，首先要不断引导学生去总结一些基本图形,吃透这些基本图形的本质,然后让学生在以后的解题过程中遇到复杂的图形学会识别这些基本图形,最后在熟练掌握这些基本图形的基础上学会构造出这些基本图形,以打开求解思路或获得有效解法。

师生磨题

(一)第(1)小题,求证:$BC = BP$

1. 审视条件

条件1:CD 为 $\odot O$ 的直径,我们容易得到 $\angle CED = 90°$。

条件2:AD、AB、BC 是 $\odot O$ 的切线,易得垂直和联想到切线长定理。

2. 反观结论

分析:题目要证 $BC = BP$,因为由切线长定理可得 $BC = BE$,所以想办法证明 $BE = BP$ 即可解决问题,而证明线段相等,这里只需证 $\angle P = \angle BEP$ 即可。

3. 解法展示

[学生1的解法展示]:

$\because AD$、BC 是 $\odot O$ 的切线

$\therefore CD \perp AD$,$CD \perp BC$

$\therefore AD /\!/ BC$

$\therefore \angle ADE = \angle P$

$\because AB$ 是 $\odot O$ 的切线

$\therefore AD = AE$;$BC = BE$

$\therefore \angle ADE = \angle AED$

又 $\because \angle AED = \angle BEP$

$\therefore \angle P = \angle BEP$

$\therefore BP = BE$

$\therefore BC = BP$

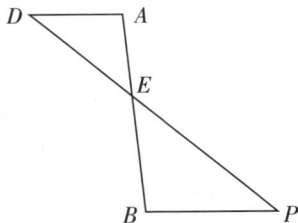

图 3　基本图形 1

[学生2的解法展示]:

连接 CE

$\because CD$ 是 $\odot O$ 的直径

$\therefore \angle CED = 90°$

在 $\mathrm{Rt}\triangle CEP$ 中有

$\angle CEB + \angle BEP = 90°$

$\angle ECP + \angle P = 90°$

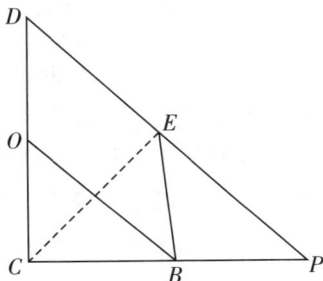

图 4　基本图形 2

又∵ AB、BC 是⊙O 的切线

∴ $BE = BC$,

∴ $\angle ECP = \angle CEB$

∴ $\angle BEP = \angle P$

∴ $BE = BP$

∴ $BC = BP$

［学生 3 的解法展示］：

连接 OE，CE

∵ AB、BC 是⊙O 的切线

∴ $BC = BE$

又∵ $OC = OE$,

∴ $OB \perp CE$

∵ CD 是⊙O 的直径

∴ $\angle CED = 90°$

∴ $DP \perp CE$

∴ $OB /\!/ DP$

∵ $OC = OD$

∴ $BC = BP$

图 5   基本图形 3

4. 小结

解法中涉及的知识点：切线长定理，三角形全等，垂直平分线的判定定理，平行线分线段成比例定理等。

思路方法总结：该问证明的方向明确，方法也颇多，可从不同角、不同知识点出发（如图 3、图 4、图 5），但都是通过找相等的角去证明相等的边，这是通性通法，师生必须通晓。

（二）第（2）小题，若 $DE \cdot OB = 40$，求 $AD \cdot BC$ 的值

（1）结论特征分析：由 $DE \cdot OB$、$AD \cdot BC$ 两个式子的结构特征，联想到处理此类问题的一般方法就是利用三角形相似，得到对应边成比例，然后变为积的形式即可。因此尝试用分析法寻找问题的思路。

（2）分析法探求思路：要求 $AD \cdot BC$ 的值，可证 AD、BC 边所在的三角形相似，结合图形容易发现"三垂直"型即基本图形 4（图 7），易证 $\triangle ADO \backsim \triangle OCB$，从而有 $\dfrac{AD}{OC} = \dfrac{OD}{BC}$，所以 $AD \cdot BC = OC \cdot OD = OC^2$，而由 OC^2 易联想到

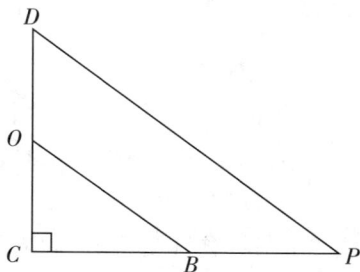

勾股定理 $OC^2 = OB^2 - BC^2$，或射影定理 $OC^2 = OK \cdot OB$，通过与已知 $DE \cdot OB = 40$ 的比较，我们选择射影定理，结合"双垂直"型即基本图形 5（图 8），即再一次证明 $\triangle OCK \backsim \triangle OBC$，进而得到 $\dfrac{OC}{OB} = \dfrac{OK}{OC}$，即 $OC^2 = OB \cdot OK$，即 $AD \cdot BC = 20$。

主要涉及知识：射影定理（三角形相似），中位线定理。

涉及的基本图形如下：

图 6

图 7　基本图形 4　　图 8　基本图形 5　　图 9　基本图形 6

（3）综合法 + 分析法探求思路：由已知 $DE \cdot BO = 40$，结合基本图形 7（图 10），容易发现 $BO = \dfrac{1}{2}DP$，联立两式得 $DE \cdot \dfrac{1}{2}DP = 40$，即 $DE \cdot DP = 80$，结合图形，认真观察，易发现基本图形 8（图 11），双垂直模型。证 $\triangle DEC \backsim \triangle DCP$，得到 $\dfrac{DE}{DC} = \dfrac{CD}{DP}$，从而有 $DE \cdot DP = CD^2$，所以 $CD^2 = 80$，则 $OC = 2\sqrt{5}$。由切线长定理得 $AD \cdot BC = AE \cdot BE$，再次发现双垂直模型即基本图形 9（图 12），证 $\triangle AOE \backsim \triangle OBE$，得到 $\dfrac{AE}{OE} = \dfrac{OE}{BE}$，从而得到 $AE \cdot BE = OE^2 = OC^2 = 20$。

图 10　基本图形 7

主要涉及知识：切线长相等，射影定理（三角形相似）。

涉及的基本图形如下：

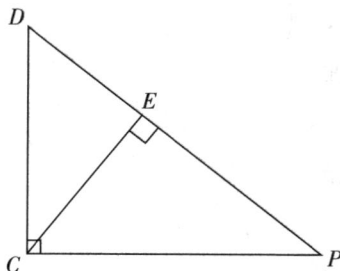

图 11   基本图形 8

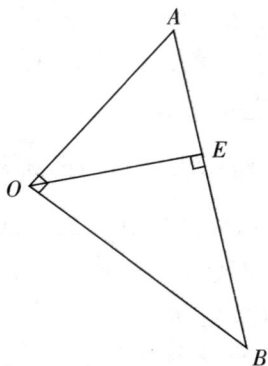

图 12   基本图形 9

（4）归纳总结：该问证明的方向不那么明确，是因为学生对"双垂直"型和"三垂直"型下的相似三角形基本图形应用不熟练，因此不会把问题进行转换。其实由 $AD \cdot BC$，结合图形立马可以尝试证 AD、BC 边所在的三角形 $\triangle ADO \backsim \triangle OCB$，而由 OC^2 结合双垂直图形容易联想到 $\triangle OCK \backsim \triangle OBC$，从而找到问题的突破口。

（三）第（3）小题，在（2）的条件下（$DE \cdot OB = 40$，$AD \cdot BC = 20$），若 $S_{\triangle ADE} : S_{\triangle PBE} = 16 : 25$，求 $S_{\triangle ADE}$ 和 $S_{\triangle PBE}$

思路分析：利用 $\triangle ADE \backsim \triangle BPE$ 及其性质求解。

$$\left. \begin{array}{l} \triangle ADE \backsim \triangle BPE \\ S_{\triangle ADE} : S_{\triangle PBE} = 16 : 25 \end{array} \right\} \Rightarrow AD : BP = 4 : 5$$

不妨设 $AD = 4k$，$BP = BC = 5k$，

由（2）$AD \cdot BC = 20$ 得 $5k \cdot 4k = 20$，得 $k = 1$ 所以 $AD = 4$，$BP = 5$。

同理可设 $\triangle ADE$、$\triangle BPE$ 的高分别是 $4h$、$5h$，则 $4h + 5h = CD$，即 $9h = 4\sqrt{5}$［第（2）问的结果］，$h = \dfrac{4\sqrt{5}}{9}$。

$$S_{\triangle ADE} = \frac{1}{2} AD \cdot 4h = \frac{1}{2} \times 4 \times \frac{16\sqrt{5}}{9} = \frac{32\sqrt{5}}{9}$$

$$S_{\triangle PBE} = \frac{1}{2} BP \cdot 5h = \frac{1}{2} \times 5 \times \frac{20\sqrt{5}}{9} = \frac{50\sqrt{5}}{9}$$

主要涉及知识：相似三角形的性质（对应边、对应高、中线、角平分线、

周长的比等于相似比，对应面积的比等于相似比的平方）

归纳总结：该问由相似三角形的面积比容易求出对应边的比，然后再根据三角形面积公式去求对应的底和高，解题方向还算明确，但由于计算比较出奇，所以该题还是有难度的。

三、教学启示

《义务教育数学课程标准（2011 年版）》指出：应当注重和发展学生的模型思想。从某种意义上来说，数学就是一门研究模型的学科，数学离不开模型。从广义上来说，每一个数学概念和数学方法都是一个数学模型。模型化是所有的数学知识应用之心脏。在具体的数学教学中，对学生进行模型意识与模型思想的渗透与培植也是数学教学的一个重要方面。

由以上 3 个小问的解答可知，本题主要考查学生对以下相似三角形基本几何图形的掌握情况，尤其是双垂直型下的相关结论。本题涉及绝大部分相似三角形的基本图形，比较丰富，具体包括（图 13 至图 16）：

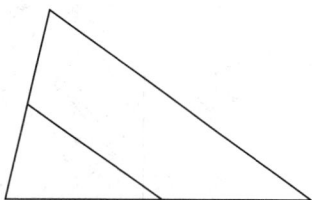

图 13 "A"字型

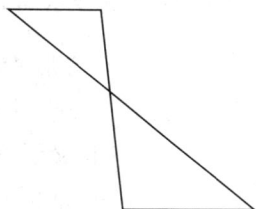

图 14 "8"字型

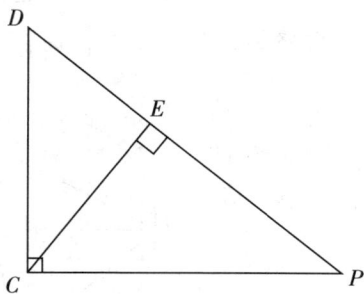

图 15 "双垂直"型

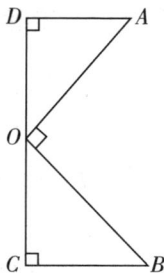

图 16 "三垂直"型

利用射影定理可以解决很多中考问题，让学生少走很多的弯路，让学生在解决几何题中有"山穷水尽疑无路"变成"柳暗花明又一村"之感。虽然射影定理在初中几何课本中并没有大篇幅的讲解，但是在解决几何问题时会有很大的帮助。因此，笔者建议：在教学中教师应向学生详细补充讲解此射影定理及其应用，训练学生在复杂图形中抽象出双垂直模型的基本图形。只有让学生熟练地掌握、应用射影定理，才能帮助学生突破解题过程中的难点，让题目迎刃而解，从而激发学生的学习兴趣，提升学生的数学思维能力。

四、作业布置

（一）利用射影定理求解三角形中线段长度关系

如图 17 所示，已知 CE 是 Rt$\triangle ABC$ 斜边 AB 上的高，在 EC 的延长线上任取一点 P，连接 AP，$BG \perp AP$ 垂足为 G，交 CE 于 D，求证：$CE^2 = PE \cdot DE$。

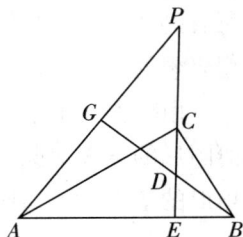

图 17

（二）利用射影定理求解圆中线段长度

如图 18 所示，在正方形 $ABCD$ 中，E 是 AB 上一点，连接 DE，过点 A 作 $AF \perp DE$，垂足为 F，$\odot O$ 经过点 C、D、F，与 AD 相交于点 G。

（1）求证：$\triangle AFG \backsim \triangle DFC$；

（2）若正方形 $ABCD$ 的边长为 4，$AE = 1$，求 $\odot O$ 的半径。

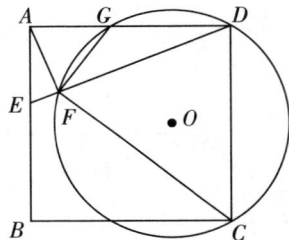

图 18

（三）利用射影定理求解圆中线段的数量关系

如图 19 所示，四边形 $ABCD$ 内接于 $\odot O$，对角线 AC 为 $\odot O$ 的直径，过点 C 作 AC 的垂线交 AD 的延长线于点 E，点 F 为 CE 的中点，连接 DB、DC、DF。

（1）求 $\angle CDE$ 的度数；

（2）求证：DF 是 $\odot O$ 的切线；

（3）若 $AC = 2\sqrt{5}DE$，求 $\tan \angle ABD$ 的值。

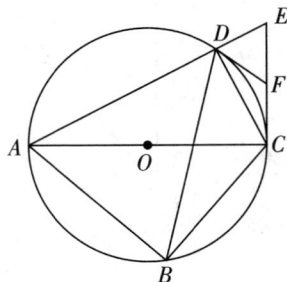

图 19

2022 年广东中考第 23 题分析[*]

一、试题呈现

如图 1 所示，抛物线 $y = x^2 + bx + c$（b、c 是常数）的顶点是 C，与 x 轴交于 A、B 两点，$A(1, 0)$，$AB = 4$，点 P 为线段 AB 上的动点，过点 P 作 $PQ /\!/ BC$ 交 AC 于点 Q。

（1）求抛物线的解析式；

（2）求 $\triangle CPQ$ 面积的最大值，并求此时点 P 的坐标。

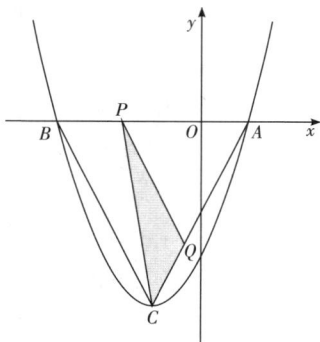

图 1

二、试题评价

本题是以二次函数为背景的代数几何综合题，立足于"四基"（基础知识、基本技能、基本思想、基本活动经验），逐层进阶设问，用不同的问题承载不同的数学知识，如第（1）问考查求函数解析式最为常用方法——待定系数法，难度不大，多数考生能完成解答并获得分数，该问题能较好反映学生对于二次函数相关知识的掌握情况，及运用数形结合、转化等数学思想方法解决简单问题的熟练程度。第（2）问是探究 $\triangle CPQ$ 面积的最大值并求出此时 P 的坐标，此问是试题的压轴点，不同的思维视角将呈现不同的解决问题的路径与方法，体现了核心素养培养的新要求，让考生学有所答，增强他们学习数学的获得感。同时该问的解法多样，是可以避免所谓的解题"套路"的。因此在

---

* 本文系在 2022 年韶关市九年级数学教学研讨暨中考质量分析会上开展的讲座《在解题教学中"发现"数学——广东省 2022 年中考数学第 23 题解题感悟分享》的讲稿。

解题教学中我们可以引导学生注重通性通法，淡化特殊技巧，通过一题多解、一题多变等形式去充分揭示数学知识内在的联系与本质，从而去理解数学、发现数学、应用数学。题目两问的设置展现出从低阶到高阶的能力，题目将二次函数、一次函数、三角形等知识融于简洁图形中，彼此相互关联，层层深入的设问激发了学生的深度思考和能力迁移。

三、解法分享

（一）关于第（1）问

求函数解析式最为常用的方法——待定系数法，难度不大，学生只要结合图像把线段坐标化就可以得到 B 点的坐标，然后把 A、B 坐标代入一般式中即可，解法如下：

解：因为 $AB = 4$，$A(1, 0)$，所以 $B(-3, 0)$，把 $A(1, 0)$，$B(-3, 0)$ 代入 $y = x^2 + bx + c$ 得：

$$\begin{cases} 1 + b + c = 0 \\ 9 - 3b + c = 0 \end{cases} \quad 解得： \begin{cases} b = 2 \\ c = -3 \end{cases}$$

所以抛物线的解析式：$y = x^2 + 2x - 3$

值得提醒的是对于求抛物线的解析式，在教学中我们不要受困于题目给定的形式，要根据我们挖掘出来的条件，去选择最适合、最简单的形式下笔。如这题也可以根据 x 轴的两交点和题目中的二次项系数是 1 直接得到二次函数的解析式 $y = (x - 1)(x + 3)$，不过这里需要把交点式进行化简，可得 $y = x^2 + 2x - 3$。

（二）关于第（2）问

对于抛物线背景下求三角形的面积，学生并不陌生，只是这里 $\triangle CPQ$ 的三边并不是落在坐标轴上，也不是平行于坐标轴的线段，较难代数化，导致学生一时间难以确定何为底、何为高，这时教师可以引导学生观察图像，我们容易发现图中的多个三角形如 $\triangle APQ$、$\triangle ACP$、$\triangle BCP$ 和 $\triangle ABC$ 都有边落在 x 轴上，并且较容易用未知数表示出来，再结合已知平行可以利用相似或角的关系，我们是可以通过求三角形面积的通法（割补法和等积转换法）引导学生把三角形的边尽可能多地落在坐标轴或平行于坐标轴上，这样我们容易得到解法 1 至解法 5。进一步观察分析，我们不难发现 $\triangle APQ$ 与 $\triangle APC$，以及 $\triangle APC$ 与 $\triangle ABC$ 是同高（或同底）的三角形，而 $\triangle BPQ$ 与 $\triangle PCQ$ 是同底等高的三角形，这样我们能够以△APC的面积为"桥梁"，将要求的三角形面积之间的关系转化为三角形的底边（或高）之间的关系，就可以得到解法6至解法8。但要注意的是，无论是割补还是等积转换，考虑到点P含参，我们都应尽可能把△CPQ分割成较少图形面积的和差。

思路一：面积割补法

解法1：利用割补法将△ACP的面积减去△APQ的面积即可得出△CPQ的面积。（补）

如图2所示，设$P(t, 0)$，则$AP = 1 - t$。利用△APQ∽△ABC得对应高的比等于相似比即$\dfrac{AP}{AB} = \dfrac{QF}{CE}$，代数化得$\dfrac{1-t}{4} = \dfrac{QF}{4}$，求得$QF = 1 - t$，所以$S_{\triangle PCQ} = S_{\triangle APC} - S_{\triangle APQ} = \dfrac{1}{2}AP \cdot (EC - QF) = \dfrac{1}{2}(1-t)(4 - 1 + t) = -\dfrac{1}{2}(t+1)^2 + 2$，所以，当$t = -1$时，$S_{\triangle PCQ}$有最大值为2，此时$P(-1, 0)$。

解法2：利用割补法将△ACP的面积减去△APQ的面积即可得出△CPQ的面积，这里与解法1不同的地方在于直接求出了△APQ的面积，而不是求△APQ中边AP上的高。（补）

如图3所示，利用△APQ∽△ABC得面积的比等于相似比的平方，有$\dfrac{S_{\triangle APQ}}{S_{\triangle ABC}} = \left(\dfrac{PA}{AB}\right)^2 = \left(\dfrac{1-t}{4}\right)^2$，因为$S_{\triangle ABC} = \dfrac{1}{2} \times 4 \times 4 = 8$，所以$S_{\triangle APQ} = \dfrac{(1-t)^2}{2}$。所以$S_{\triangle CPQ} = S_{\triangle ACP} - S_{\triangle APQ} = \dfrac{1}{2}(1-t) \times 4 - \dfrac{(1-t)^2}{2} = -\dfrac{1}{2}(t+1)^2 + 2$，当$t = -1$时$S_{\triangle CPQ}$的最大值为2，此时P点坐标是（-1, 0）。

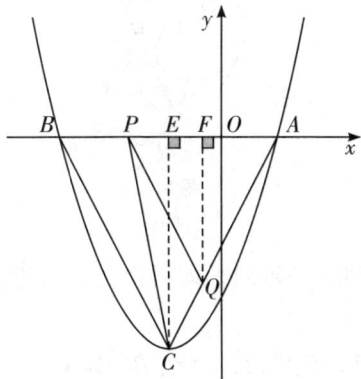

图2

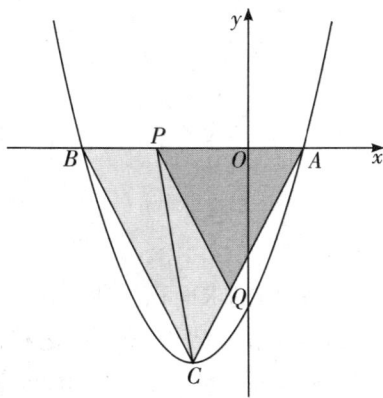

图3

解法 3：利用割补法将 $\triangle ACP$ 的面积减去 $\triangle APQ$ 的面积即可得出 $\triangle CPQ$ 的面积。这里主要利用解析式法先将点 Q 的坐标求出进而表示出 $\triangle APQ$ 的面积。（补）

如图 4 所示，求出直线 BC、AC 的解析式分别为 $y = -2x - 6$、$y = 2x - 2$，进而求出直线 PQ 为 $y = -2x + 2t$，联立 AC、PQ 的解析式求出 $Q\left(\dfrac{t+1}{2},\ t-1\right)$，所以 $S_{\triangle PCQ} = S_{\triangle APC} - S_{\triangle APQ} = \dfrac{1}{2}AP \cdot [t - 1 - (-4)] = \dfrac{1}{2}(1-t)(t+3) = -\dfrac{1}{2}(t+1)^2 + 2$，所以，当 $t = -1$ 时，$S_{\triangle PCQ}$ 有最大值为 2，此时 $P(-1,\ 0)$。

解法 4：竖切求面积。通过过点 C 作 x 轴的垂线，即可得到 $\triangle CPQ$ 的面积等于 $\triangle CQH$ 和 $\triangle CPH$ 的面积之和。（割）

如图 5 所示，过点 C 作 $CF \perp x$ 轴于点 F，交 PQ 于点 H，直线 BC 的表达式为 $y = -2x - 6$。

因为 $PQ /\!/ BC$，所以直线 PQ 为 $y = -2x + 2t$，当 $x = -1$ 时，$y = 2 + 2t$，所以 $H(-1,\ 2 + 2t)$，由待定系数法可得直线 AC 为 $y = 2x - 2$，联立 AC、PQ 的解析式求出 $Q\left(\dfrac{t+1}{2},\ t-1\right)$，$S_{\triangle PCQ} = \dfrac{1}{2}(2t + 2 + 4)\left(\dfrac{t+1}{2} - t\right) = -\dfrac{1}{2}(t+1)^2 + 2$，所以，当 $t = -1$ 时，$S_{\triangle PCQ}$ 有最大值为 2，此时 $P(-1,\ 0)$。

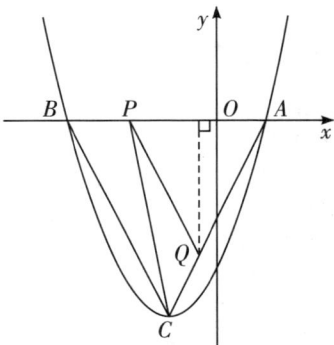

图 4

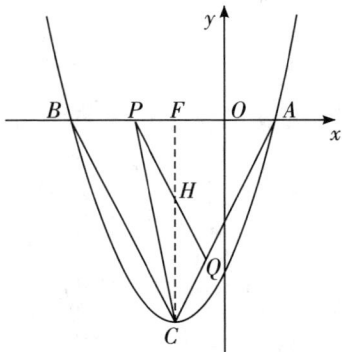

图 5

解法 5：横割求面积。通过过点 Q 作 x 轴的平行线，即可得到 $\triangle CPQ$ 的面积等于 $\triangle CQM$ 和 $\triangle PQM$ 的面积之和。（割）

如图 6 所示，过点 Q 作 $QM /\!/ x$ 轴，交 PC 于点 M，直线 BC 为 $y = -2x - 6$；直线 PQ 为 $y = -2x + 2t$，由待定系数法可得直线 AC 的表达式为 $y = 2x - 2$，

联立 AC、PQ 的解析式求出 $Q\left(\dfrac{t+1}{2},\ t-1\right)$，由待定系数法可得直线 PC 为 $y=$ $\dfrac{4}{t+1}x-\dfrac{4t}{t+1}$，所以 $M\left(\dfrac{t^2+4t-1}{4},\ t-1\right)$，所以 $S_{\triangle CPQ}=\dfrac{1}{2}(-y_c)(x_Q-x_M)=$ $\dfrac{1}{2}\times 4\times\left(\dfrac{t+1}{2}-\dfrac{t^2+4t-1}{4}\right)=-\dfrac{1}{2}(t+1)^2+2$，所以，当 $t=-1$ 时，$S_{\triangle PCQ}$ 有最大值为 2，此时 $P(-1,\ 0)$。

思路二：等面积转换法。

解法 6：因为 $PQ\,\sslash\,BC$，所以 $\triangle BPQ$ 的面积和 $\triangle CPQ$ 的面积相等，如果选择 BP 边为底边，求点 Q 的坐标即可。

如图 7 所示，求出直线 BC、AC 的解析式分别为 $y=-2x-6$、$y=2x-2$，进而求出直线 PQ 为 $y=-2x+2t$，联立 AC、PQ 的解析式求出 $Q\left(\dfrac{t+1}{2},\ t-1\right)$，所以 $S_{\triangle BPQ}=\dfrac{1}{2}BP\cdot(-y_Q)=\dfrac{1}{2}(t+3)(1-t)=-\dfrac{1}{2}(t+1)^2+2$，所以，当 $t=-1$ 时，$S_{\triangle PCQ}$ 有最大值为 2，此时 $P(-1,\ 0)$。

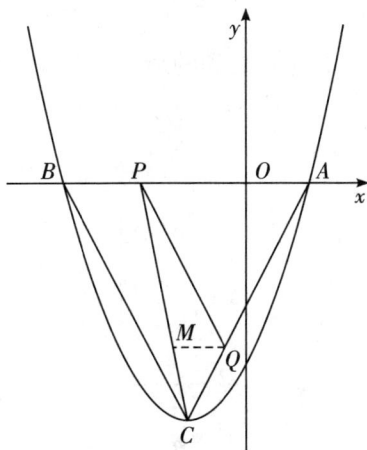 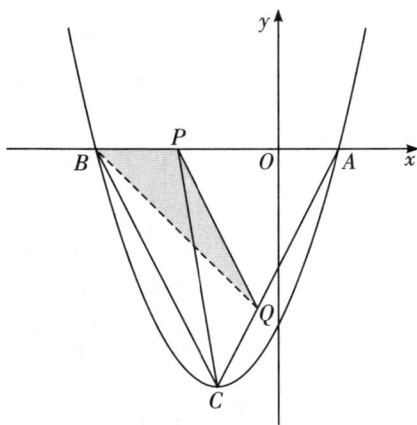

图 6　　　　　　　　　　　　　图 7

解法 7：因为 $PQ\,\sslash\,BC$，所以 $\triangle BPQ$ 的面积和 $\triangle CPQ$ 的面积相等，如果选择 PQ 边为底边，那我们求两平行线间的距离即可。具体操作是先利用等积法把 $\triangle ABC$ 的 BC 边上的高 AE 求出来，再利用相似或三角函数求 PF。

如图 8 所示，由等面积法有 $S_{\triangle ABC}=\dfrac{1}{2}\times 4\cdot AB=\dfrac{1}{2}BC\cdot AE$，所以 $AE=$

$\dfrac{4AB}{BC} = \dfrac{16}{2\sqrt{5}} = \dfrac{8\sqrt{5}}{5}$，由 $\sin\angle PBF = \dfrac{PF}{BP} = \dfrac{AE}{AB}$，得 $\dfrac{PF}{t+3} = \dfrac{\frac{8\sqrt{5}}{5}}{4} = \dfrac{2\sqrt{5}}{5}$，所以 $PF =$

$\dfrac{2\sqrt{5}}{5}(t+3)$，利用 $\triangle APQ \backsim \triangle ABC$ 得 $\dfrac{PQ}{BC} = \dfrac{AP}{AB}$，即 $\dfrac{PQ}{2\sqrt{5}} = \dfrac{1-t}{4}$，得 $PQ =$

$\dfrac{2\sqrt{5}(1-t)}{4}$，所以 $S_{\triangle PCQ} = S_{\triangle PQB} = \dfrac{1}{2}PQ \cdot PF = \dfrac{1}{2}\times\dfrac{2\sqrt{5}}{4}(1-t)\cdot\dfrac{2\sqrt{5}}{5}(t+3) =$

$\dfrac{1}{2}(1-t)(t+3) = -\dfrac{1}{2}(t+1)^2 + 2$，所以，当 $t = -1$ 时，$S_{\triangle PCQ}$ 有最大值为

2，此时 $P(-1,0)$。这里也可以用相似来计算。

解法 8：要使 $\triangle CPQ$ 的面积最大，通过转化的思想，即需使 $\triangle BPC$ 和 $\triangle APQ$ 的面积之和最小。

如图 9 所示：在 $\triangle ABC$ 面积一定的前提下，要使得 $\triangle CPQ$ 面积最大，即要使 $S_{\triangle BPC} + S_{\triangle APQ}$ 最小。$AP = 1-t$，$BP = t+3$，利用 $\triangle APQ \backsim \triangle ABC$ 得面积的比等于相似比的平方，有 $\dfrac{S_{\triangle APQ}}{S_{\triangle ABC}} = \left(\dfrac{PA}{AB}\right)^2 = \left(\dfrac{1-t}{4}\right)^2$，因为 $S_{\triangle ABC} = \dfrac{1}{2}\times 4\times 4 = 8$，所以 $S_{\triangle APQ} = \dfrac{(1-t)^2}{2}$。所以 $S_{\triangle BPC} + S_{\triangle APQ} = \dfrac{1}{2}\times 4(t+3) + \dfrac{(1-t)^2}{2} = \dfrac{1}{2}(t+1)^2 + 6$。所以，当 $t = -1$ 时，$\triangle BPC$ 和 $\triangle APQ$ 的面积之和的最小值为 6，此时 $P(-1,0)$，所以 $\triangle PCQ$ 的面积最大值 $S = S_{\triangle ABC} - (S_{\triangle BPC} + S_{\triangle APQ}) = 8 - 6 = 2$。

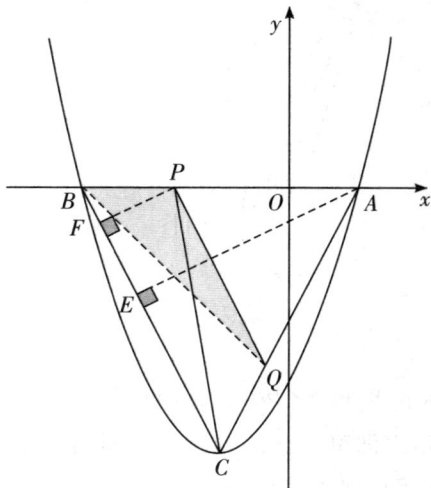

图 8

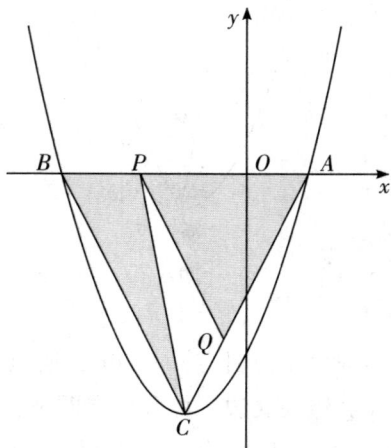

图 9

四、解题反思

通过这 8 种解法的分享，我们可以引导学生从数学思维的多个角度去分析问题，用数学的方法、规律多种思路去解决问题，使学生在解题中既感觉熟悉又富有挑战，激励内驱力，也让我们今后在解题时有更多选择。

其实每一类数学问题均反映了特定的解题规律和技巧，如下面这个利用旋转求面积的典型题：

例题：如图 10、图 11 所示，将正方形纸片 $ABCD$ 绕着点 A 按逆时针方向旋转 $30°$ 后得到正方形 $AB'C'D'$，若 $AB = 2\sqrt{3}$ cm，则图中阴影部分的面积为（ D ）。

A. $6\sqrt{3}$ cm^2

B. $(12 - 6\sqrt{3})$ cm^2

C. $3\sqrt{3}$ cm^2

D. $4\sqrt{3}$ cm^2

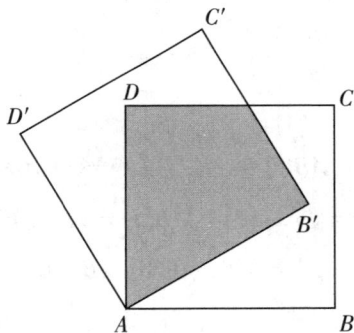

图 10

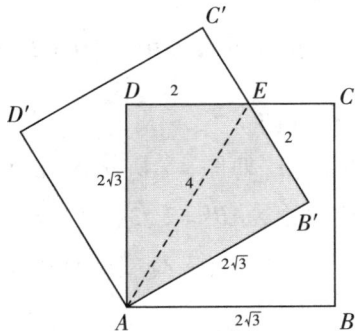

图 11 图 10 的数据参考图

解法 1：如图 12 所示，连接 AE，由旋转的性质可知，$\angle 1 = 30°$，$AD = AB' = 2\sqrt{3}$，$\because \angle B' = \angle D = 90°$，$AE = AE$，$\therefore \triangle ADE \cong \triangle AB'E$（HL），$\therefore \angle 2 = \angle 3 = 30°$，在 Rt$\triangle ADE$ 中，$DE = \dfrac{AD}{\sqrt{3}} = 2$，$\therefore S_{四边形ADEB'} = 2S_{\triangle ADE} = 2 \times 2\sqrt{3} = 4\sqrt{3}$。

解法 2：如图 13 所示，延长 AD、$B'C'$ 相交于点 E，构造反 A 共角模型。在 Rt$\triangle AB'E$ 中，$AB' = 2\sqrt{3}$，$\angle 1 = 60°$，$\therefore AE = 2AB' = 4\sqrt{3}$，$B'E = \sqrt{3}AB' = 6$，$\therefore DE = 4\sqrt{3} - 2\sqrt{3} = 2\sqrt{3}$，$DF = \dfrac{DE}{\sqrt{3}} = \dfrac{2\sqrt{3}}{\sqrt{3}} = 2$，$\therefore S_{四边形ADEB'} = S_{\triangle AB'E} - S_{\triangle DEF} = \dfrac{2\sqrt{3} \times 6}{2} - \dfrac{2\sqrt{3} \times 2}{2} = 4\sqrt{3}$。

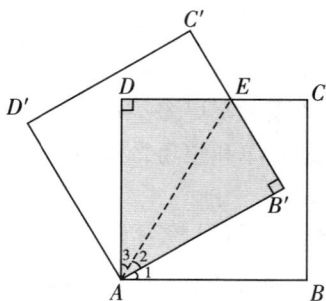

图 12

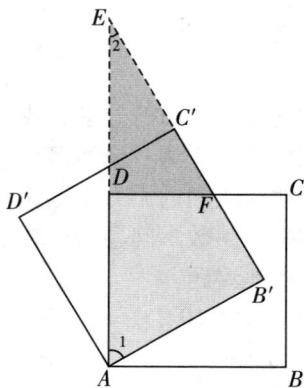

图 13

解法 3：如图 14 所示，过点 E 作 $EF \perp AB$ 于点 F，得矩形 $ADEF$，$\therefore AF = DE$，由解法 1 可知 $DE = EB'$，$\therefore AF = EB'$。此时易证明 $\therefore \triangle AGF \cong \triangle EGB'$（AAS）。在 Rt$\triangle ADE$ 中，$AD = 2\sqrt{3}$，$\therefore DE = \dfrac{AD}{\sqrt{3}} = 2$，$\therefore S_{四边形ADEB'} = S_{矩形ADEF} = 2 \times 2\sqrt{3} = 4\sqrt{3}$。

解法 4：如图 15 所示，过点 B' 作 $GF \perp AB$ 于点 F，得矩形 $ADGF$，在 Rt$\triangle AB'F$ 中，$AB' = 2\sqrt{3}$，$\angle 1 = 30°$，$\therefore B'F = \sqrt{3}$，$AF = \sqrt{3}B'F = 3$，$\therefore B'G = 2\sqrt{3} - \sqrt{3} = \sqrt{3}$，由一线三垂直模型可知 $\angle 4 = \angle 1 = 30°$，在 Rt$\triangle B'EG$ 中，$\therefore EG = \dfrac{B'G}{\sqrt{3}} = 1$，$\therefore S_{四边形ADEB'} = S_{矩形ADGF} - S_{\triangle EGB'} - S_{\triangle AFB'} = 3 \times 2\sqrt{3} - \dfrac{3 \times \sqrt{3}}{2} - \dfrac{1 \times \sqrt{3}}{2} = 6\sqrt{3} - 2\sqrt{3} = 4\sqrt{3}$。

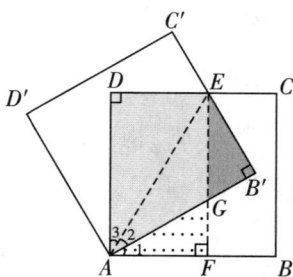

图 14

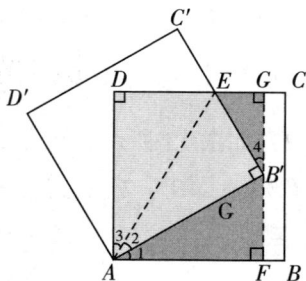

图 15

解法5：如图16所示，延长 EB'、AB 相交于点 E'（即把 Rt$\triangle AB'E$ 沿着 AB' 翻折），由解法1知道 $\angle 1 = \angle 2 = \angle 3 = 30°$，又 $\angle AB'E = \angle AB'E' = 90°$，$AB' = AB'$，得 $\therefore$ $\triangle AB'E \cong \triangle AB'E'$（ASA），而 $\triangle ADE \cong \triangle AB'E$（HL），$\therefore S_{四边形ADEB'} = S_{\triangle AEE'} = \frac{1}{2} \cdot AB' \cdot EE' = \frac{1}{2} \times 2\sqrt{3} \times 4 = 4\sqrt{3}$。

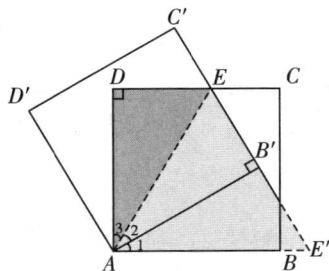

图 16

又如下面这个例题（2022 年高州市一模）：

如图 17 所示，$\triangle ABC$ 为 $\odot O$ 的内接三角形，AB 为 $\odot O$ 的直径，将 $\triangle ABC$ 沿直线 AB 折叠得到 $\triangle ABD$，交 $\odot O$ 于点 D。连接 CD 交 AB 于点 E，延长 BD 和 CA 相交于点 P，过点 A 作 $AG \parallel CD$ 交 BP 于点 G。

（1）求证：直线 GA 是 $\odot O$ 的切线；

（2）求证：$AG \cdot AD = GD \cdot AB$；

（3）若 $\tan\angle AGB = \sqrt{2}$，$PG = 6$，求 $\sin\angle P$ 的值。

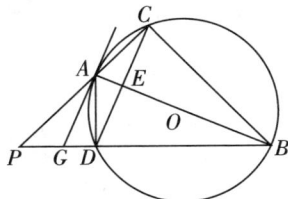

图 17

解法分享

第（2）问：由证 $AG \cdot AD = GD \cdot AB$ 可转换为证 $\frac{AG}{GD} = \frac{AB}{AD}$，只需证 $\triangle ADG \backsim \triangle BAD$ 即可（图18）。

第（3）问：根据 $\triangle ADG$ 三边关系 $1 : \sqrt{2} : \sqrt{3}$，把能求的边长表示出来（图19）。

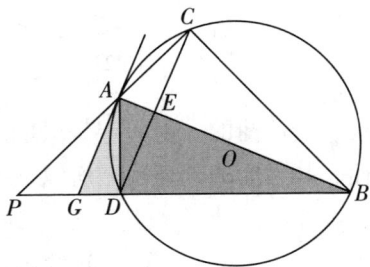

图 18

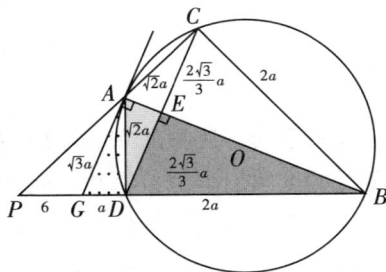

图 19

解法 1：利用 "A" 字型（图 20）相似，得到 $\dfrac{PG}{PD}=\dfrac{AG}{CD}$，代数化有 $\dfrac{6}{6+a}=$

$\dfrac{\dfrac{\sqrt{3}a}{4}}{\dfrac{\sqrt{3}a}{3}}=\dfrac{3}{4}$，得 $18+3a=24$，所以 $a=2$。所以 $\sin\angle P=\dfrac{AD}{AP}=\dfrac{2\sqrt{2}}{6\sqrt{2}}=\dfrac{1}{3}$。

解法 2：利用反 A 共角模型（图 21），得到 $\dfrac{AD}{PD}=\dfrac{BC}{PC}$，代数化有 $\dfrac{\sqrt{2}a}{6+a}=$

$\dfrac{2a}{\sqrt{2}a+AP}$，得 $AP=6\sqrt{2}$，根据勾股定理得 $(6\sqrt{2})^2=(\sqrt{2}a)^2+(6+a)^2$，解得

$a=2$，所以 $\sin\angle P=\dfrac{AD}{AP}=\dfrac{2\sqrt{2}}{6\sqrt{2}}=\dfrac{1}{3}$。

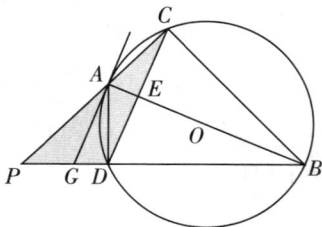

图 20

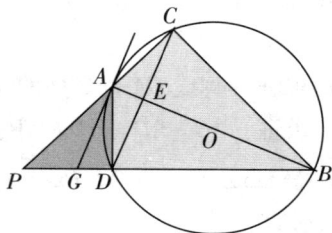

图 21

解法 3：由已知条件易证明 AG 平分 $\angle PAD$（图 22），根据等面积法可得 $\dfrac{PG}{GD}=\dfrac{AP}{AD}$，所以有

$\dfrac{AP}{PG}=\dfrac{AD}{GD}=\sqrt{2}$，得 $AP=6\sqrt{2}$，所以 $\sin\angle P=\dfrac{AD}{AP}=$

$\dfrac{2\sqrt{2}}{6\sqrt{2}}=\dfrac{1}{3}$。

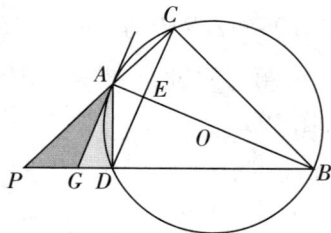

图 22

这些基本的、典型的方法即使不是最直接、最便捷的，但一定是最能反映问题背后的本质内容的，具有一般性和普遍性，被称为通性通法。所以在平时的课堂中笔者习惯把常规的教学内容作为试题载体，强化 "四基" 和 "四能"（发现问题、提出问题、分析问题和解决问题的能力），注重知识间的内在本质联系和图形中的 "分分合合"，注重学科思想和学科方法的挖掘与渗透，上好常态课，让学习回归课堂，教学回归教材，以新课标为导向，落实 "双减"，提质增效，以期盼在数学课堂上师生共同成长。

专题复习——线段中点的妙用*

一、中点概念

把一条线段分成相等的两条线段的点，叫做线段的中点。

二、中点构造（垂直平分、延长、旋转、翻折）

（1）作线段 AB 的垂直平分线可以得到中点 O（图1）。

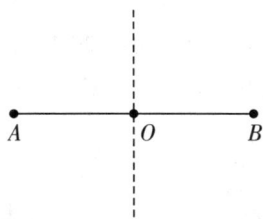

图1

（2）延长线段 AB 至点 C，使得 $AB = BC$，或把线段 AB 绕着点 B 顺（逆）时针旋转 $180°$ 得到点 C，或把线段 AB 沿着过点 B 的垂线翻折得到点 C 等，都可以构造中点 B（图2）。

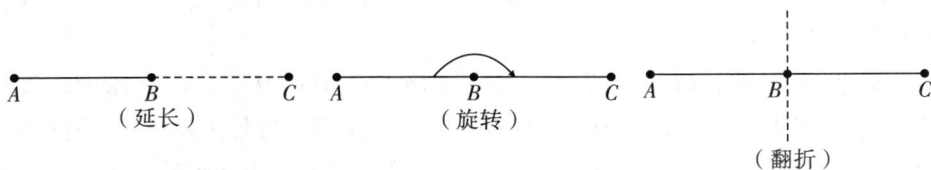

图2

---

* 本文获 2022 年韶关市初中数学优秀作业评选一等奖。

三、中点妙用（图3）

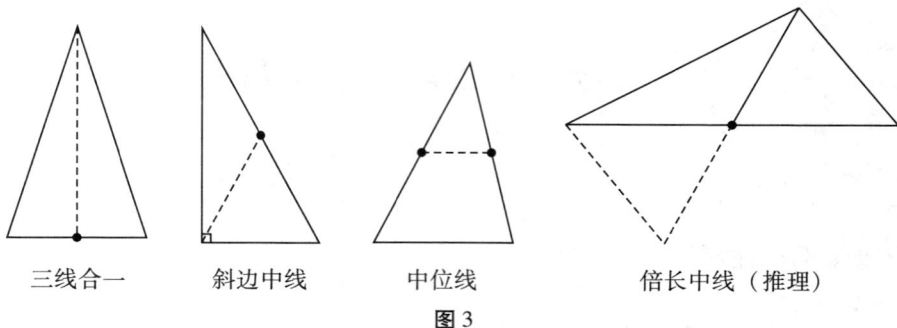

三线合一　　　斜边中线　　　中位线　　　　倍长中线（推理）

图3

四、典例研究

（一）课堂例题

如图 4 所示，D 是 △ABC 中 AB 边上的中点，△ACE 和 △BCF 分别是以 AC、BC 为斜边的等腰直角三角形，连接 DE、DF。求证：$DE = DF$。

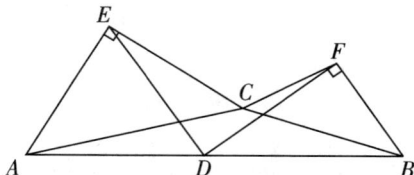

图4

解法1：如图 5 所示，利用三线合一、斜边中线、中位线、三角形全等和平行四边形的性质（重点）。

取 AC 中点 N、BC 中点为 M，分别连接 EN、DN、FM、DM，由中位线性质得 $DN /\!/ CM$、$DN = CM$、$DM /\!/ NC$、$DM = NC$，得四边形 $CMDN$ 为平行四边形，∴ ∠CND = ∠CMD，由三线合一得 $EN = CN$、$FM = CM$，且 ∠ENC = ∠FMC = 90°，∴ ∠END = ∠FMD，因此可证△END ≌ △DMF（SAS），得 $DE = DF$。

解法2：如图 6 所示，利用中位线、三角形全等、手拉手模型（次重点）。

将△AEC 沿 EC 翻折，得△MEC，∴ E 是 AM 的中点，又∵ D 是 AB 的中

点，$\therefore ED /\!/ BM$，且 $ED = \dfrac{1}{2}MB$，将 $\triangle FCB$ 相同操作，$DF /\!/ AN$，且 $DF = \dfrac{1}{2}$ AN，通过手拉手模型证 $\triangle ACN \cong \triangle MCB$，得 $AN = MB$，继而得 $DE = DF$。

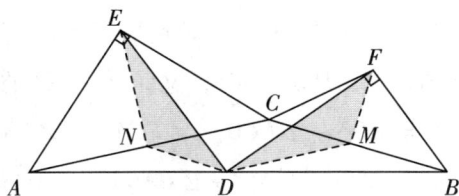

图 5

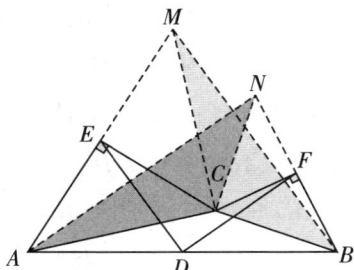

图 6

解法 3：如图 7 所示，利用倍长中线、三线合一、三角形全等、手拉手模型（重点）。

延长 FD 至点 M 使得 $DF = DM$，由倍长中线可证得 $AM = FB$，由两等腰直角三角形可得 $AE = CE$，$AM = BF = CF$。又 $\because \angle ECF = 360° - \angle ACE - \angle BCF - \angle ACB = 270° - \angle ACB$。$\angle EAM = 45° + \angle CAB + \angle MAD = 45° + \angle CAB + \angle DBF = 45° + \angle CAB + 45° + \angle ABC = 90° + (180° - \angle ACB) = 270° - \angle ACB$。$\therefore \angle ECF = \angle EAM$，$\therefore \triangle ECF \cong \triangle EAM$，$\therefore \angle MEF = \angle AEC = 90°$，$EM = EF$，又 $\because D$ 是 MF 的中点，$\therefore DE = DF$。

解法 4：如图 8 所示，利用倍长中线、斜边中线、三角形全等、一线三垂直模型有 $FN = CH = ME$（重点）。

如图构造三垂直模型，由全等可得 $EM = HC = FN$，四边形 $AMNB$ 为直角梯形，延长 ND、MA 相交于 P，易证 $\triangle ADP \cong \triangle BDN$，得 D 是 NP 的中点，在 $\text{Rt}\triangle PMN$ 中，利用斜边上中线的性质得 $DM = DN$，再求证 $\triangle MED \cong \triangle NFD$，最后得到 $DE = DF$。

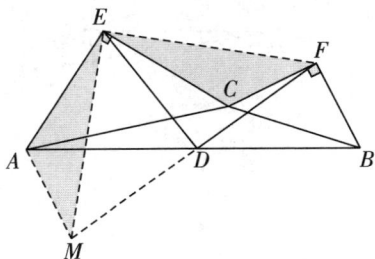

图 7

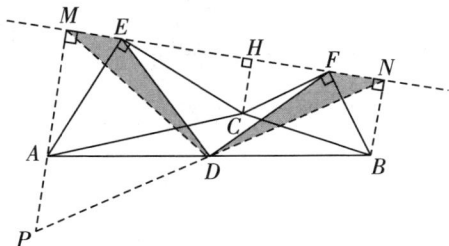

图 8

解法 5：如图 9 所示，旋转法：$\triangle EAD$ 绕点 E 逆时针转 $90°$ 得 $\triangle ECG$，$\triangle FBD$ 绕点 F 顺时针转 $90°$ 得 $\triangle FCG$，关键把握图中的角相等和边相等，去证得四边形 $EDFG$ 是正方形即可；或者只把 $\triangle EAD$ 绕点 E 逆时针转 $90°$ 得 $\triangle ECG$，然后连接 FG、CG，再去证 $\triangle CFG \cong \triangle BFD$ 即可。虽然这种方法没有用到中点的相关知识，但也是一种大开眼界的解法，值得欣赏，具体解法如下：

将 $\triangle EAD$ 绕点 E 逆时针转 $90°$ 得 $\triangle ECG$，连接 CF、CG。由旋转性质可得 $\angle DEG = \angle AEC = 90°$，$DE = EG$，$AD = CG$。$\therefore \angle DGE = 45°$，又 $\because D$ 是 AB 的中点，$\therefore AD = BD$，$\therefore CG = BD$，$\because \angle GCF = 360° - \angle ECG - \angle ECA - \angle ACB - \angle BCF = 360° - \angle EAD - 45° - \angle ACB - 45° = 270° - (45° + \angle CAB) - \angle ACB = 270° - 45° - (180° - \angle ABC) = 45° + \angle ABC = \angle DBF$（难点），即 $\angle GCF = \angle DBF$，又 $\because CF = BF$，$\therefore \triangle GCF \cong \triangle DBF$，$\therefore \angle DFG = \angle BFC = 90°$，$DF = GF$，$\therefore \angle DGF = 45°$，$\therefore \angle EGF = \angle DGE + \angle DGF = 90°$，$\therefore$ 四边形 $EDFG$ 是正方形，得 $DE = DF$。

解法 6：如图 10 所示，把线段 ED 绕点 E 顺时针旋转 $90°$ 得到线段 EM，把线段 FD 绕点 F 逆时针旋转 $90°$ 得到线段 FN，连接 AM、DM、BN、DN，由手拉手模型可以证两对三角形全等，从而得到 $AM = CD = BN$，利用中点定义得到 $AD = BD$，由 MA、BN 都与 CD 垂直（有难度，这里不详细分析了）得 $MA \parallel BN$，然后易证 $\triangle ADM \cong \triangle BDN$ 得 $DM = DN$，又因为 $\triangle DEM$ 和 $\triangle DFN$ 都是等腰直角三角形，所以 $DM = DN$。

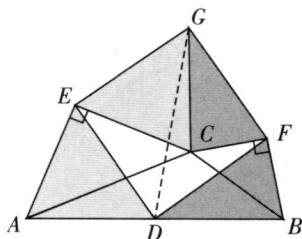

图 9

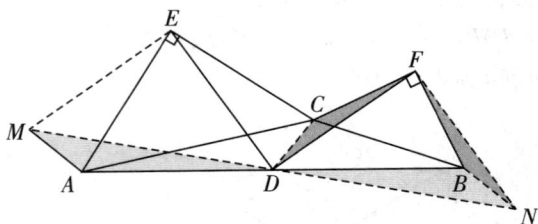

图 10

（二）课后习题

如图 11 所示，已知在△ABC 中，AD 是 BC 边上的中线，E 是 AD 上一点，连接 BE 并延长交 AC 于点 F，AF = EF，求证：AC = BE。

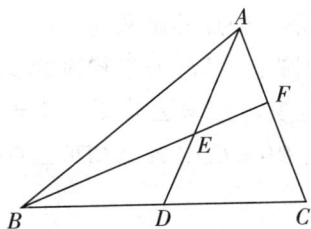

图 11

从"中点的妙用"分享学生的解法：

解法 1：平行、中点的定义。

如图 12 所示，过点 C 作 CG//BF 交 AD 的延长线于点 G，∴ ∠3 = ∠G，∠4 = ∠5，又∵ D 为 BC 的中点，∴ BD = CD，∴ △BDE ≌ △CDG（AAS），∴ BE = CG，又∵ ∠3 = ∠G，∠3 = ∠2，∴ ∠2 = ∠G，又∵ AF = EF，∴ ∠1 = ∠2，∴ ∠1 = ∠G，∴ AC = CG，∴ AC = BE。

解法 2：构造全等三角形、中点的定义。

如图 13 所示，以 B 为圆心，BD 为半径画弧交 AD 的延长线于点 G，则 BD = BG，∴ ∠4 = ∠G，∵ ∠4 = ∠5，∴ ∠G = ∠5。∵ ∠1 = ∠2，∠2 = ∠3，∴ ∠1 = ∠3。又∵ BD = CD，BD = BG，∴ BG = CD，∴ △EBG ≌ △ACD（AAS），∴ AC = BE。

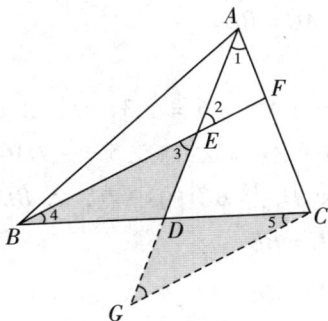

图 12

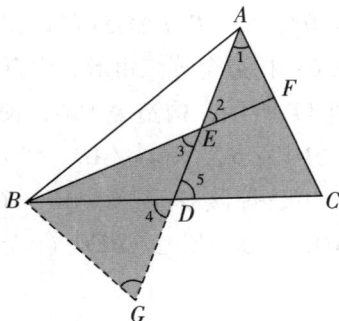

图 13

解法 3：构造全等三角形、中点的定义。

如图 14 所示，作 $\angle 5 = \angle 4$，$\because AF = EF$，$\therefore \angle 1 = \angle 2$，$\because \angle 2 = \angle 3$，$\therefore \angle 1 = \angle 3$，又$\because \angle 6 = \angle 3 + \angle 4$，$\angle CGD = \angle 1 + \angle 5$，$\therefore \angle 6 = \angle CGD$，$\therefore CD = CG$。$\because D$ 为 BC 的中点，$\therefore BD = CD$，$\therefore BD = CG$，$\therefore \triangle BDE \cong \triangle CGA$（AAS），$\therefore AC = BE$。

解法 4：构造等腰三角形、中点的定义。

如图 15 所示，以 B 为圆心，BE 为半径画弧交 AD 的延长线于点 G，则 $BE = BG$，$\therefore \angle 3 = \angle G$。$\because \angle 1 = \angle 2 = \angle 3$，$\therefore \angle 1 = \angle G$，$\therefore AC /\!/ BG$，$\therefore \angle 4 = \angle C$。$\because D$ 为 BC 的中点，$\therefore BD = CD$，$\therefore \triangle BDG \cong \triangle CDA$（AAS），$\therefore AC = GB$，$\therefore AC = BE$。

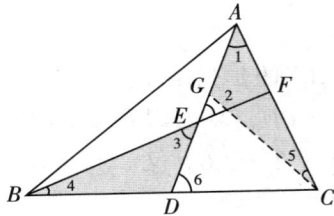

图 14

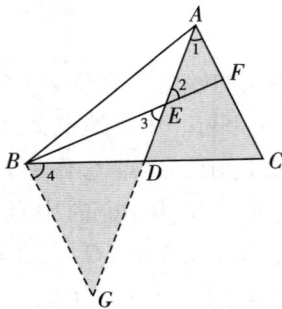

图 15

解法 5：构造两次三角形全等、中点的定义。

如图 16 所示，过点 B 作 $BN \perp AD$ 于点 N，过点 C 作 $CM \perp AD$ 于点 M，$\therefore \angle 6 = \angle 7 = 90°$，$\therefore CM /\!/ BN$，$\therefore \angle 4 = \angle 5$。又$\because D$ 为 BC 的中点，$\therefore BD = CD$，$\therefore \triangle BDN \cong \triangle CDM$（AAS），$\therefore BN = CM$。$\because \angle 1 = \angle 2 = \angle 3$，$\angle 6 = \angle AMC = 90°$，$\therefore \triangle BNE \cong \triangle CMA$（AAS），$\therefore AC = BE$。

解法 6：构造全等三角形、中点的定义。

如图 17 所示，构造 $\triangle ACG$，使得 $\angle 5 = \angle 4$，$\angle 6 = \angle 3$，$\because \angle 1 = \angle 2 = \angle 3$，$\therefore \angle 1 = \angle 6$，$\therefore CG /\!/ AD$。$\because \angle 7 = \angle 3 + \angle 4 = \angle 1 + \angle 5 = \angle DAG$，$\therefore$ 四边形 $AGCD$ 是等腰梯形，$\therefore AG = CD$，又$\because D$ 为 BC 的中点，$\therefore BD = CD$，$\therefore AG = BD$，$\therefore \triangle ACG \cong \triangle BED$（AAS），$\therefore AC = BE$。

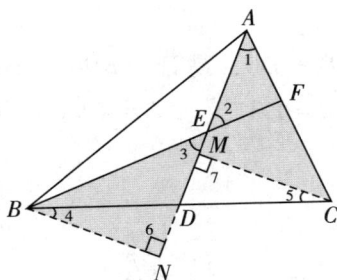

图 16

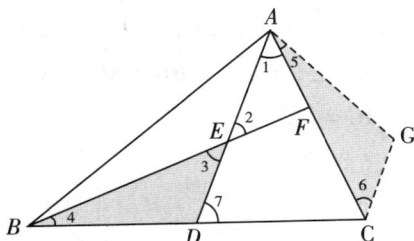

图 17

解法 7：比例法、中点的定义。

如图 18 所示，过点 F 作 $HF /\!/ BC$ 且交 AD 于点 H，则有 $\triangle HFE \backsim \triangle DBE$，$\triangle AHF \backsim \triangle ADC$，$\therefore \dfrac{HF}{BD} = \dfrac{EF}{BE}$，$\dfrac{HF}{DC} = \dfrac{AF}{AC}$，$\because D$ 为 BC 的中点，$\therefore BD = CD$，$\therefore \dfrac{HF}{BD} = \dfrac{EF}{BE} = \dfrac{AF}{AC}$，又 $\because AF = EF$，$\therefore AC = BE$。

解法 8：构造中位线。

如图 19 所示，分别取 AB、AE 的中点 G、H，则有 $DG /\!/ AC$ 且 $DG = \dfrac{1}{2} AC$，$GH /\!/ BE$ 且 $GH = \dfrac{1}{2} BE$，$\therefore \angle 1 = \angle 4$，$\angle 2 = \angle 3$，又 $\because FA = FE$，$\therefore \angle 1 = \angle 2$，$\therefore \angle 3 = \angle 4$，$\therefore GH = GD$，$\therefore AC = BE$。

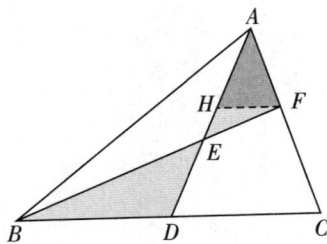

图 18

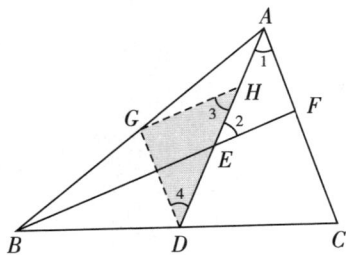

图 19

解法 9：构造中位线。

如图 20 所示，延长 BE 至点 G 使得 $BE = EG$，得 $DE /\!/ CG$，$\therefore \angle 1 = \angle 3$，$\therefore \angle 2 = \angle G$，又 $\because \angle 1 = \angle 2$，$\therefore \angle 3 = \angle G$，$\therefore FG = FC$。又 $\because AF = EF$，$\therefore AC = EG$，$\therefore AC = BE$。

解法 10：倍长中线。

如图 21 所示，延长 AD 至点 G 使得 $AD = DG$，易证 $\triangle BDG \cong \triangle CDA$（SAS），$\therefore \angle 1 = \angle G$，$BG = AC$，又 $\because \angle 1 = \angle 2 = \angle 3$，$\therefore \angle 3 = \angle G$，$\therefore BE = BG$，$\therefore AC = BE$。

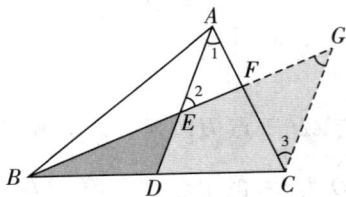

图 20

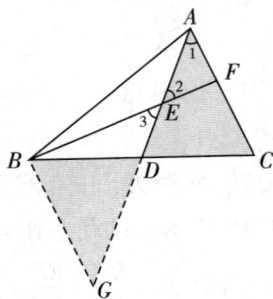

图 21

《实际问题与二次函数——拱桥问题》
教学设计（反思版）*

一、教材分析

（一）教材的地位和作用

二次函数的应用是初中数学的重点和难点之一。

（二）从内容上看

二次函数的应用是二次函数学习的深化阶段，要使学生感受二次函数是探索自然现象、社会现象基本规律的工具和语言，也为学生进一步学习函数、体会函数思想奠定基础和积累经验。

（三）从思想层次来看

它涉及数形结合思想、方程函数思想和建模思想，这些内容和思想将在以后学习中产生广泛而深远的影响。

（四）新课标的主旨

二次函数的应用本身是在学习二次函数的图像与性质后，检验学生应用所学知识解决实际问题能力的一个综合考查。新课标中要求学生能通过对实际问题的情境的分析确定二次函数的表达式，体会其意义，能根据图像的性质解决简单的实际问题。

教材第 51 页探究 3：二次函数的应用问题——根据实际问题求出函数解

＊ 本课例获 2021 年韶关市优秀课例一等奖。

析式，根据解析式解决实际问题。教材的这种安排，既承前启后，又分散了难点，符合认知理论中的渐进性原则。

（五）本节内容说明

本节人教版《数学》九年级上册第 22 章第 3 节是第三课时，着重通过抛物线拱桥的问题来突出二次函数应用中的研究方法，有关二次函数的生活背景丰富，学生比较感兴趣，目的在于让学生通过学习这一类题，学会用建模的思想去解决其他和函数有关的应用问题，此部分内容既是学习二次函数及其应用后的巩固与延伸，又为以后学习更多函数打下坚实的理论和思想方法基础。

二、学情分析

九年级 11 班是笔者刚接手的，学生活泼好动，好奇心强，他们正处于独立思维发展的重要阶段，对数学的求知欲较强，但教学中发现他们数学基础较弱，尤其在解方程、因式分解、配方等方面。教学上花了比较多的精力在二次函数的解析式上，前面的探究 1、2 也是放慢脚步逐一分解，形成专题进行突破的，根据本班学生的具体情况，笔者还是坚持"小步子，专题化"地研究拱桥问题。

三、教学目标及重难点的确立

结合本节课的教学内容和学生现有的学习水平，笔者确定本节课的教学目标与重难点如下：

（一）学习目标

（1）掌握二次函数模型的建立，会把实际问题转化为二次函数问题。
（2）利用二次函数解决有关拱桥的问题。

（二）学习重点

利用二次函数图像解决实际问题。

（三）学习难点

从实际情景中抽象出函数模型，建模。

（四）情感态度

通过探究"拱桥问题"，培养学生观察问题、分析问题和解决问题的能力，以及把实际问题转化为数学问题的能力，把生活语言转化为数学语言的能力；培养学生"用数学的眼光观察现实世界、用数学的思维思考现实世界、用数学的语言表达现实世界"的数学核心素养；体会数学来源于生活又应用于生活。

四、教学方法与策略指导

由于本节课是应用问题，重在通过学习总结解决问题的方法，故而本节课以"启发探究式"为主线开展教学活动，"授人以鱼，不如授人以渔"。在教学过程中，不但要传授学生课本知识，还要培养学生主动观察、主动思考、亲自动手、自我发现等学习能力，增强学生的综合素质，从而达到教学的终极目标。教学中，教师创设疑问，学生想办法解决疑问，通过教师的启发与点拨，在积极的双边活动中，学生找到了解决疑问的方法，找准解决问题的关键，然后学生尝试说题，其他学生补充、完善，最后师生总结归纳拱桥问题的解题步骤和涉及的数学思想。

五、教学过程设计

为了完成教学目标，解决教学重点，突破教学难点，课堂教学笔者按如下环节展开。

教学环节	教学内容呈现	师生活动	设计意图
（一）目标展示、图片欣赏	1. 展示教学目标。 （1）掌握二次函数模型的建立，会把实际问题转化为二次函数问题。 （2）利用二次函数解决有关拱桥的问题。 2. 欣赏隧道、拱桥实物图。 3. 根据给出的坐标系的位置，说出这个二次函数的解析式。 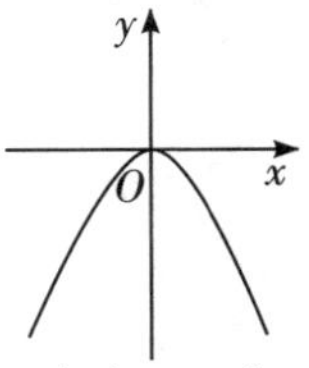 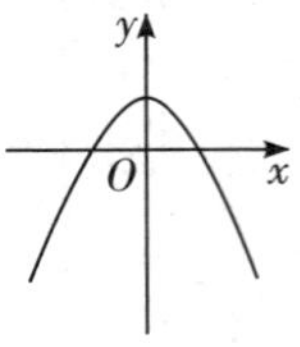 （1）$y=ax^2$　（2）$y=ax^2+k$ 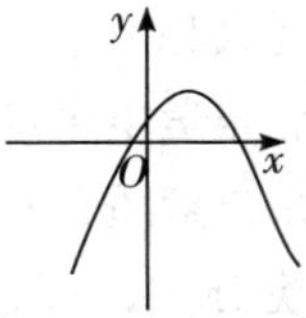 （3）$y=a(x-h)^2+k$ （4）$y=ax^2+bx+c$	生齐读目标。 欣赏、回答对应解析式。	学习目标是学习活动的出发点和归宿。 直接切入主题，复习二次函数的解析式，埋下伏笔，为后面建系、设解析式做准备，并激发学生的学习欲望。
（二）引入问题	教材第51页如图是一座抛物线拱桥，当拱顶离水面2米时，水面宽是4米。水面下降1米，水面宽度增加多少？  	师读题，生独立思考。	给学生足够的思考时间，克服实际应用的畏难情绪，鼓励学生勇于挑战，培养学生将实际问题转化为数学问题，应用数学知识解决问题的能力。

（续上表）

教学环节	教学内容呈现	师生活动	设计意图
（三） 解决问题	1. 引导学生建立平面直角坐标系求解。 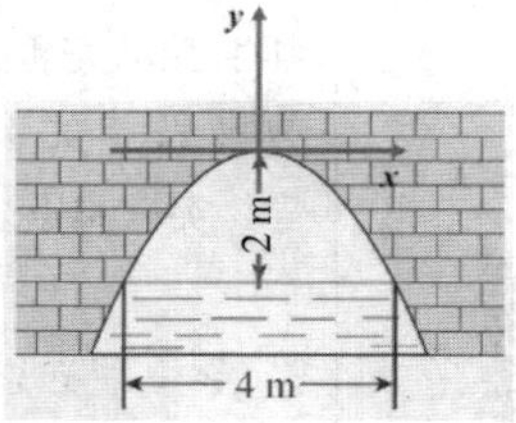 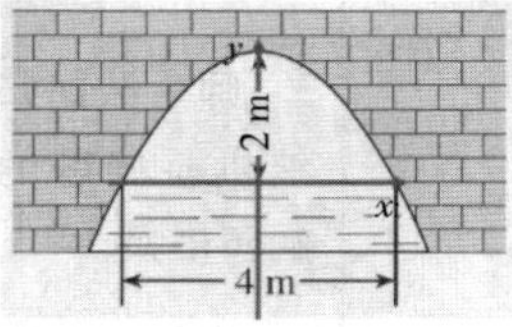 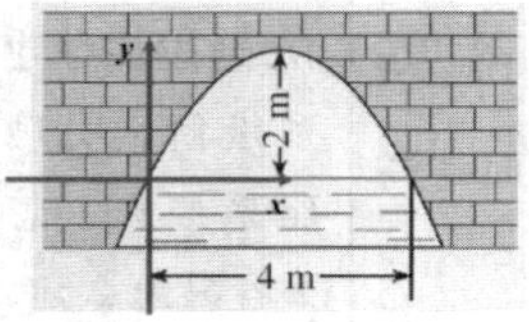 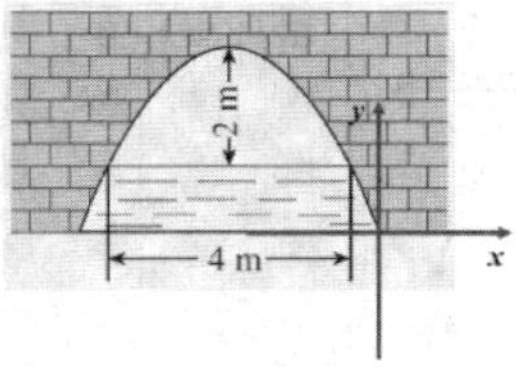 2. 学生解法展示（说题活动）。	1. 学生独立思考、尝试建系，对有困难的孩子教师稍加引导。 2. 无论哪种建系，教师都给予肯定，关注学生如何把条件坐标化，如何把生活语言转化为数学语言。 3. 学生说题，师生共同聆听，有不同声音的可以补充、完善，教师用严谨的语言、规范的格式进行总结、升华，并引导学生选择最优建系求解。	1. 学生通过观察、思考、动手获得知识体验，从中感受生活中处处有数学，数学中处处有生活，使学生能够在生活中自觉地将实际问题转化为数学问题，应用数学知识解决问题，体会建模思想、化归思想、数学结合思想等。 2. 培养学生的数学核心素养。

（续上表）

教学环节	教学内容呈现	师生活动	设计意图
（四） 拓展问题	如图，一座抛物线拱桥，当拱顶离水面2米时，水面宽是 4 米。水面下降 1 米，水面宽度增加多少？  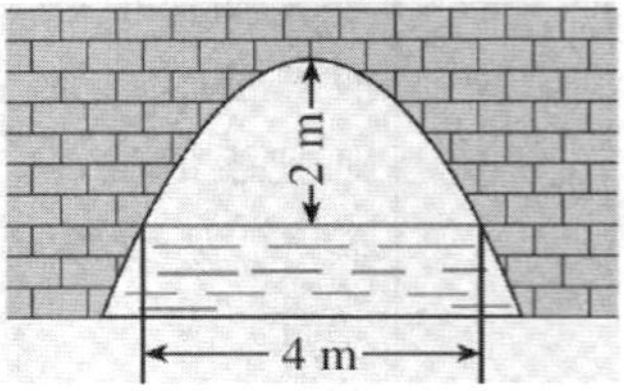 追问： 1. 还可以怎么建系？ 2. 当水面宽为 3 米时，拱顶离水面高多少米？ 3. 建系方法小结。 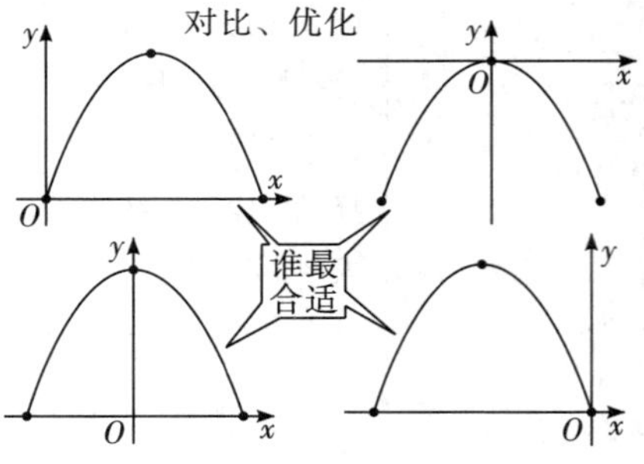 	1. 继续交流不同建系的解法，师生互动完善、教师做相关引导，突破难点。 2. 学生独立思考解决追问。 3. 师生共同归纳拱桥问题的解题步骤。 4. 通过多种建系求解，明确建系原则：怎么容易怎么建，关键是易于把条件坐标化。	1. 通过展示、讨论、交流，体验建立二次函数模型解决拱桥问题的过程，归纳建模步骤，培养学生利用二次函数图像、性质解决实际问题的能力和他们的表达能力。 2. 在交流合作中获得知识与方法，激发学生的学习兴趣，提升学生的学习热情。

（续上表）

教学环节	教学内容呈现	师生活动	设计意图
（五） 典例精析	某公园要建造圆形喷水池，在水池中央垂直于水面处安装一个柱子 OA，O 恰在水面中心，$OA=1.25$ m，由柱子顶端 A 处的喷头向外喷水，水流在各个方向沿形状相同的抛物线落下，为使水流形状较为漂亮，要求设计成水流在离 OA 距离为 1 m 处达到距水面最大高度 2.25 m。如果不计其他因素，那么水池的半径至少要多少米才能使喷出的水流不致落到池外？  解：如图，建立平面直角坐标系，根据题意得，A 点坐标为（0，1.25），顶点 B 坐标为（1，2.25）。 设抛物线为 $y=a(x-1)^2+2.25$，由待定系数法可求得抛物线的表达式为： $y=-(x-1)^2+2.25$。 当 $y=0$ 时，得 $x=2.5$，求得点 C 的坐标为（2.5，0）； 由图形的对称性可得点 D 的坐标为（-2.5，0）。 所以水池的半径至少要 2.5 m，才能使喷出的水流不致落到池外。 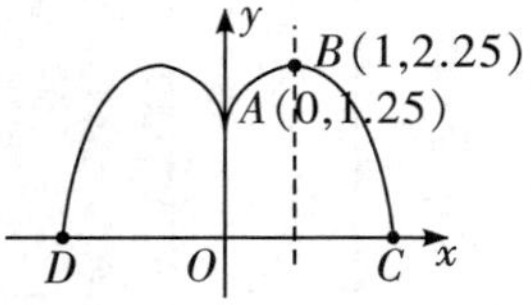 	1. 学生尝试独立做题，教师巡查。 2. 发现学生有困难时，教师引导断句式重新读题，获取信息，找到建系的参照，建立平面直角坐标系。 3. 继续让学生独立完成求解部分。 4. 学生解法展示（说题环节）。	1. 通过追问、典例精析，让学生再次体会用数学知识解决实际问题的过程，加强学生对建模思想的理解：它是解决数学问题的一个强有力的工具。培养学生审题、独立思考、合作交流、概括、共同探究解决问题的综合能力。 2. 借解题结果对学生进行德育教育：激励学生成人成才，问题处理中要联系实际，追求务实、高效。

（续上表）

<table>
<tr><th>教学环节</th><th>教学内容呈现</th><th>师生活动</th><th>设计意图</th></tr>
<tr><td>（六）
课堂小结</td><td>回顾课堂环节，小结归纳。（主板）
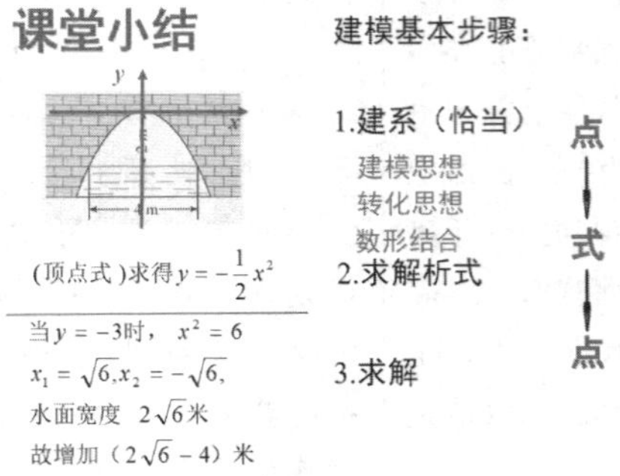
课堂小结
建模基本步骤：
1.建系（恰当）
建模思想
转化思想
数形结合
2.求解析式
3.求解
点
式
点
(顶点式)求得 $y=-\frac{1}{2}x^2$
当 $y=-3$ 时，$x^2=6$
$x_1=\sqrt{6}, x_2=-\sqrt{6}$,
水面宽度 $2\sqrt{6}$ 米
故增加（$2\sqrt{6}-4$）米</td><td>学习伙伴交流：本节课的收获（知识与思想方法）。</td><td>课伊始，趣亦生；课虽终，趣犹存。紧扣学习目标，厘清所学知识的要点，渗透相关数学思想方法，帮助学生完成学习上的认知构建，熟记建模步骤。</td></tr>
<tr><td>（七）
作业布置</td><td>作业《名校课堂》第 59 页例 1、2；变式 1、2。
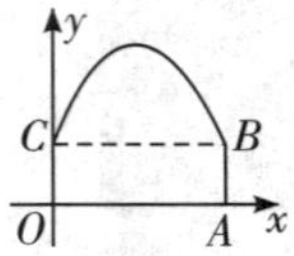
y
C
B
O
A
x
【例 1】如图，隧道的截面由抛物线和长方形 $OABC$ 构成，长方形的长 OA 是 12 m，宽 OC 是 4 m。按照图中所示的平面直角坐标系，抛物线可以用 $y=-\frac{1}{6}-x^2+bx+c$ 表示。在抛物线型拱壁上需要安装两排灯，使它们离地面的高度相等。如果灯离地面的高度不超过 8 m，那么两排灯的最小水平距离是______ m。
【变式 1】如图，有一座抛物线形拱桥，在正常水位时水面 AB 的宽为 20 m，如果水位上升 3 m 达到警戒水位时，水面 CD 的宽是 10 m。如果水位以 0.25 m/h 的速度上涨，那么达到警戒水位后，再过______h 水位达到桥拱最高点 O。
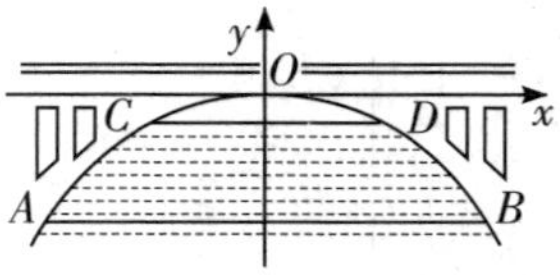
y
O
C
D
x
A
B</td><td></td><td>及时巩固所学知识，检测学生的掌握情况，及时反馈，让学生独立完成，培养学生的自主学习能力。</td></tr>
</table>

（续上表）

教学环节	教学内容呈现	师生活动	设计意图
	【例2】某广场有一个小型喷泉，水流从垂直于地面的水管 OA 喷出，OA 长为 1.5 m。水流在各个方向上沿形状相同的抛物线路径落到地面上，某方向上抛物线路径的形状如图所示，落点 B 到 O 的距离为 3 m。建立平面直角坐标系，水流喷出的高度 $y(\mathrm{m})$ 与水平距离 $x(\mathrm{m})$ 之间近似满足函数关系 $y = ax^2 + x + c(a \neq 0)$，则水流喷出的最大高度是_____m。 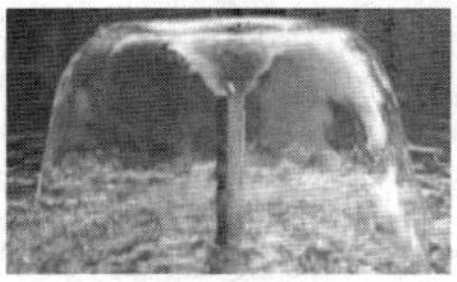 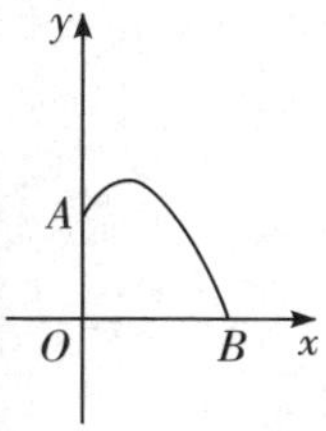 【变式2】如图是一款抛物线形落地灯示意图，防滑螺母 C 为抛物线支架的最高点，灯罩 D 距离地面 1.5 m，最高点 C 距灯柱 AB 的水平距离为 1.6 m，灯柱 AB 为 1.5 m。若茶几摆放在灯罩的正下方，则茶几到灯柱的距离 AE 为_____m。 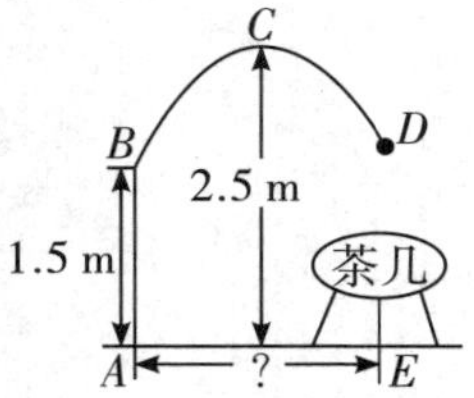 		

六、教学反思

本节课先是由基于平面直角坐标系下的二次函数图像到说出对应的解析式，及时复习了本节课的所需知识，做好铺垫。然后抛出二次函数实际应用中常见的拱桥问题，学生独立思考，尝试解答后遇到困难，教师再次引导学生开展断句式读题，引导学生把实际问题转化为数学语言，并建立适当平面直角坐标系后，列出对应的解析式，再把具体条件坐标化，然后代入求解，整个过程让学生经历了"由点到式再到点"的学习过程，让学生体验数学建模的基本步骤，并巧妙地渗透了建模、转化及数形结合的数学思想，最后通过不同的建系和经典例题，让学生熟练掌握拱桥问题的解题模式。

　　整节课学生参与性高，教学效果突出的地方有：①教师不断引导学生，不断鼓励和肯定学生，采取说题模式开展教学，真正做到把课堂还给学生，让学生创造课堂，生成课堂；②数学核心素养、数学思想渗透得无声无息，有高度；③课堂上知识与数学理论的结合和方法总结，一目了然。但教学是门遗憾的艺术，在回看录像时，还是会觉得有些地方处理得不够机智。争取在反思中进步，在反思中完善。

谈培育初中数学核心素养的课堂教学设计

——"用坐标表示地理位置"的教学及反思 *

立德树人是教育部新一轮课程改革深化的方向，数学教学中"立德树人"的目标具体体现于"学生数学核心素养的发展"，最终要落在学科核心素养的培育上，这就需要教师在课堂教学中多加重视与研究。

培养学生核心素养，最终要落在课堂教学上。如何将学生核心素养的发展有效地融入数学课堂教学，落实到每一位学生身上？这是一个需要深入研究的课题。笔者以人教版《数学》七年级下册7.2.1"用坐标表示地理位置"课堂片段为例，谈谈一线教师在课堂教学中发展学生核心素养的一点教学实践与思考。

一、教材与学情简析

（一）教学目标

"用坐标表示地理位置"是在学习和掌握了平面直角坐标系及其相关知识的基础上，探究如何根据情境建立适当的平面直角坐标系来表示地理位置。通过本节课的教学，应该达成如下目标：会建立适当的直角坐标系描述地理位置；通过学习如何用坐标表示地理位置，发展学生的空间观念；体会平面直角坐标系在实际生活中的应用，培养学生观察问题、分析问题和解决问题的能力。

教学重点：根据具体情境建立适当的坐标系，用坐标表示地理位置。

教学难点：根据具体情境建立适当的直角坐标系，利用平面直角坐标系解决实际问题。

---

* 本文获 2018 年韶关市优秀教育教学论文一等奖。

（二）学情分析

七年级的学生活泼好动，好奇心强，他们正处于独立思维发展的重要阶段，对数学的求知欲较强，数学基础较好，具有初步的自主、合作探究的学习能力，前面已学完平面直角坐标系，接触了利用坐标表示点的位置。因此，对建立平面直角坐标系用坐标表示具体地理位置是有理解的基础的。

（三）教学指导

教法指导：本节课通过创设情境，以问题为载体给学生提供探索的空间，引导学生通过自主探究、合作交流、归纳总结来获取知识，形成技能发展思维，学会学习。

学法指导：引导学生观察、探索、发现一般规律，指导学生利用所学知识解决实际问题，学习中重视同学们的互动。

二、教学过程简述

（一）创设情境，培养学生用数学的眼光观察现实世界的核心素养

教师：向学生出示韶关风采楼片区卫星地图，提出思考：如何用坐标表示该卫星地图中的地名？

设计意图：直接切入主题，提出用坐标表示地理位置的观点，引发学生思考，激发学生的探索欲望，并埋下伏笔，为后面呼应做准备。

（二）明确目标，培养学生寻找学习的出发点和归属感的素养

学生齐读：通过具体事例，掌握建立适当的直角坐标系描述地理位置；通过用直角坐标系表示地理位置，体会平面直角坐标系在实际生活中的应用。

（三）实践探究，培养学生应用数学知识解决实际问题的核心素养

学生：在欢快的音乐中欣赏校园风光（校园的美丽图片和航拍平面图）。

教师：根据学校平面图设计探究问题。

根据以下条件画一幅示意图，标出我们学校的球场、小学部、初一教学楼和校门口的位置。

小学部：从球场出发向东走 150 米，再向北走 200 米。

初一教学楼：从球场出发向西走 200 米，再向北走 350 米，最后向东走 50 米。

校门口：从球场出发向南走 100 米，再向东走 200 米，最后向南走 75 米。

学生：独立思考后，尝试画示意图，对作图有困难的学生，教师要稍稍引导。

设计意图：实际教学中引导学生观察生活中的点点滴滴，让学生直接作图、操作，通过观察、思考、动手获得知识体验，从中感受生活中处处有数学，数学中处处有生活，真正做到将实践与生活结合起来，使学生能够在生活中自觉地将实际问题转化为数学问题，应用数学知识解决问题。借画示意图的探究过程，培养学生独立思考的学习习惯和合作交流的意识，激发学生探究新知的兴趣，发展学生的数学核心素养。

（四）归纳探究，培养学生数学建模的素养

教师：展示学生的作品（5~6 人），通过比较，引导学生不断完善示意图，并做几点强调：原点、正方向、单位长度的选取。

学生：用坐标表示示意图中的地理位置（思考：标的是图上坐标还是实际坐标?）。

师生：共同归纳利用平面直角坐标系绘制区域内一些地点分布情况平面图的步骤。

设计意图：为了帮助学生充分理解用坐标表示地理位置的步骤和注意事项，教师展示了 6 个学生的草图，巧妙地在对比中提升认知，完善作图和正确表述，培养了学生的归纳、表达能力。通过这样的数学活动，让学生在合作过程中获得知识与方法，激发学习兴趣，提升学习热情；通过这样的数学活动，让学生掌握的是如何解决"一类题型"，培养学生数学建模的素养。

（五）拓展探究，培养学生逻辑推理的数学素养

追问 1：说出以小学部为坐标原点建立平面直角系下其他位置的坐标。

追问 2：当小学部的坐标为（100，100）或（-50，100）时，指出此时的坐标原点，并说明理由。

学生：学习伙伴共同探究，在知道了点的坐标情况下如何找出坐标原点?

设计意图：通过变式、追问，加强学生对重难点知识的理解，培养学生合作交流、概括、共同探究解决问题的能力。追问 1 依旧是重新建立平面直角坐标系下写出地理位置的坐标，意在巩固。追问 2 是逆向思维，知道了地点坐标

找坐标原点或坐标系。利用追问，把条件和结论进行适当的转化，这个过程，外显的是形式变化，内隐的是逻辑推理。通过研究追问，助力学生实现自我突破和素养发展。

（六）回归探究，通过问题的解决来内化数学核心素养

教师：你能利用今天所学知识描述一下风采楼片区的地点（如中国工商银行风采支行）吗？

学生1：描述、总结。

设计意图：通过解决本节课的引领问题，再次体会用数学知识解决实际问题的过程，使学生看到平面直角坐标系是解决数学问题的一个强有力的工具，它加强数与形之间的联系。这个过程既首尾呼应，又培养了学生用数学知识和方法解决实际问题的能力，通过问题的解决来内化核心素养，让学生的数学素养落地生根。

（七）知识拓展，培养学生用数学的思维思考现实世界的核心素养

如图1所示，一艘船在A处遇险后向相距35海里的位于B处的救生船报警，如何用方向和距离描述救生船相对于遇险船的位置？救生船接到报警后准备前往救援，如何用方向和距离描述遇险船相对于救生船的位置？

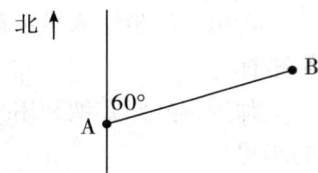

图1

教师引导学生回忆方位角，组织学生讨论，获取答案，从而了解用方位角和距离来表示地理位置，增长见识。

设计意图：让学生多方位思考，除了可以用坐标表示地理位置，还可以用方位角和距离表示平面内物体的位置，学会用数学的思维观察细微生活、思考现实世界。

（八）立德树人，学科核心素养目标培育落到实处

教师：在当堂小测、课堂小结完毕后进行德育渗透。

教师寄语：同学们，其实人生就如一个平面直角坐标系，横轴是时间，纵轴是人生价值，老师衷心祝愿大家用自己的勤奋和智慧在自己的坐标系里画出一个个光彩夺目的点，成长成才。

三、教学反思

发展数学核心素养，是数学课堂教学的重要育人任务。因此，课堂教学应该是核心素养落地生根的重要支点和主要渠道，应该为发展学生的核心素养提供个性、全面、可持续的助力①。

（一）提高认识，再谈培育

要在课堂教学中培养和落实核心素养，我们首先要弄清楚核心素养的内涵。《义务教育数学课程标准》（2022 年版）明确指出：数学课程要培养学生的核心素养，主要包括"会用数学的眼光观察现实世界；会用数学的思维思考现实世界；会用数学的语言表达现实世界"。并强调初中阶段核心素养主要表现为：抽象能力、运算能力、几何直观、空间观念、推理能力、数据观念、模型观念、应用意识、创新意识。②

从上述对数学学科核心素养的界定不难看出，初中数学核心素养不是独立于知识、技能、思想、经验之外的"神秘"概念，其实质是新课标中所指出的，在数学课程中，应当注重发展学生的八种能力和两种意识，它综合体现出对数学知识的理解、对数学技能方法的掌握、对数学思想的感悟，以及对数学活动经验的积累。

（二）研磨目标，精准方向

制定贯通课堂的教学目标，就能精准把握教学的方向。因此，在教学设计时，我们要研究理解课标，准确把握教材的编写意图，寻找适合发展学生核心素养的契机，来发展学生的核心素养，把准了课程目标，就能引领教学行为，让"学"真正成为教学设计的核心。本节内容是在学习和掌握了平面直角坐标系及其相关知识的基础上，来探究如何用平面直角坐标系表示地理位置，在教学中，笔者紧密联系实际，引导学生在相对轻松、有趣的活动中完成目标，有意识地培养学生解决问题的能力并激发其学习数学的兴趣。通过本节内容的学习，让学生掌握好利用平面直角坐标系解决实际问题的方法、技巧，为后续

---

① 章建跃. 树立课程意识，落实核心素养［J］. 数学通报，2016（5）：1－4，14.

② 中华人民共和国教育部. 义务教育数学课程标准（2022 年版）［M］. 北京：北京师范大学出版社，2022：5－7.

学习函数、曲线方程、极坐标等知识打下良好的基础。

研磨一节课时，要结合这节课在整单元、整章，乃至整个知识体系中的作用和地位，不能仅局限于这一节课，而应当把相对成逻辑体系的知识整合在一起，思考通过这些课程让学生掌握什么样的知识和能力，培养什么样的素养，然后再考虑这一节课如何体现。可以说，恰当的教学目标的制定非常关键，教师备课时必须将核心素养的要求呈现出来，每一节课的教学目标要贯穿教学始终，教学中的每一个环节的设计要处处以落实教学目标为基准，力求教学目标的达成，才能使核心素养的发展"落地生根"。

（三）开展活动，经历过程

数学教学是数学活动的教学。学生在各种数学活动中生成、拓展、提升与交流数学活动经验的过程，同时也是他们获得数学的基础知识、基本技能与基本思想的过程。基础知识和基本技能形成了学生的知识系统，而基本活动经验形成的是经验系统，两个系统有机结合、相互促进才能构成完整的数学知识结构，数学活动是形成这个结构的纽带。经历数学核心素养所需要的数学活动，是发展数学核心素养的有效途径，因此，数学活动是学生数学核心素养发展的载体[①]。如本节课设计了这样的数学活动：首先欣赏我们学校的美丽风光，然后学生根据教师设计的情境，画出校园平面图中球场、小学部、校门口、初一教学楼的示意图，继而尝试建立适当的平面直角坐标系把这四个地点的坐标表示出来。接着继续追问①当以小学部为坐标原点重新建立坐标系时球场的坐标是多少？②如果小学部的坐标是（100，100），请找出坐标原点的位置。通过研究这两个追问，把课堂推向高潮，突破教学难点，进而归纳用坐标表示地理位置的一般步骤。最后让学生再建立平面直角坐标系解决开头的风采楼片区卫星地图地名表示问题，做到前后呼应。通过这一系列的数学活动为核心素养的发展提供了一个很好的机会。

通过本节课的教学，笔者认为学生的核心素养不是教师教出来的，而是要靠教师去渗透、去引导，让学生在自主、合作、探究中去思考、感悟和积累的。教师在课堂教学设计时，若着力点放在学生对数学知识的理解、对数学技能方法的掌握、对数学思想的感悟，以及对数学活动经验的积累上，培育初中数学核心素养就会落到实处。

---

① 韩俊元. 创新课堂教学 培养核心素养："一次函数的图像（第一课时）"教学及反思［J］. 中学数学教学参考（中），2017（29）：6-8.

微专题《正方形背景下过对角线交点的对角互补模型》的教学设计

一、内容和内容解析

（一）内容

学习正方形背景下过对角线交点的对角互补模型的常用结论，运用结论解决一组对角为直角的四边形的相关问题。

（二）内容解析

正方形背景下过对角线交点的对角互补模型是人教版《数学》八年级下册第十八章"平行四边形"章末的一个"探究与活动"，探究一个正方形以另一个正方形的对角线交点为旋转中心，得到重叠部分的面积，是对正方形相关知识的进一步拓展与延伸。

在正方形背景下过对角线交点的对角互补模型的结论的探究可类比"半角模型""一线三等角模型""手拉手模型"，在探究中分"图形的建构""结论的提取"两阶段进行，通过结合题干信息构建图形，再利用图形的直观特征探究模型的结论。

二、目标和目标解析

（一）目标

（1）进一步巩固三角形全等、角平分线及正方形的性质和判定。

（2）掌握在正方形背景下过对角线交点对角互补模型常见的结论，会运用模型解决数学问题。

（3）体会图形变化中的变与不变性，培养学生的思辨能力。

（二）目标解析

（1）要求学生能够熟练地运用三角形全等、角平分线及正方形的有关知识。

（2）要求学生能够构建图形得出模型的特征，利用原有的知识储备提取模型的结论。

（3）要求学生能够通过观察、猜想、探究体会图形的变与不变性。

三、学情分析

（一）认知基础

学生学习了全等三角形、角平分线、轴对称、平行四边形等有关知识，具备了一定的推理意识与能力，明晰了几何图形的研究思路：观察—猜想—证明，学习中也接触过一些数学模型，例如"燕尾模型""8字模型""半角模型""一线三等角模型""手拉手模型"等。随着掌握的几何定理越来越多，遇见的题目综合性越来越强，学生也逐步体会到数学模型在解决问题中的重要性与便捷。

（二）情意基础

模型思想是几何学习中非常重要的思想，由于模型的抽象性及图形的复杂性，需要学生具备很强的观察能力、分析能力、空间想象能力、严谨的推理能力、计算能力等，学生往往望而却步，此类模型一般都以压轴题的形式出现，学生平时能够练习到的更少，觉得很"面生"，没有了挑战的欲望。另外对模型探究没有有效的策略，模型中常用的类比归纳、化归转化、数形结合、分类讨论渗透还不够，对模型结论的记忆没有养成习惯，就有可能导致在做题的时候，不能快速地应用模型解决问题，所以需要教师在平时教学中让学生体会数学模型的价值所在。

四、教学的重难点

（1）重点：理解并掌握正方形背景下对角互补模型常用结论。

（2）难点：体会旋转中图形变化的变与不变性，灵活地解决数学问题。

五、教学过程设计

教学环节	教学过程	师生活动	设计意图
问题引入（猜结论）	（教材第 63 页）当正方形 $A_1B_1C_1O$ 绕点 O 转动时，两个正方形重叠部分的面积与正方形 $ABCD$ 的面积有怎样的关系呢？ 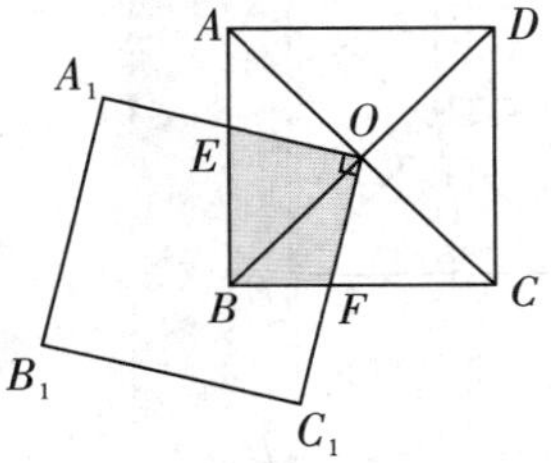 	1. 教师通过几何画板演示，学生观察给出猜想。 2. 观察重叠部分构建图形，找出此时的四边形具有的特征。 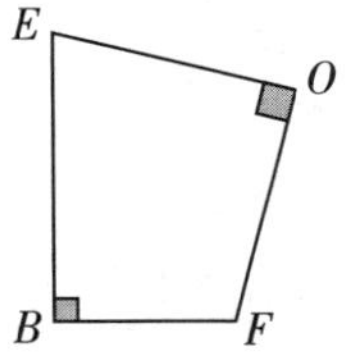 	1. 通过教材第 63 页的实验探究引入，具有较强的应用价值。 2. 通过几何画板的动态演示，发展了学生的几何直观想象能力，激发了探究的欲望，同时为模型探究做好了铺垫。
模型探究（研结论）	例题如图，正方形 $ABCD$ 的对角线相交于点 O，E 在 AB 上且 $OE \perp OF$，OF 交 BC 于 F。 （1）求证：$OE = OF$； （2）$S_{四边形OEBF} = \dfrac{1}{4} S_{正方形ABCD}$； （3）求证：$BE + BF = \sqrt{2}OB$； （4）若正方形的边长为 4，四边形 $OEBF$ 周长是否存在最小值？若存在，请求出最小值。 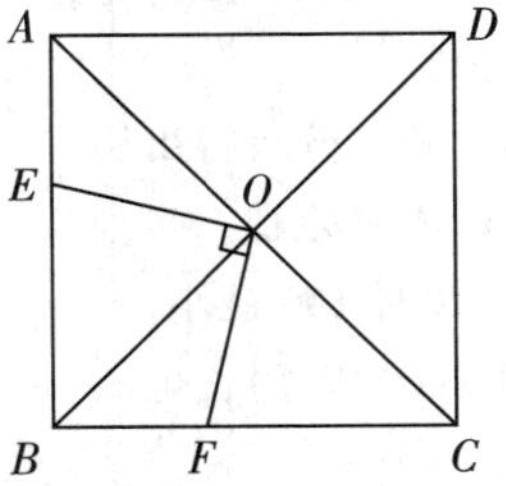 	问题引入环节学生已"构图"，学生已明晰模型的基本条件——对角互补，如左图（例题），你还能发现哪些结论呢？ 1. 学生分小组讨论，对于问题（1）证 $OE = OF$，学生会有多种证明方法，如：直接证所在的三角形全等，双垂法，一线三直角，截长补短法等，鼓励学生用多种解法。 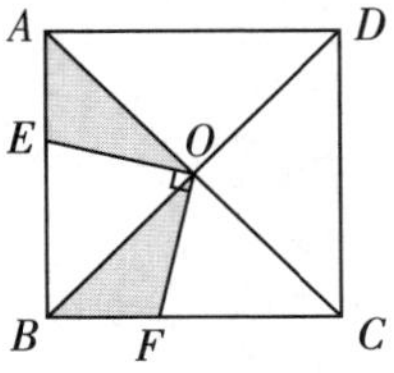 $\triangle AOE \cong \triangle BOF$ 或 $\triangle BOE \cong \triangle COF$	1. 明晰模型的探究思路：图形的建构→结论的提取。从证明三角形全等→线段相等、角相等、面积相等→线段和、面积和的不变性，一步一步地提取，符合学生的认知规律。

（续上表）

教学 环节	教学过程	师生活动	设计意图
模型 探究 （研 结论）		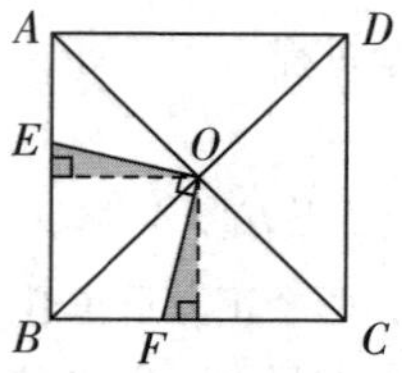 双垂法 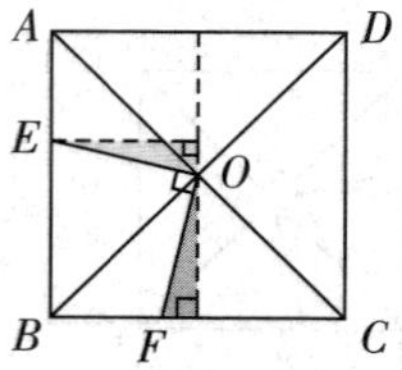 一线三直角 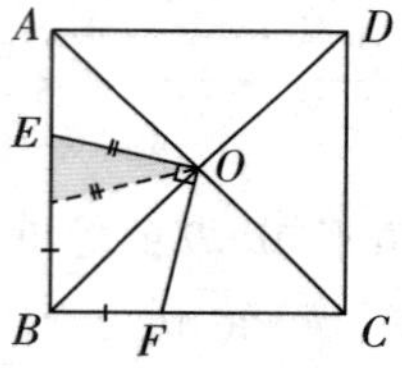 截长法 2. 在解决问题（1）的基础上，学生独立思考后水到渠成地解决了问题（2）和问题（3）。 3. 教师继续追问，在点 E 运动的过程中，四边形周长会不会发生变化，是否存在最小值？ 学生再次讨论，分析得出由于 $BE+BF$ 是定值，当 OE 垂直 AB 时 OE 最小，此时四边形 $OEBF$ 周长也最小。	2. 通过一题多解、一题多思发散学生的思维，培养了学生的演绎推理和合情推理能力，再次让学生体会几何研究"观察—猜想—证明"的过程，渗透了转化的数学思想。

（续上表）

教学环节	教学过程	师生活动	设计意图
模型运用（用结论）	练习：如图，正方形 $ABCD$ 中，AC、BD 相交于点 O，点 E 在 AB 上，且 $OE \perp OF$，OF 交 BC 于 F。 （1）以下选项中：①$OE = OF$；②$BE + BF = AB$；③$S_{四边形BFOE} = \frac{1}{2}OA^2$；④$BO$ 平分 $\angle EOF$；⑤$AE = CF$；⑥$EF = \sqrt{2}OE$，请选出正确的结论：_____。 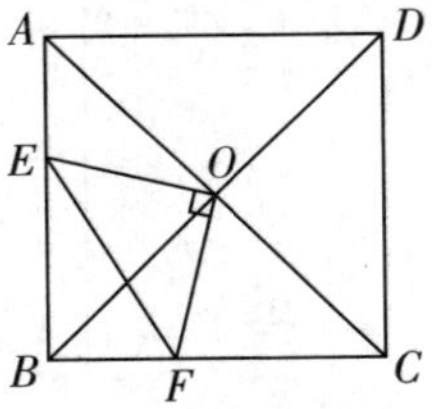 （2）点 E 在运动的过程中，有哪些量发生了改变，哪些量不变？ 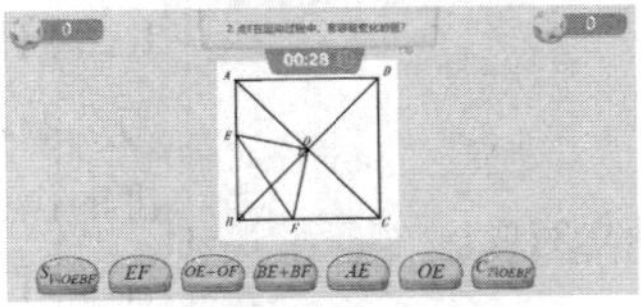 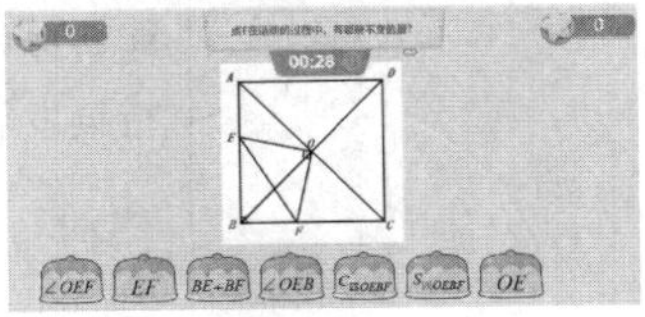 	1. 学生对模型的结论进行进一步的整理归纳，小组合作讨论写出答案，并将写好的答案贴在黑板上，师生一起对答案。 2. 利用希沃，设计两个游戏，学生小组派代表进行 PK。师生一起对错误的选项再进一步分析，及时纠错。	1. 帮助学生再次识记图形的基本特征、模型的常用结论，巩固知识。 2. 通过游戏 PK，活跃了气氛，增加了课堂的趣味性，提高了学生的参与度。
课堂总结（说结论）	说一说这节课你有什么收获。	学生独立发表观点，师生相互交流，教师及时给予肯定和鼓励。	培养学生的概括能力、语言表达能力。

（续上表）

教学环节	教学过程	师生活动	设计意图
板书设计（梳结论）	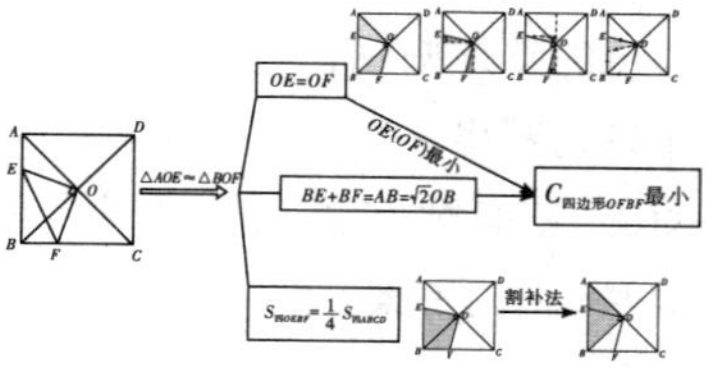	结合学习目标，根据本节课知识的生成过程进行课堂的板书。	通过思维导图，梳理知识，构建知识的体系。
同步练习（忆结论）	**5.1 必做题** 1. 将五个边长都为 2 cm 的正方形按下图所示摆放，A、B、C、D 分别是四个正方形的中心（对角线的交点），则图中四块阴影面积的和为（　　）。 A. 2 cm^2　　B. 4 cm^2 C. 6 cm^2　　D. 8 cm^2 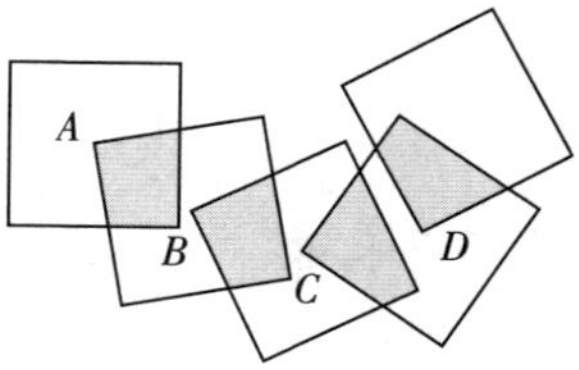 2.（例题变式）若点 O 在直线 BD 上运动，连接 OA，作 $OP \perp OA$ 交直线 BC 于点 P，判断 OA、OP 的数量关系，并说明理由。 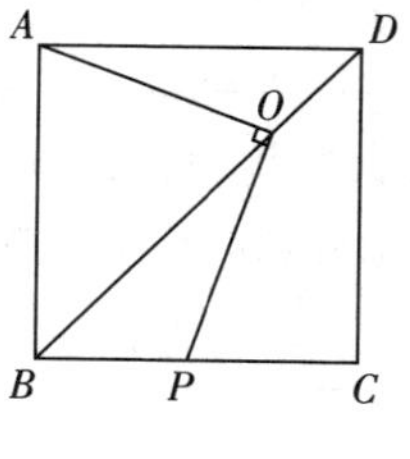 	学生独立完成。	1. 设计必做题与选做题，有梯度的作业设计符合学生认知规律，保证学生可持续发展。

（续上表）

教学环节	教学过程	师生活动	设计意图
同步练习（忆结论）	5.2 选做题 3. 如图 1 所示，在四边形 $ABPO$ 中，$\angle ABP = 90°$，① $OA \perp OP$；②$OA = OP$；③ OB 平分 $\angle ABP$，请从选项①②③中任选 2 个选项证明第 3 个选项。 思考：如图 2 所示，将 $\angle ABP = 90°$ 条件改为 $\angle A + \angle P = 180°$，以上证明的结论是否仍然成立？试说明理由。 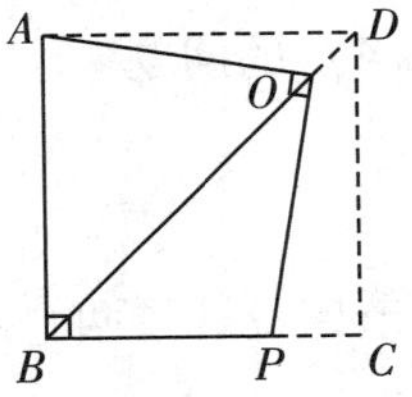 图 1 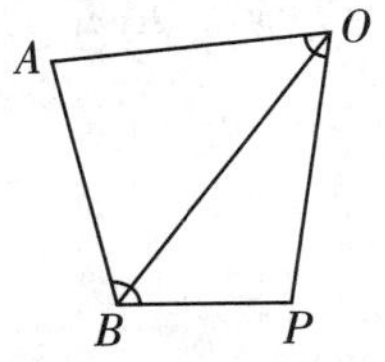 图 2		2. 选做题以证明题的形式出现，综合性较强，让学有余力的同学"吃饱"。 3. 从特殊的一组对角为直角的四边形到一般的对角互补的四边形，渗透从特殊到一般的数学思想，有效提高学生分析问题、解决问题的能力。

六、教学反思

（一）信息技术的融合

　　探究重叠部分的面积与正方形 $ABCD$ 面积的关系，借助几何画板让正方形 $OA_1B_1C_1$ 绕点 O 旋转，动态演示整个旋转的过程，直观形象，迅速吸引了学生的注意力，而且能够用几何画板着色全等三角形，学生能够清晰明了地获得直观的感受，推进了思维的发展。

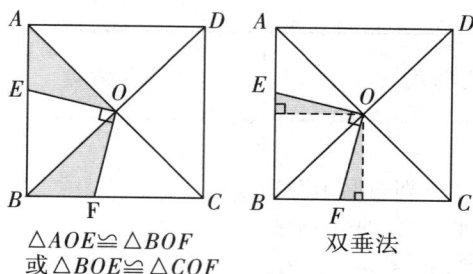

△AOE≅△BOF
或△BOE≅△COF

双垂法

图1

（二）设计合理

以模型的多结论问题展开教学，主线清晰，环环相扣，在证明（1）$OE =$ OF 后，由证明三角形的相等，从而得到线段、角的相等，线段的和差关系，面积的和差关系，水到渠成地解决了（2）（3）（4）的问题。

（三）学生参与度高

为了增加课堂的趣味性，活跃课堂氛围，本节课设计了两个互动环节：

①小组合作写出正确的选项，如图2所示。

②利用希沃设计了游戏，课堂上学生参与度非常高，培养了学生的团队协作精神。

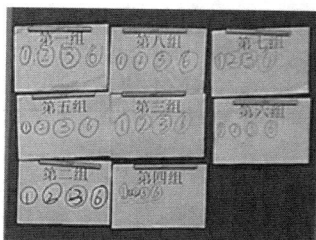

小组合作

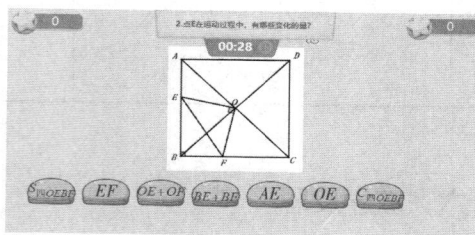

小组游戏PK

图2

（四）需要改进的地方

（1）关注学生方面：四边形对角互补模型在初中的几何学习中非常常见，

模型的基本特征是四边形的对角满足度数和 180°。本节课主要是探究在正方形背景下过对角线交点的对角互补模型，也就是 90°（90°的对角互补模型）。在解决问题（2）时，学生用了田字格割补法（见图 3），笔者在课堂上没有及时给予学生肯定和帮助，实际上将图补成一个正方形（见图 4）更易证。

（2）方法技巧处理方面：正方形是特殊的平行四边形，对角线将正方形分割成 8 个等腰直角三角形，有特殊的 45°、90°的角，有很多相等的线段，中点的妙用也大有讲究，学生在解决"（4）若正方形的边长为 4，四边形 $OEBF$ 的周长是否存在最小值，若存在，请求出最小值"时方法较为复杂，在计算 OE 的长度时，学生用勾股定理先计算了 $BD \rightarrow OB$，再用勾股定理计算 OE，而实际上只需要用中位线定理就可以轻松得到 $OE = \frac{1}{2}BC$，或者用"直角三角形斜边上的中线等于斜边的一半"这一定理。可见平时教学中教师自己还要多学习，多提升。

（3）知识的延伸拓展方面：本节课探究的是在正方形背景下过对角线交点的对角互补问题，没有对内容进一步提升，如图 5 所示，若点 O 为直线上的一个动点，连接 OA 且 $OP \perp OA$ 交直线 BC 于点 P，$OA = OP$ 是否仍然成立？由于时间关系，没有对内容进行拓展延伸，在例题探究多结论的问题上，教师在时间的把握上还可以再紧凑些，就能够对内容进行完善。

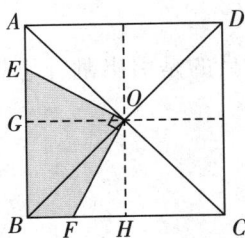

图 3

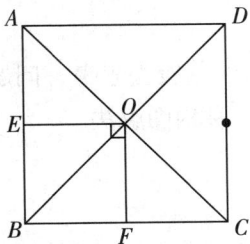

图 4

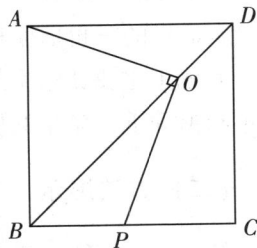

图 5

浅谈铅垂高法巧解三角形面积问题

三角形面积问题是中考热点，主要分三定、二定一动、一定二动类型。在难以确定底和高的情况下，引导学生常用割补思想，化斜为直，用铅垂高与水平宽乘积的一半求三角形面积问题，能起到轻负高质的效果。

一、问题呈现

引例：如图 1 所示，在平面直角坐标系中，$A(4, 0)$，$B(0, 4)$，$C(2, 5)$。求 $S_{\triangle ABC}$。

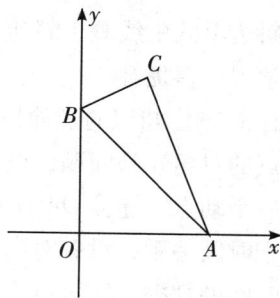

（一）引发思考、发散思维

问题 1：这个三角形是不是直角三角形？

问题 2：可以用哪些思想方法求三个顶点坐标已知（3 定）的三角形面积？

图 1

问题 1 主要让学生从特殊到一般去思考，问题 2 的目的是引出割补思想，在不断追问下，学生共展示 11 种构图解法。

（二）方法展示

解法 1：如图 2 所示，连接 OC，$S_{\triangle ABC} = S_{\triangle OBC} + S_{\triangle OAC} - S_{\triangle OAB} = 6$；

解法 2：如图 3 所示，过点 C 作 $CD \perp x$ 轴（或 // y 轴）于点 D，$S_{\triangle ABC} = S_{梯形OBCD} + S_{\triangle DAC} - S_{\triangle OAB} = 6$；

解法 3：如图 4 所示，过点 C 作 $CD \perp y$ 轴（或 // x 轴）于点 D，$S_{\triangle ABC} = S_{梯形OACD} - S_{\triangle OAB} - S_{\triangle BCD} = 6$；

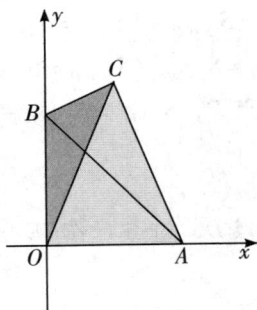

图 2

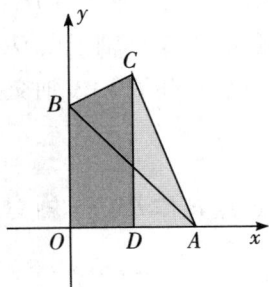

图 3

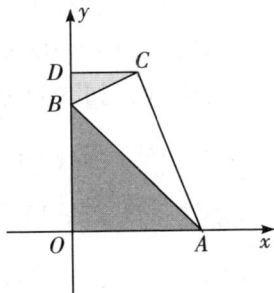

图 4

解法 4：如图 5 所示，过点 C 作 $CD \perp y$ 轴（或 $/\!/ x$ 轴）于点 D，过点 A 作 $AE \perp x$ 轴交 DC 的延长线于点 E，$S_{\triangle ABC} = S_{矩形 OAED} - S_{\triangle OAB} - S_{\triangle BCD} - S_{\triangle ACE} = 6$；

解法 5：如图 6 所示，过点 C 作 $CD /\!/ AB$ 交 y 轴于点 D，$S_{\triangle ABC} = S_{\triangle ABD} = 6$；

解法 6：如图 7 所示，过点 B 作 $BD /\!/ AC$ 交 x 轴于点 D，$S_{\triangle ABC} = S_{\triangle ACD} = 6$；

解法 7：如图 8 所示，过点 A 作 $AD /\!/ BC$ 交 y 轴于点 D，$S_{\triangle ABC} = S_{\triangle BCD} = 6$；

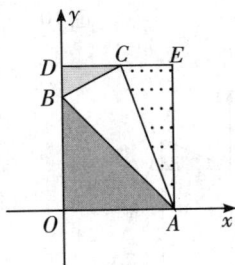

图 5

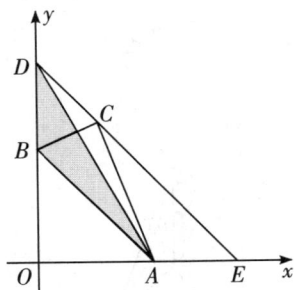

图 6

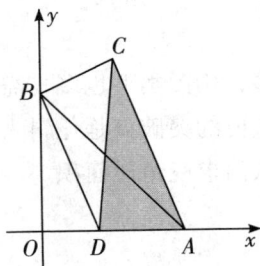

图 7

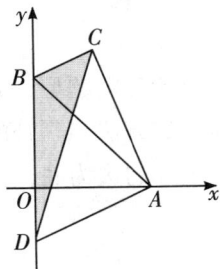

图 8

解法 8：如图 9 所示，延长 CB 交 x 轴于点 D，$S_{\triangle ABC} = S_{\triangle ACD} - S_{\triangle ABD} = 6$；

解法 9：如图 10 所示，延长 AC 交 y 轴于点 D，$S_{\triangle ABC} = S_{\triangle ABD} - S_{\triangle BCD} = 6$；

解法 10：如图 11 所示，过点 C 作 $CD \perp x$ 轴交 AB 于点 D，$S_{\triangle ABC} = S_{\triangle BCD} +$

$S_{\triangle ACD} = \dfrac{1}{2}OA \times CD = 6$；

解法 11：如图 12 所示，过点 B 作 $BD \perp y$ 轴交 AC 于点 D，过点 C 作 $CE \perp$

x 轴于点 E，$S_{\triangle ABC} = S_{\triangle BCD} + S_{\triangle ABD} = \dfrac{1}{2}CE \times BD = 6$。

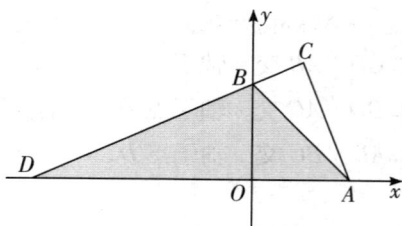

图 9

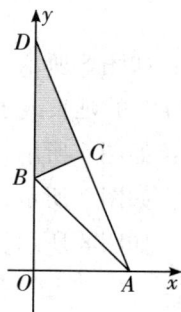

图 10

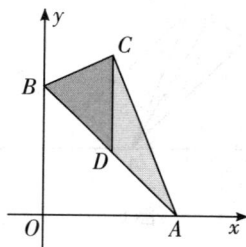

图 11

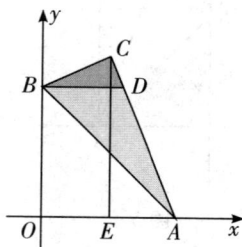

图 12

教学说明：对于三定题型，方法比较多，构图类型也多，需要我们选择构图简单、运算简便的方法。割补的思想最重要的突破口是化斜为直，把斜三角形转化为平行于坐标的边为底，再求高，从而求三角形面积。

二、问题升华，凸显主题

如果 $A(4，0)$，$B(0，4)$ 固定，C 是动点，分别在一次函数、二次函数、反比例函数图像上，应选择哪种方法呢？（激发学生兴趣，引出铅垂高法解决三角形面积问题）

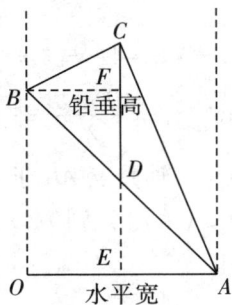
图 13

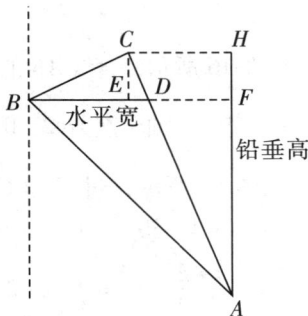
图 14

如图 13 所示，在 $\triangle ABC$ 中，$S_{\triangle ABC} = S_{\triangle BCD} + S_{\triangle ACD} = \dfrac{CD \times BF}{2} + \dfrac{CD \times AE}{2} = \dfrac{CD \times OA}{2}$；

如图 14 所示，在 $\triangle ABC$ 中，$S_{\triangle ABC} = S_{\triangle BCD} + S_{\triangle ABD} = \dfrac{BD \times CE}{2} + \dfrac{BD \times AF}{2} = \dfrac{BD \times AH}{2}$。

从而得出斜三角形面积为铅垂高与水平宽乘积的一半。

三、变式应用

变式 1：点 C 为动点，点 C 在一次函数图像上。

如图 15 所示，在平面直角坐标系中，点 $A(4，0)$，$B(0，4)$。

（1）若 C 在直线 $y = -x + 2$ 上，则 $S_{\triangle ABC}$ 为_____；

（2）若 C 在直线 $y = -2x + 2（0 \leqslant x \leqslant 1）$ 上，则 $S_{\triangle ABC}$ 的最大值为_____。

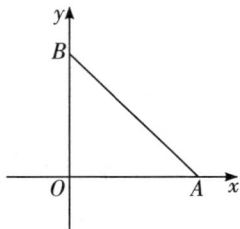

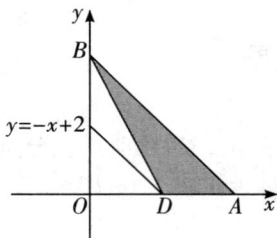

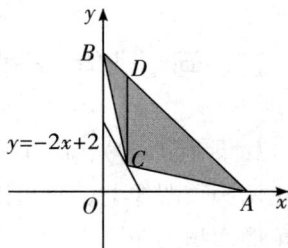

图 15　　　　　　　　图 16　　　　　　　　图 17

（1）解：如图 16 所示，直线 AB 的解析式为 $y = -x + 4$，与 $y = -x + 2$ 平行，设直线 $y = -x + 2$ 交于 x 轴于点 $D(2, 0)$，$S_{\triangle ABC} = S_{\triangle ABD} = \dfrac{AD \times OB}{2} = \dfrac{2 \times 4}{2} = 4$。

（2）解：如图 17 所示，过 C 作 $CD \perp x$ 轴（$// y$ 轴）交 AB 于 D，直线 AB 的解析式为 $y = -x + 4$。设 $C(x, -2x + 2)$（$0 \leqslant x \leqslant 1$），则 $D(x, -x + 4)$，

$$S_{\triangle ABC} = \frac{CD \times OA}{2} = \frac{(x + 2) \times 4}{2} = 2(x + 2) \leqslant 6,$$

$\therefore S_{\triangle ABC}$ 的最大值为 6。

教学说明： 动点在一次函数图像上时，学生能准确快速解决，根据两平行线间距离相等进行有效的等面积转化，再通过铅垂高法求面积。

变式 2：点 C 为动点，点 C 在二次函数图像上。

如图 18 所示，在平面直角坐标系中，点 $A(4, 0)$，点 $B(0, 4)$，C 在抛物线 $y = x^2 - 5x + 4$ 上。

（1）若点 C 在线段 AB 下方，求 $\triangle ABC$ 面积的最大值及此时点 C 的坐标。

（2）若 $S_{\triangle ABC} = 8$，求点 C 的坐标。

问题 3：动点在抛物线上，应如何割补，经过思考，引出铅垂高法。

（1）解法 1：铅垂高法。

如图 19 所示，过点 C 作 $CD // y$ 轴交 AB 于点 D，

由 $A(4, 0)$，$B(0, 4)$ 得直线 AB 解析式为 $y = -x + 4$，

设 $C(m, m^2 - 5m + 4)$，则 $D(m, -m + 4)$，

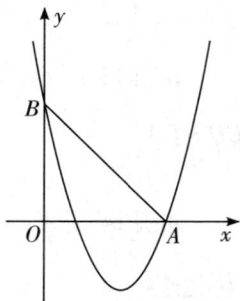

图 18

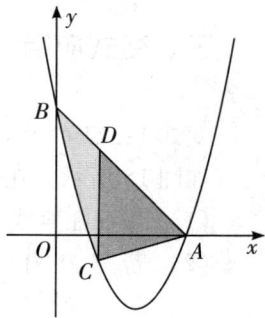

图 19

$\therefore CD = -m + 4 - (m^2 - 5m + 4) = -m^2 + 4m$,

$\therefore S_{\triangle ABC} = \dfrac{1}{2}CD \cdot |x_A - x_B| = \dfrac{1}{2}(-m^2 + 4m) \times 4 = -2(m-2)^2 + 8$,

$\because -2 < 0$，$\therefore m = 2$ 时，$S_{\triangle ABC}$ 取得最大值 8，此时 $C(2, -2)$，

$\therefore \triangle ABC$ 面积的最大值是 8，C 的坐标为（2，-2）。

解法 2：定底平行线。

如图 20 所示，过点 C 作 AB 的平行线 L，则设平行线 L 的解析式为 $y = -x + t$，

当直线 L 与二次函数相切时，$S_{\triangle ABC}$ 取得最大值，联立得 $\begin{cases} y = -x + t \\ y = x^2 - 5x + 4 \end{cases}$，

得 $x^2 - 4x + 4 - t = 0$，$\Delta = (-4)^2 - 4(4 - t) = 4t = 0$，$\therefore$ 直线 L 的解析式为 $y = -x$，

联立有 $\begin{cases} y = -x \\ y = x^2 - 5x + 4 \end{cases}$，解得 $\begin{cases} x = 2 \\ y = -2 \end{cases}$，

$\therefore C$ 的坐标为（2，-2），$\therefore S_{\triangle ABC} = S_{\triangle OAB} = 8$。

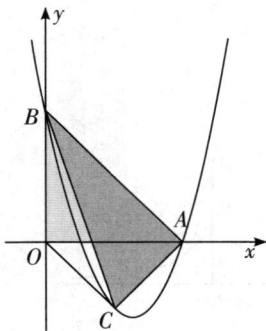　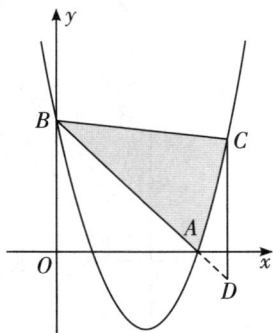

图 20　　　　　　　　　　图 21

问题 4：能确定 C 的位置吗？引出分类讨论思想。

（2）解：第一种情况：点 C 在 AB 下方时，由（1）可知 $S_{\triangle ABC} = 8$，C 的坐标为（2，-2）。

第二种情况：如图 21 所示，点 C 在 AB 上方时，过点 C 作 $CD /\!/ y$ 轴交 AB 于点 D，

由 $A(4, 0)$，$B(0, 4)$ 得直线 AB 的解析式为 $y = -x + 4$，

设 $C(m, m^2 - 5m + 4)$，则 $D(m, -m + 4)$，

$\therefore CD = (m^2 - 5m + 4) - (-m + 4) = m^2 - 4m$，

$$\therefore S_{\triangle ABC} = \frac{1}{2}CD \cdot |x_A - x_B| = \frac{1}{2}(m^2 - 4m) \times 4 = 2(m-2)^2 - 8,$$

$\therefore m_1 = 2 + 2\sqrt{2}$，$m^2 - 5m + 4 = 6 - 2\sqrt{2}$，$C$ 的坐标为 $(2 + 2\sqrt{2},\ 6 - 2\sqrt{2})$，

$m_2 = 2 - 2\sqrt{2}$，$m^2 - 5m + 4 = 6 + 2\sqrt{2}$，$C$ 的坐标为 $(2 - 2\sqrt{2},\ 6 + 2\sqrt{2})$，

$\therefore C$ 的坐标为 $(2,\ -2)$ 或 $(2 + 2\sqrt{2},\ 6 - 2\sqrt{2})$ 或 $(2 - 2\sqrt{2},\ 6 + 2\sqrt{2})$。

教学说明：动点在二次函数图像上，即过动点作 x 轴或者 y 轴的平行线，交两定点所连的线段于一点时，用分割的方法，若交两定点连线的延长线上一点时，用补形的方法。

变式 3：点 C 为动点，点 C 在反比例函数图像上。

在平面直角坐标系中，点 $A(4,\ 0)$，$B(0,\ 4)$，

（1）如图 22 所示，点 C 在反比例函数 $y = \dfrac{6}{x}$ 上，若 $S_{\triangle ABC} = 6$，求点 C 的横坐标。

（2）如图 23 所示，点 C 在反比例函数 $y = \dfrac{2}{x}$ 上，若 $S_{\triangle ABC} = 2$，求点 C 的横坐标。

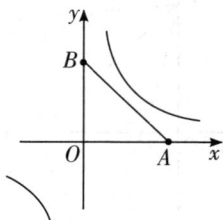

图 22

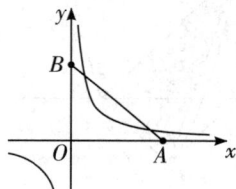

图 23

（1）解：如图 24 所示，过点 C 作 $CD /\!/ y$ 轴交 BA 于点 D，设 $C\left(t,\ \dfrac{6}{t}\right)$，则 $D(t,\ -t + 4)$，

①C 在第一象限时，如图当点 C 在 BA 上方时，$S_{\triangle ABC} = 2\left(\dfrac{6}{t} + t - 4\right) = 6$，

$t^2 - 7t + 6 = 0$，$t_1 = 1$，$t_2 = 6$，C 的横坐标为 1 或 6。

②C 在第一象限时，$S_{\triangle ABC} > 8$，故不成立。

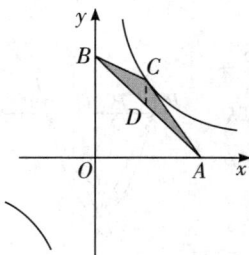
图 24

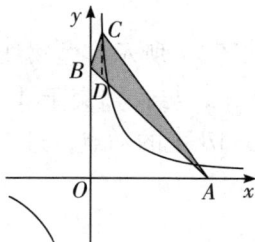
图 25

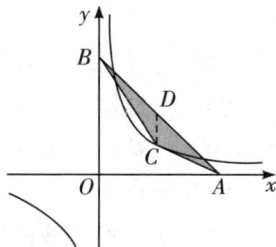
图 26

（2）解：过点 C 作 $CD /\!/ y$ 轴交 BA 于点 D，如图 25 所示，

设 $C\left(t, \dfrac{2}{t}\right)$，则 $D(t, -t + 4)$，

①C 在第一象限时，当点 C 在 BA 上方时（如图 26），$S_{\triangle ABC} = 2\left(\dfrac{2}{t} + t - 4\right) = 2$，

$t^2 - 5t + 2 = 0$，$t_1 = \dfrac{5 + \sqrt{17}}{2}$，$t_2 = \dfrac{5 - \sqrt{17}}{2}$，$C$ 的横坐标为 $\dfrac{5 + \sqrt{17}}{2}$

或 $\dfrac{5 - \sqrt{17}}{2}$。

②C 在第一象限时，当点 C 在 BA 下方时，$S_{\triangle ABC} = 2\left(-t + 4 - \dfrac{2}{t}\right) = 2$，

$t^2 - 3t + 2 = 0$，$t_1 = 1$，$t_2 = 2$，点 C 的横坐标为 1 或 2。

③点 C 在第三象限时，$S_{\triangle ABC} > 8$，故不成立。

∴ 点 C 的横坐标为 $\dfrac{5 + \sqrt{17}}{2}$ 或 $\dfrac{5 - \sqrt{17}}{2}$ 或 1 或 2。

教学说明： 除此之外，也可用绝对值表示，简化运算，即解 $S_{\triangle ABC} =$

$2\left|\dfrac{2}{t} + t - 4\right| = 2$，解得 t 为 $\dfrac{5 + \sqrt{17}}{2}$ 或 $\dfrac{5 - \sqrt{17}}{2}$ 或 1 或 2，绝对值的处理，可以

提升学生分类讨论的能力，也能提升学生的运算能力，一举两得。

四、直击中考（一定二动）

（2022·广东第 23 题）如图 27 所示，抛物线 $y = x^2 + bx + c(b, c$ 是常数）的顶点为 C，与 x 轴交于 A，B 两点，$A(1, 0)$，$AB = 4$，点 P 为线段 AB 上的动点，过 P 作 $PQ /\!/ BC$ 交 AC 于点 Q。

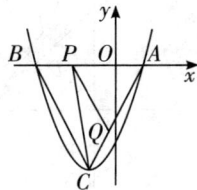

图 27

（1）求该抛物线的解析式。

（2）求 $\triangle CPQ$ 面积的最大值，并求此时 P 点的坐标。

环节1　分析题意，激活思路

第（1）问比较基础，可设二次函数一般式、顶点式、交点式，再用待定系数法求得解析式为 $y = x^2 + 2x - 3$，顶点 $C(-1, -4)$，下面主要分析第（2）问。经过分析，P、Q 为动点，$PQ /\!/ BC$，可先求出 PQ 的解析式，再确定 P 坐标、Q 坐标，从而用补的思想解题，得出下面解法。

解法 1：解析式 + 割补法。

易得 BC 解析式为 $y = -2x - 6$，$PQ /\!/ BC$，

设 PQ 的解析式为 $y = -2x + t$，令 $y = 0$，$x = \dfrac{t}{2}$，$P\left(\dfrac{t}{2}, 0\right)$

易得 AB 的解析式为 $y = 2x - 2$，$\therefore \begin{cases} y = -2x + t \\ y = 2x - 2 \end{cases}$，

解得 $\begin{cases} x = \dfrac{t+2}{4} \\ y = \dfrac{t-2}{2} \end{cases}$，$Q\left(\dfrac{t+2}{4}, \dfrac{t-2}{2}\right)$

$AP = 1 - \dfrac{t}{2}$，$\therefore S_{\triangle CPQ} = S_{\triangle PCA} - S_{\triangle PQA} = \dfrac{1}{2} PA \cdot |y_C| - \dfrac{1}{2} PA \cdot |y_Q|$

$= \dfrac{1}{2}\left(1 - \dfrac{t}{2}\right) \times 4 - \dfrac{1}{2}\left(1 - \dfrac{t}{2}\right)\left(\dfrac{2-t}{2}\right)$

$= -\dfrac{1}{8}(t+2)^2 + 2$，$\therefore$ 当 $t = -2$ 时 $S_{\triangle CPQ}$ 有最大值 2，

$\therefore \triangle CPQ$ 面积的最大值为 2，此时 P 点坐标为 $(-1, 0)$。

环节2　继续深挖，得出新法

问题 1：能否用平行线再做突破？

学生能够想到平行线用法 2，两平行线之间的距离相等，所求三角形面积

进行等面积转化为求 $\triangle BPQ$ 的面积。

解法2：解析式 + 等面积转化。

因为 $PQ /\!/ BC$，$\therefore S_{\triangle CPQ} = S_{\triangle BPQ}$，易得 BC 解析式为 $y = -2x - 6$，$PQ /\!/ BC$，

设 PQ 的解析式为 $y = -2x + t$，令 $y = 0$，$x = \dfrac{t}{2}$，$P\left(\dfrac{t}{2}, 0\right)$，$BP = \dfrac{t}{2} + 3$

$\because AB$ 的解析式为 $y = 2x - 2$，联立有 $\begin{cases} y = -2x + t \\ y = 2x - 2 \end{cases}$，

解得 $\begin{cases} x = \dfrac{t+2}{4} \\ y = \dfrac{t-2}{2} \end{cases}$，$Q\left(\dfrac{t+2}{4}, \dfrac{t-2}{2}\right)$，

$\therefore S_{\triangle CPQ} = S_{\triangle BPQ} = \dfrac{1}{2} PB \cdot |y_Q| = \dfrac{1}{2}\left(\dfrac{t}{2} + 3\right)\left(\dfrac{t-2}{2}\right) = -\dfrac{1}{8}(t+2)^2 + 2$，

$\therefore$ 当 $t = -2$ 时 $S_{\triangle CPQ}$ 有最大值2，

$\therefore \triangle CPQ$ 面积的最大值为2，此时 P 点坐标为（-1，0）。

环节3 剖析本质，经典解法

问题2：P、Q 坐标可以用 t 表示，那么三角形面积能否通过 P、Q 坐标表示，即用 t 来表示？

学生根据提示，用 t 表示 P、Q 坐标，再过抛物线上点 C 进行竖切（横切），用分割的方法表示出面积求最大值。分别得出解法3和解法4。

解法3：解析式 + 铅垂高法（竖切）。

如图28所示，过 C 作 $CD /\!/ y$ 轴交 PQ 于点 D，易得 BC 的解析式为 $y = -2x - 6$，

$PQ /\!/ BC$，设 PQ 的解析式为 $y = -2x + t$，令 $y = 0$，$x = \dfrac{t}{2}$，$P\left(\dfrac{t}{2}, 0\right)$

易得 AB 的解析式为 $y = 2x - 2$，$\therefore \begin{cases} y = -2x + t \\ y = 2x - 2 \end{cases}$，

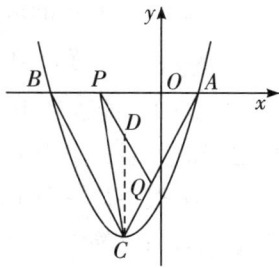

图 28

解得 $\begin{cases} x = \dfrac{t+2}{4} \\ y = \dfrac{t-2}{2} \end{cases}$，$Q\left(\dfrac{t+2}{4}, \dfrac{t-2}{2}\right)$，$D(-1, 2+t)$，

$CD = t + 6$，$|x_Q - x_P| = \dfrac{2-t}{4}$，

$\therefore S_{\triangle CPQ} = \dfrac{1}{2} CD \cdot |x_Q - x_P| = \dfrac{1}{2}(t+6)\left(\dfrac{2-t}{4}\right) = -\dfrac{1}{8}(t+2)^2 + 2$，

∴ 当 $t = -2$ 时 $S_{\triangle CPQ}$ 有最大值 2，

∴ △CPQ 面积的最大值为 2，此时 P 点坐标为（-1，0）。

解法 4：解析式 + 铅垂高法（横切）。

如图 29 所示，过 Q 作 $QD \parallel x$ 轴交 CP 于点 D，易得 BC 的解析式为 $y = -2x - 6$，$PQ \parallel BC$，

设 PQ 的解析式为 $y = -2x + t$，令 $y = 0$，$x = \dfrac{t}{2}$，

$P\left(\dfrac{t}{2}, 0\right)$，

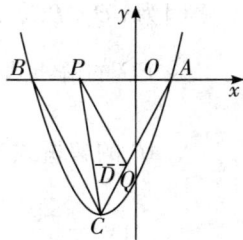

图 29

AB 的解析式为 $y = 2x - 2$，∴ $\begin{cases} y = -2x + t \\ y = 2x - 2 \end{cases}$，

解得 $\begin{cases} x = \dfrac{t+2}{4} \\ y = \dfrac{t-2}{2} \end{cases}$，$Q\left(\dfrac{t+2}{4}, \dfrac{t-2}{2}\right)$，

$DQ \parallel AP$，$\dfrac{DQ}{AP} = \dfrac{\dfrac{t-2}{2} + 4}{4}$，$DQ = \dfrac{1}{8}(t+6)\left(1 - \dfrac{t}{2}\right)$，

∴ $S_{\triangle CPQ} = \dfrac{1}{2} DQ \cdot |y_C - y_P| = \dfrac{1}{2} \times \dfrac{1}{8}(t+6)\left(1 - \dfrac{t}{2}\right) \times 4 = -\dfrac{1}{8}(t+2)^2 + 2$，

∴ 当 $t = -2$ 时 $S_{\triangle CPQ}$ 有最大值 2，

∴ △CPQ 面积的最大值为 2，此时 P 点坐标为（-1，0）。

环节4 另寻思路，拓展延伸

问题 3：能否利用三角形相似，相似比、对应边的比、对应高的比、面积比之间的关系，求出面积？

学生很快从三角形相似，想到相似比等于对应边的比，相似比等于对应高之比，面积比等于相似比的平方，结合补形的方法，得到解法 5 和 6。

解法 5：相似三角形相似比等于对应高之比。

如图 30 所示，过 Q 作 $QM \perp x$ 轴于 M，过 C 作 $CN \perp x$ 轴于 N，

∵ $y = x^2 + 2x - 3 = (x+1)^2 - 4$，∴ $C(-1, -4)$，设 $P(t, 0)$，则 $PA = 1 - t$，

∴ $CN = 4$，∵ $PQ \parallel BC$，∴ △$PQA \backsim$ △BCA，

∴ $\dfrac{QM}{CN} = \dfrac{AP}{AB}$，即 $\dfrac{QM}{4} = \dfrac{1-t}{4}$，∴ $QM = 1 - t$，

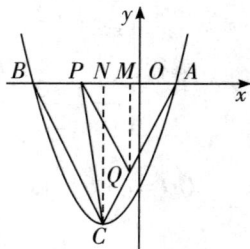

图 30

$$\therefore S_{\triangle CPQ} = S_{\triangle PCA} - S_{\triangle PQA} = \frac{1}{2}PA \cdot CN - \frac{1}{2}PA \cdot QM = \frac{1}{2}(1-t) \times 4 - \frac{1}{2}(1-t)$$

$$(1-t) = -\frac{1}{2}(t+1)^2 + 2,$$

$\therefore$ 当 $t = -1$ 时 $S_{\triangle CPQ}$ 有最大值 2，

$\therefore \triangle CPQ$ 面积的最大值为 2，此时 P 点坐标为（-1，0）。

解法 6：相似三角形面积之比等于对应边之比的平方。

如图 30 所示，过 Q 作 $QM \perp x$ 轴于 M，过 C 作 $CN \perp x$ 轴于 N，

$\because y = x^2 + 2x - 3 = (x+1)^2 - 4$，$\therefore C(-1, -4)$，设 $P(t, 0)$，则 $PA = 1 - t$，

$$\therefore CN = 4，\because PQ \text{//} BC，\therefore \triangle PQA \backsim \triangle BCA，\therefore \frac{S_{\triangle PQA}}{S_{\triangle BCA}} = \left(\frac{AP}{AC}\right)^2 = \left(\frac{1-t}{4}\right)^2，$$

$$\because S_{\triangle BCA} = 8，\therefore S_{\triangle PQA} = \frac{(1-t)^2}{2}，$$

$$\therefore S_{\triangle CPQ} = S_{\triangle PCA} - S_{\triangle PQA} = \frac{1}{2}PA \cdot |y_C| - \frac{(1-t)^2}{2} = 2(1-t) - \frac{(1-t)^2}{2}$$

$$= -\frac{1}{2}(t+1)^2 + 2,$$

$\because -3 \leqslant t \leqslant 1$，$\therefore$ 当 $t = -1$ 时 $S_{\triangle CPQ}$ 有最大值 2，

$\therefore \triangle CPQ$ 面积的最大值为 2，此时 P 点坐标为（-1，0）。

环节5 联想类比，拓展思维

问题 4：从三角形相似，联想到锐角三角函数，那么如何去构造直角三角形？

解法 7：相似三角形 + 锐角三角函数。

如图 31 所示，过 P 作 $PH \perp AC$ 交于 H，设 $P(t, 0)$，则 $PA = 1 - t$，

$\because PQ \text{//} BC$，$\therefore \triangle PQA \backsim \triangle BCA$，$\dfrac{AP}{AB} = \dfrac{AQ}{AC}$，

$\dfrac{1-t}{4} = \dfrac{AQ}{2\sqrt{5}}$，$AQ = \dfrac{\sqrt{5}(1-t)}{2}$，

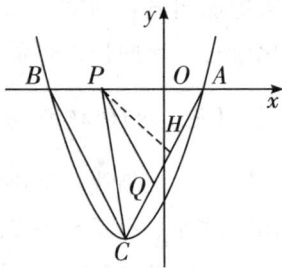

图 31

$$CQ = 2\sqrt{5} - \frac{\sqrt{5} - \sqrt{5}t}{2} = \frac{\sqrt{5}}{2}(3+t)，$$

易得 $\sin \angle CPB = \dfrac{2\sqrt{5}}{5}$，$\sin \angle CPB = \dfrac{PH}{AP}$，$PH = \dfrac{2\sqrt{5}}{5} \times (1-t) = \dfrac{2\sqrt{5}}{5}(1-t)$，

$$S_{\triangle CPQ} = \frac{CQ \times PH}{2} = \frac{\frac{\sqrt{5}}{2}(3+t) \times 2\frac{\sqrt{5}}{5}(1-t)}{2} = -\frac{1}{2}(t+1)^2 + 2,$$

∴ 当 $t = -1$ 时 $S_{\triangle CPQ}$ 有最大值 2,

∴ $\triangle CPQ$ 面积的最大值为 2, 此时 P 点坐标为 (-1, 0)。

教学说明: 第(2)问分别从解析式法、平行、相似、三角函数等角度引导学生寻找突破口, 看似复杂, 其实殊途同归, 最终化归求点坐标、边长等问题, 迎刃而解。

五、教学反思

(一) 以说促教, 点拨思路

以学生为主, 笔者点拨为辅, 引导学生思考问题, 不断地设问, 让学生在笔者引导下层层思考, 去探究学习知识的乐趣, 寻找解决问题的突破口, 深入剖析知识点及拓展延伸过程, 及时总结归纳, 画龙点睛。

(二) 化斜为直、归一思想

让学生领悟遇到三角形面积问题时, 首先从特殊到一般, 先思考是不是直角三角形, 如果不是, 再用割补的思想和方法, 化斜为直, 化繁为简, 其中求面积优先考虑铅垂高法, 特别是对动点在抛物线或者双曲线上的点的题目, 效果更加明显。同理, 如遇到其他求多边形的面积问题, 通常是用割补的方法转化成三角形面积, 轻负高质, 解法归一, 提升效率。

(三) 凸显核心素养

在二次函数、反比例函数情况下的面积问题, 需要学生通过合理作图, 在构图过程中不断地去发现问题、提出问题、分析问题、解决问题, 这样既能提升学生的动手能力, 又能让学生用数学的眼光去探索世界, 提升逻辑思维能力。

手拉手模型探究教学

一、教材分析

本节课是通过对初中数学八年级第 13 章第 3 节课后习题 12 进行改编延伸出来的内容，是在学习了全等三角形的基础上，对三角形进一步深入探究和拓展；另外，本节课内容又为以后的几何学习奠定了基础，同时手拉手模型从八年级上学期的"全等三角形"开始便一直陪伴我们，近几年，全国各地中考一直在考查这个模型，对学生来说，手拉手模型的重要性不言而喻。

此外，模型教学在当今新课标的背景下慢慢成熟起来，模型可以让学生更快地了解几何，形成自己的解题思路，利用模型解决相关的数学问题，可以培养学生的建模思想和抽象思维能力。

二、学情分析

从心理特征来说，初中阶段的学生逻辑思维从经验型逐步向理论型发展，观察能力、记忆能力和想象能力也随之迅速发展。但同时，这一阶段的学生好动，注意力易分散，爱发表见解，希望得到教师的表扬，所以在教学中应抓住这些特点，一方面运用生动形象的直观教学法，引发学生的兴趣，使他们的注意力始终集中在课堂上；另一方面，要创造条件和机会，让学生发表见解，发挥学生学习的主动性。

从认知状况来说，学生在此之前已经学习了相关知识，对全等三角形已经有了初步的认识，这为顺利完成本节课的教学任务打下了基础，但对于复杂几何图形的理解，学生可能会产生一定的困难，所以教学中应予以简单明白、深入浅出的引导。

三、教学目标

（1）认识、了解并掌握手拉手模型的全等证明与结论，能够运用模型解决实际问题。

（2）在探讨的过程中，体会从特殊到一般以及类比的数学思想方法。

（3）在小组合作交流解决问题的过程中培养学生的集体荣誉感，提高学生学习数学的兴趣与热情，以及克服学习的畏难情绪。

四、教学重点和难点

重点：能熟练地找出手拉手模型中的全等三角形，以及对应的结论，并能够证明之。

难点：会利用手拉手模型的基本结论解决实际问题。

五、教法与学法

教法：直观演示法、活动探究法、集体讨论法。

学法：分析归纳法、自主探究法、总结反思法。

六、教学过程

教学环节	教师活动	预设学生行为	设计意图
问题引入	展示书本题目： 例1：如图，△ABD 和 △AEC 是等边三角形，求证：$BE=CD$。 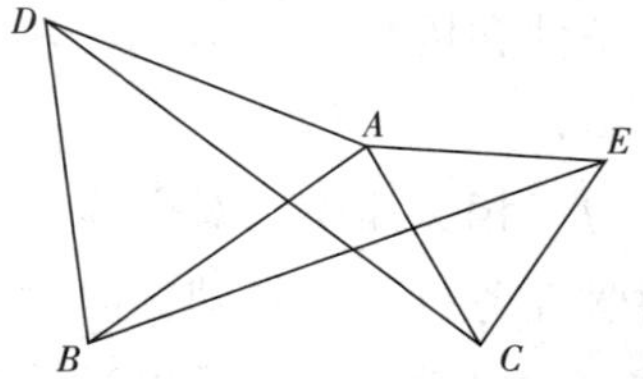 问1：证明全等的方法有哪些？ 问2：等边三角形有什么特点？	答1：SSS、ASA、AAS、SAS、HL。 答2：三个角相等都是60°，三条边相等。 学生解答，分组合作交流，上台展示成果。	从学生已有的知识体系出发，是本节课深入研究的认知基础，这样设计有利于引导学生顺利地进入学习情境。 基于学情分析，采用学生讲题的方式，落实核心素养，培养学生的几何直观和推理能力。

（续上表）

教学环节	教师活动	预设学生行为	设计意图
探索发现	变式1： 如图，A、B、D 三点共线，△ABC 和△ADE 是等边三角形，以下结论是否成立？ ①△ACD≌△ABE。 ②BE = CD。 ③∠COB = 60°。 ④OA 平分∠BOD。 ⑤△AFG 为等边三角形。 ⑥FG∥AD。 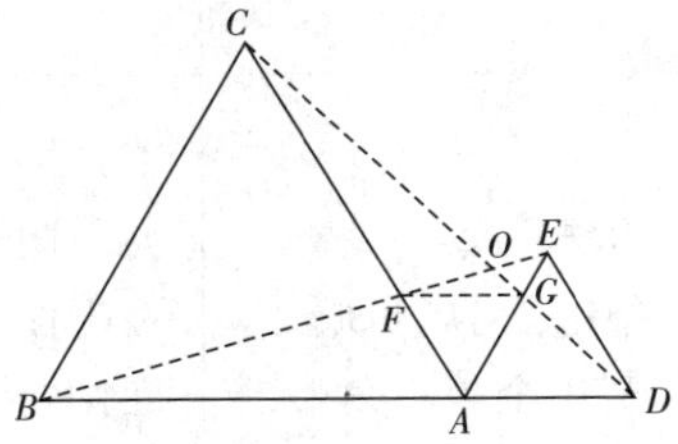 问1：证明全等的方法是什么？ 问2：全等三角形有什么性质？	答1：用边角边 SAS。 答2：对应角相等，对应边相等。 学生独立思考后，小组再进行交流探讨，完善解题过程。	本设计采用"观察—猜想—证明"的过程，使学生既动手又动脑，教师引导启发，让学生成为课堂的主人，发挥每个人的特长，培养学生自主学习以及合作交流的能力，落实推理能力的核心素养。
特殊情境	变式2： 如图，当 A、B、C 三点不共线，△ABC 和△ADE 是等边三角形，以上结论还成立吗？ 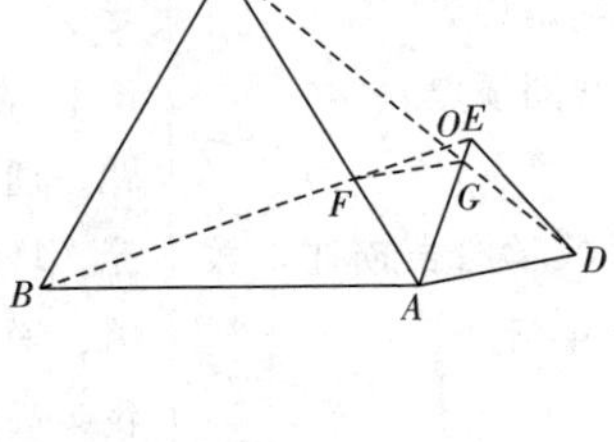 		通过动态的图形变化，感知图形的几何特征，培养学生几何直观的核心素养，进而为逻辑推理奠定基础。

（续上表）

教学环节	教师活动	预设学生行为	设计意图
特殊情境	变式3： 如图，若△ABC 和△ADE 是等腰直角三角形，∠BAC = ∠EAD = 90°，以上结论是否成立？ 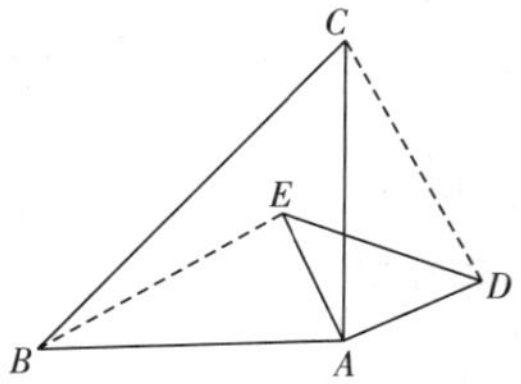 问1：在这个过程中，△ACD 与△ABE 全等吗？ 问2：全等后可以得到什么结论？	答1：全等。 答2：全等后对应边相等，对应角相等。 学生上台，利用多媒体技术，采用几何画板，使图形动起来，在观察变化的过程中，对结论进行猜想，小组讨论，验证猜想，完成表格的填写。	
一般情境	变式4： 如图，若△ABC 和△ADE 是等腰三角形，AB = AC，AD = AE，∠BAC =∠DAE =α，以上结论是否成立？ 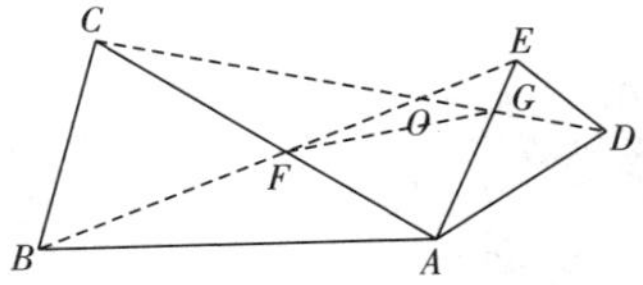 问1：证明全等的方法改变了吗？ 问2：结论①成立，意味着哪些结论也成立？ 问3：为什么？	答1：方法不变。 答2：结论②③④也成立。 答3：利用全等三角形的性质可证。 学生通过几何画板的动态图像，观察特殊与一般图形的共同点和不同点，小组讨论，解决问题。	让学生通过亲手实践来体验知识的迁移，理解、归纳模型的一般情况，渗透从特殊到一般以及类比的数学思想，在层层递进的推导过程中，逐步培养模型观念的核心素养。
归纳总结	引入手拉手模型的概念， 问1：由什么图形组成？ 问2：两个等腰三角形有什么共同点？ 问3：位置怎么放？ 归纳模型特征和结论。	答1：两个等腰三角形。 答2：顶角相等。 答3：共同顶点。 学生用数学语言描述，教师完善补充。	鼓励学生用自己的语言说明，引导学生用数学的语言去表达问题，通过合作交流，增进师生感情，增强学生自我荣誉感。

（续上表）

教学环节	教师活动	预设学生行为	设计意图
课堂巩固	练习1：如图，△ABD、△AEC 都是等边三角形，则∠BOC 的度数是_____。 练习2：如图，在 △ABD 中，$AD=AB$，$\angle DAB=90°$，在 △ACE 中，$AC=AE$，$\angle EAC=90°$，CD、BE 相交于点 F，有下列四个结论：① $DC=BE$；② $\angle BDC=\angle BEC$；③ $DC \perp BE$；④ FA 平分 $\angle DFE$。其中，正确的结论有_____。 练习3：如图，△ABD 和 △BCE 是等边三角形。连接 AE 与 CD，延长 AE 交 CD 于点 H，$\angle DBA=\angle CBE$。求证： （1）$AE=DC$。 （2）$\angle AHD=60°$。 （3）连接 HB，HB 平分 $\angle AHC$。 	限时 3 分钟，学生自主完成。 限时 8 分钟，学生自主完成。	体会模型教学的高效性，利用模型结论，快速完成知识的迁移，培养学生的应用意识。 使学生的知识系统化、条理化，并能拓展解决问题，实现本节课的难点突破。

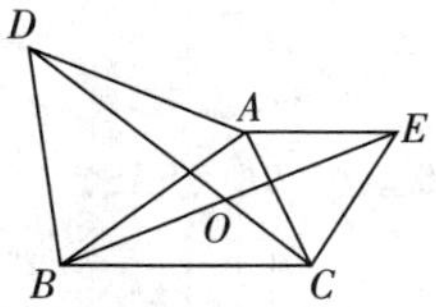

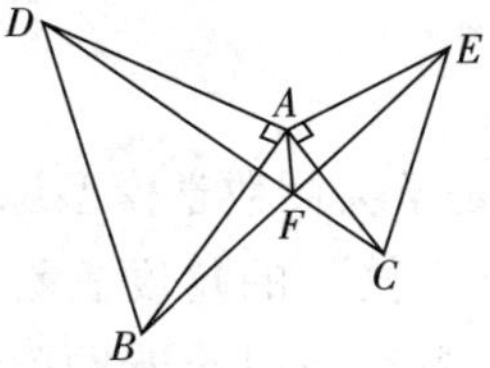

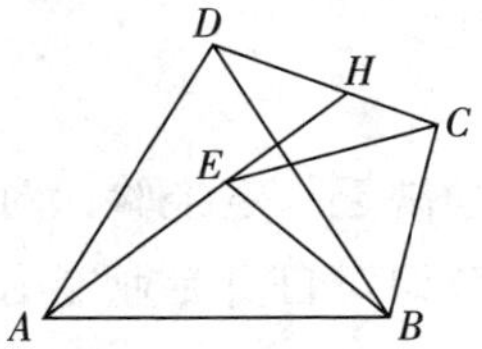

（续上表）

板书设计

手拉手模型：共顶点，顶角相等的两个等腰三角形（$AB = AC$，$AD = AE$，$\angle BAC = \angle DAE$）

手拉手全等：$\triangle ACD \cong \triangle ABE$

手拉手结论：连线相等（$BE = CD$）

夹角与顶角相等（$\angle COB = \angle 1$）

角平分线（OA 平分 $\angle BOD$）

$\begin{cases} AB = AC \\ \angle BAC = \angle DAE \\ AE = AD \end{cases}$ ⇐ $\begin{array}{l} \because \angle 1 = \angle 3 \\ \therefore \angle 1 + \angle 2 = \angle 2 + \angle 3 \end{array}$

①$\triangle ACD \cong \triangle ABE$（SAS）

②$BE = CD$

③$\angle COB = \angle 1$

④OA 平分 $\angle BOD$

七、教学反思

1. 数学教学反思

对于学生来说，学习数学的一个重要目的是学会用数学模型思考问题，用数学的眼光去看世界。而对于教师来说，要从"教"的角度去看数学，我们不仅自己要会"做"题，还要教会别人"做"题，所以小专题就可以很好地将课进行整合。

2. 学生学习数学反思

师生之间在数学知识、数学活动经验、兴趣爱好、社会生活阅历等方面存在很大的差异，这些差异通常使得我们对同一个教学活动的感觉不一样。要想多"制造"一些供课后反思的数学学习素材，一个比较有效的方式就是在教学过程中尽可能多地让学生把头脑中的问题"挤"出来，让他们通过提出问题、解决问题的过程把思维暴露出来。

3. 自我能力反思

对新课标的理解不够深，核心素养下的教学缺乏一定经验；对信息技术与多媒体的融合的应用能力还有待提高；同时本节课对自身专业能力有一定的提升，对以后的教学有很大的帮助。

4. 教学评价反思

首先，评价时要关注学生的个体差异，兼顾学生不同的知识基础，采用鼓励性评价。其次，评价方式要多样化，可以将课题活动、撰写论文、小组活动以及日常观察等多种方法结合起来，形成一个科学的、合理的评价机制。再次，评价要有针对性，应根据课堂的教学任务确定评价，对于学生的活动评价要简练、明确、到位，起到画龙点睛的作用。

总之，本节课，师生之间虽然很好地进行了融合，但是数学思想的提炼和应用是一个漫长的过程，需要不断地努力提升。

《矩形的性质》教学设计

教材分析	**课程标准的描述**
	1. 理解矩形的概念,理解平行四边形与矩形的从属关系;
	2. 通过类比平行四边形的性质,探索并证明矩形的性质定理。
	教学内容分析
	本课要研究的是矩形的概念和性质,是在学生小学已经学过长方形及初中已经学过平行四边形的概念、性质和判定的基础上进行的学习。它既是平行四边形的延伸,也是后续学习矩形判定的基础,又为后面菱形和正方形的学习提供了研究方法和学习策略,具有承上启下的作用。
学情分析	学生在小学对长方形已有所了解,在初中掌握了三角形全等的证明、平行四边形的性质与判定,积累了一定的几何图形学习经验。八年级的学生求知欲强,他们已经初步具有观察、自主探索、猜想的能力,以及基本的推理能力。在证明矩形的性质时,需要较强的推理论证能力,要求学生从感性的认识迁移至理性的分析,学生在推理中缺乏严密性,学生分析问题和解决问题的能力还处在逐步提高的阶段。
教学目标及重难点	**教学目标**
	1. 知识技能:理解并掌握矩形的定义,掌握矩形的性质,掌握直角三角形斜边上中线的性质。
	2. 数学思考:经历矩形概念的形成及性质的探索过程,培养学生的合情推理能力和演绎推理能力。
	3. 解决问题:由矩形的定义出发,从数学角度去探究矩形的其他性质,并能运用矩形的性质进行有关的证明和计算,发展应用意识。
	4. 情感态度:在应用矩形的性质的过程中培养独立思考的习惯,在数学学习活动中获得成功的体验。通过矩形性质的应用,使学生了解"数学来源于生活又服务于生活"。

（续上表）

教学目标及重难点	教学重点和难点		
	教学重点：探索并掌握矩形的性质定理。 教学难点：探究矩形的性质及矩形性质的灵活运用。		
教学策略	本节课以形成概念、探究性质、应用性质、反思交流为主线，在教法上体现教师的"启发引导"作用，帮助学生实现认知与态度上的跨越；在学法上突出学生的"探索发现"，在教学中立足于让学生自己去观察、去发现。利用多媒体、几何画板等教学手段辅助教学，增强直观性与实效性。		
课堂教学过程设计			
教学环节	教师活动	学生活动	设计意图、依据
复习引入	提出问题： 问题1：怎样的四边形叫平行四边形呢？ 问题2：我们都学过平行四边形的哪些性质呢？	快速完成，学生回答。	引导学生回顾平行四边形的定义和性质，梳理探究平行四边形问题的过程和方法。明确学生的认知基础。
教学过程 — 形成概念	1. 针对平行四边形性质中角的性质，提出问题串： 问题1：平行四边形的角是特殊角吗？ 问题2：把平行四边形的一个内角特殊化——变成90°，会得到什么特殊图形？ 活动1：教师利用几何画板进行动态演示。 矩形的性质 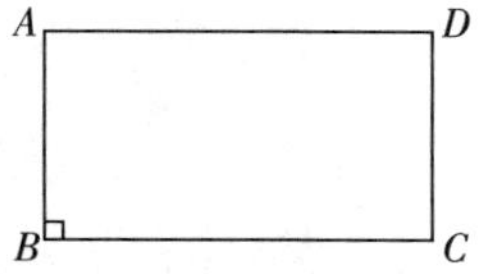 矩形的定义：平行四边形+∠ABC=90°	学生观察从一般平行四边形到矩形的变化过程。 学生尝试归纳矩形的概念，并尝试用几何语言表述矩形的定义。	学生直观认识平行四边形的一个角变化成直角时，平行四边形变成了矩形。这一变化过程体现了由"一般"到"特殊"的研究问题方法。为学生理解矩形和平行四边形的从属关系，探究矩形的性质奠定基础。

矩形图形（A、D在上方，B、C在下方，B处为直角）

（续上表）

教学环节		教师活动	学生活动	设计意图、依据
教学过程	形成概念	2. 归纳矩形定义： 问题3：根据上面的演示过程，你能归纳出矩形的定义吗？ 有一个角是直角的平行四边形叫做矩形。 平行四边形 ——有一个角是直角→ 矩形 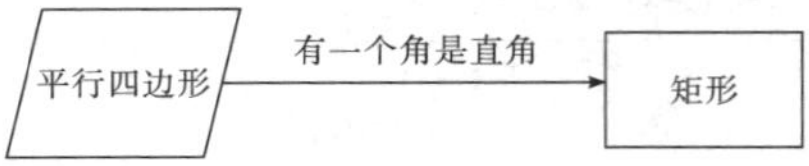 矩形是特殊的平行四边形。 平行四边形不一定是矩形。 追问：你能用几何语言表述矩形的定义吗？ 活动2：欣赏日常生活中常见的矩形图片。    	学生感知矩形在生活中大量存在，有广泛的应用。	引导学生总结概括矩形定义，用规范的几何语言深化对矩形定义的理解，分析矩形和平行四边形的特殊关系，总结思路方法。 通过欣赏矩形的实物图片，了解学习矩形的必要性，同时使学生了解"数学来源于生活又服务于生活"的观点，培养学生从实际问题中抽象出数学问题的能力。

（续上表）

	教学环节	教师活动	学生活动	设计意图、依据
教学过程	探究归纳	探究1：矩形的性质 问题4：矩形是特殊的平行四边形，所以矩形具有平行四边形的所有性质。矩形还具有异于一般平行四边形的特殊性质吗？ 活动3：学生在独立思考的基础上，分组讨论矩形的性质得出初步猜想： 猜想1：矩形的四个角都是直角； 猜想2：矩形的对角线相等。	学生先独立思考，再分别从边、角、对角线三个方面讨论矩形的性质，得出初步猜想并归纳整理成文字表述。	学生分组探索。教师引导学生，根据研究平行四边形获得的经验，分别从边、角、对角线三个方面探索矩形的特性，自主发现矩形的性质，积累数学活动经验。
		活动4：教师引导学生对猜想进行推理论证，引导学生画出图形，明确已知和求证。 已知：如图，四边形 $ABCD$ 是矩形，$\angle ABC = 90°$，对角线 AC 与 DB 相交于点 O。 求证：（1）$\angle ABC = \angle BCD = \angle CDA = \angle DAB = 90°$。 　　　（2）$AC = BD$。 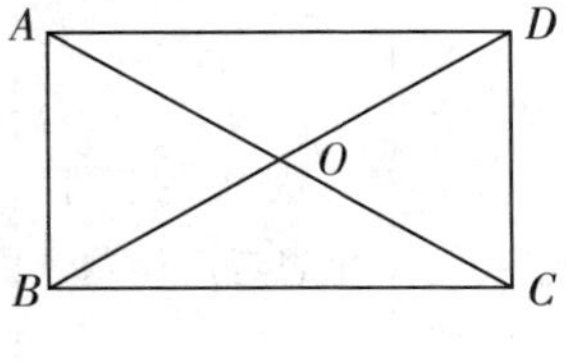 （图）	学生独立思考后组内交流讨论，并上台分享证明思路。	该环节旨在培养学生推理论证的能力，训练学生规范写出推理过程的能力，发展学生的合情推理能力和演绎推理能力。
		活动5：教师用几何画板动态演示矩形的性质。	学生观看几何画板直观演示。	通过几何画板动态演示，让学生对矩形特性有更直观的认识。

（续上表）

	教学环节	教师活动	学生活动	设计意图、依据
教学过程	探究归纳	问题5：如何用几何语言表述矩形的性质呢？	学生尝试用几何语言表示矩形的性质。	提炼几何语言，规范几何书写，提高解题能力。
		活动6：请拿出准备好的矩形纸片，折一折，观察并思考：矩形是不是轴对称图形？如果是，那么对称轴有几条？ 结论：矩形是轴对称图形，有两条对称轴。	学生动手操作矩形纸片。	通过让学生动手操作探索矩形的对称性，使学生的主体性得到发挥，增强学生的主动探究意识，并为学生探索菱形、正方形的性质指明方向。
		随堂练习1 1. 矩形具有一般平行四边形不具有的性质是（　　）。 A. 对角相等 B. 对边相等 C. 对角线相等 D. 对角线互相平分 2. 填空 ①矩形的两条边长是6、8，则矩形的对角线长是_____。 ②如图，在矩形 $ABCD$ 中，$\angle ABD = 50°$，则 $\angle DBC = $ _____。 ③若对角线 $BD = 6$，$\angle AOD = 120°$，则 $\triangle AOB$ 是_____三角形，矩形 $ABCD$ 的面积为_____。 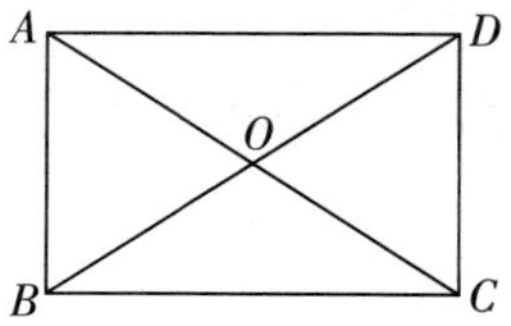	巩固练习，学生思考后做题。	对矩形性质的简单应用，便于学生巩固知识，又便于教师了解学生对知识的掌握情况。

（续上表）

教学环节		教师活动	学生活动	设计意图、依据
教学过程	探究归纳	问题6：请大家总结一下矩形有哪些性质。 矩形的性质： 边　矩形的对边平行且相等 角｛矩形的对角相等 　　矩形的四个角都是直角 对角线｛矩形的对角线互相平分 　　　矩形的对角线相等 对称性　矩形是轴对称图形	学生尝试归纳矩形的性质。	通过归纳矩形的性质，加深对矩形性质的理解记忆，并能更好地理解矩形与平行四边形相同与不同之处。
		探究2：直角三角形斜边的中线 问题7：如图，矩形 $ABCD$ 的对角线 AC 与 BD 交于点 O。 （1）Rt$\triangle ABC$ 中，BO 是斜边 AC 上一条怎样的线段？ （2）BO 的长度与斜边 AC 有怎样的数量关系？ （3）直角三角形斜边上的中线与斜边有什么关系？ 随堂练习2 已知$\triangle ABC$ 是直角三角形，$\angle ABC = 90°$，BD 是斜边 AC 上的中线。 （1）若 $BD = 3$ cm，则 $AC =$ _____ cm； （2）若 $\angle C = 30°$，$AB = 4$ cm，则 $AC =$ _____ cm，$BD =$ _____ cm。	学生观察并大胆猜想结论，然后通过求证，归纳得出直角三角形的性质。 学生思考后，口头回答。	从矩形的对角线相关性质推出直角三角形的性质，达到"学数学，用数学"的目的。渗透转化思想。 通过习题，让学生熟练掌握"直角三角形中斜边上的中线等于斜边的一半"这一性质，达到学以致用的目的，培养学生的应用意识。

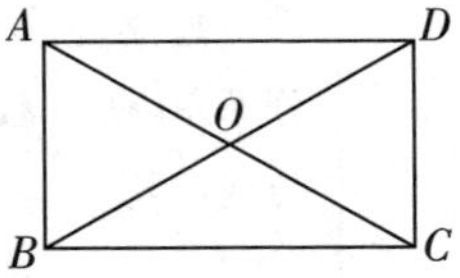

（续上表）

	教学环节	教师活动	学生活动	设计意图、依据
教学过程	应用新知	例题　（教材第 53 页例题）如图，矩形 $ABCD$ 的两条对角线相交于点 O，$\angle AOB = 60°$，$AB = 4$ cm，求矩形对角线的长。 变式：矩形 $ABCD$ 的一条对角线长为 8 cm，两条对角线的一个交角为 120°，求这个矩形的边长。 方法小结：如果矩形两对角线的夹角是 60° 或 120°，则其中必有等边三角形。 能力提升 如图，矩形纸片 $ABCD$ 中，$AB = 8$ cm，$AD = 6$ cm，折叠纸片使 AD 边落在对角线 BD 上，点 A 落在点 A' 上，折痕为 DG，那么 AG 的长是多少？ 	学生独立完成，教师规范。 学生独立完成，分享解法，教师规范。	运用矩形的边和对角线的性质来解决问题。说明矩形的问题常转化为等腰三角形的问题。 问题由浅入深，层层递进，提高学生综合运用知识分析问题、解决问题的能力。

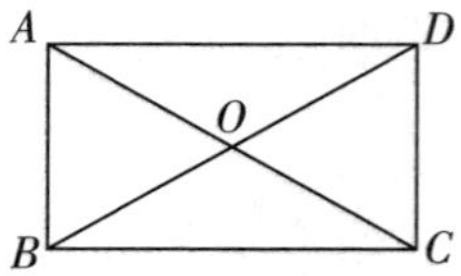

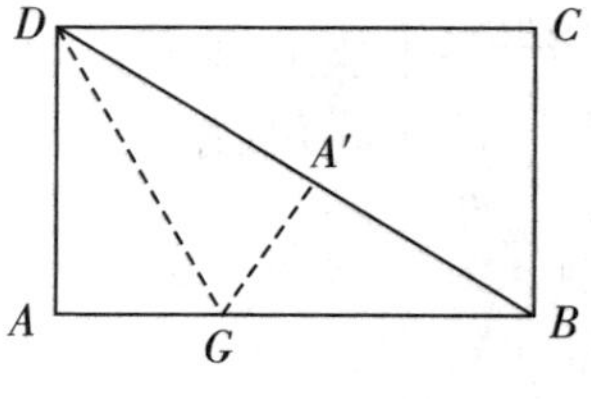

（续上表）

教学环节	教师活动	学生活动	设计意图、依据
总结反思	1. 这节课你有哪些收获？ 2. 学会了哪些数学方法和数学思想？	全班学生认真思考，相互讨论，自由发言。	帮助学生梳理学习内容，明确本节课重点知识及该掌握的解题方法。
布置作业	必做题： 1. 教科书第 53 页练习第 2 题。 2. 习题 18.2 第 1 题。 选做题：如图，在矩形 $ABCD$ 中，$AB = 3$ cm，$AD = 4$ cm，P 是 AD 上不与 A 和 D 重合的一个动点，过点 P 分别作 AC、BD 的垂线，垂足为 E、F，求 $PE + PF$ 的值。 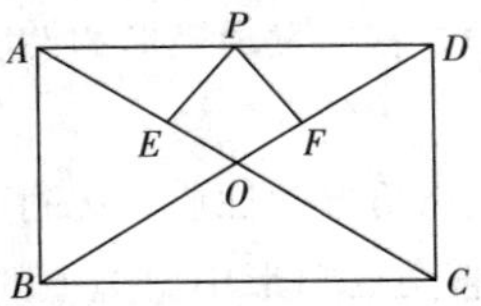 	学生独立思考。	采用分层作业的形式，既能照顾学生的个体差异，又能满足学生的持续发展，使各类学生都有进步和提高，从而可实现"不同的人在数学上得到不同的发展"的目标。

（最左侧合并单元格：教学过程）

板书设计

$\S 18.2.1$

1. 矩形的定义

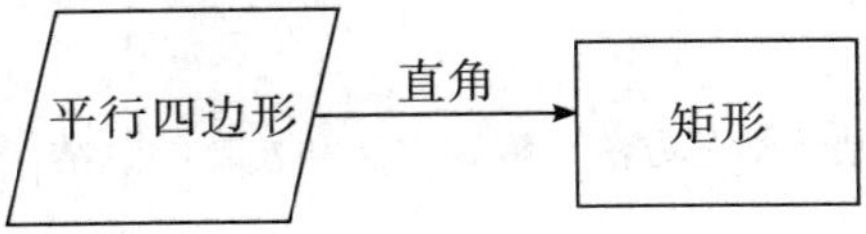

例题：　　能力提升：

解：……　　解：……

2. 性质

矩形的性质
- 边　矩形的对边平行且相等
- 角
  - 矩形的对角相等
  - 矩形的四个角都是直角
- 对角线
  - 矩形的对角线互相平分
  - 矩形的对角线相等
- 对称性　矩形是轴对称图形

（续上表）

教学特色	1. 本节课从回顾平行四边形的概念和性质入手，激发学生的学习兴趣和热情，在教学设计时精心为学生设计问题，一步步地引导学生进行观察、交流、类比、概括，使学生较容易接受新知识。本节课的教学难点是探究矩形的性质及矩形性质的灵活运用。为突破教学难点，在学生独立思考的基础上，采用组内交流讨论的方式。教师引导学生先证明矩形的四个角都是直角，为证明矩形的对角线相等提供条件，并分享学生不同的证明思路和方法，总结解题方法和技巧，提高学生分析问题和解决问题的能力，从而突破教学难点。 2. 在能力提升部分，给学生留有充分的空间，鼓励学生大胆尝试，互帮互助交流自己解决问题的过程及成功的体验，不断激发学生的探索精神，提高学生分析和解决问题的能力，使学生有成功体验。
教学反思	本节课的成功之处： 1. 利用几何画板演示，让学生注意观察内角变化，在演示过程中让学生感知当一个内角为90°时，平行四边形变成了矩形。让学生经历了矩形概念的探究过程，在其大脑里自然而然地形成矩形的概念。 2. 将学生分组，讨论矩形的边、角、对角线分别具有什么性质。学生通过动手测量、动手折叠、动脑思考、动口讨论，自主发现矩形的性质。经历矩形性质的研究过程让学生积累数学活动经验。 3. 从矩形的对角线相关性质推出直角三角形的性质，达到"学数学，用数学"的目的。再通过习题，让学生掌握"直角三角形中斜边上的中线等于斜边的一半"这一性质，达到学以致用的目的，培养学生的运用意识。 4. 采用分层作业的形式，既能照顾学生的个体差异，又能满足学生的持续发展，使各类学生都有进步和提高。从而实现"人人都能获得必需的数学，不同的人在数学上得到不同的发展"的目标。 不足之处： 学生在对学习情况进行小结时，缺乏学习方法、解题方法和技巧的总结，自主探究意识不强。

第三编

专题讲座——在交流中修道

教师说题案例分享 1

一、教材母题（人教版《数学》八年级下册第十七章第 29 页第 14 题）

如图 1 所示，△ACB 和△ECD 都是等腰直角三角形，$CA = CB$，$CE = CD$，△ACB 的顶点 A 在△ECD 的斜边 DE 上，求证：$AE^2 + AD^2 = 2AC^2$。

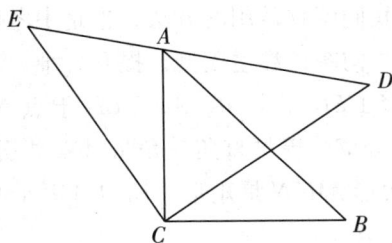

图 1

二、学情分析

本题是八年级数学下学期的一道几何证明题，是在学生学习了勾股定理之后考查学生的学习情况，同时结合了三角形全等的知识，综合性较强，对于学生来说，构造全等三角形是一个难点，把勾股定理和全等结合在一起的数形结合也是难点，另外整个图形也体现了数学模型的学习，因此考查的是综合解题能力。

三、知识分析

（1）等腰直角三角形的性质；

（2）全等三角形的判定定理；

（3）勾股定理的应用；

（4）手拉手模型的知识迁移。

四、解法分析

解法 1：如图 2 所示，该模型是由两个等腰直角三角形构成，自然会想到手拉手模型，而这个模型的关键就是构造全等三角形，再通过结论导向，是勾股定理的模型，意味着要构造出直角三角形。

证明：连接 BD，先证明 $\triangle ACE \cong \triangle BCD$（SAS），得到 $AE = BD$，$\angle E = \angle BDC = 45° = \angle EDC$，所以 $\angle ADB = 90°$，即 $\triangle ABD$ 为直角三角形，得到 $BD^2 + AD^2 = AE^2 + AD^2 = AB^2$，然后在等腰直角三角形 ABC 中：$AB^2 = AC^2 + BC^2 = 2AC^2$，最后等量代换 $AE^2 + AD^2 = 2AC^2$。

解法 2：如图 3 所示，在等腰直角三角形中存在 45° 的角，而依托 45° 的角构造等腰直角三角形是我们解题常用的方法，也是中考数学考查的热点，因此本题还可引导学生如图 3 构图，渗透模型，提升思维。

证明：过点 A 作 $AM \perp EC$ 于点 M，$AN \perp CD$ 于点 N，由 $\angle E = \angle D = 45°$，构造出等腰直角三角形 AME、等腰直角三角形 AND，分别得到，$AE^2 = 2AM^2$，$AD^2 = 2AN^2$，又因为四边形 $AMCN$ 是矩形，所以 $AM^2 + AN^2 = MN^2 = AC^2$，等量代换：$AE^2 + AD^2 = 2AC^2$。

注：这种方法比较难想，是思维的提升，模型的构造适用于基础较好的学生。

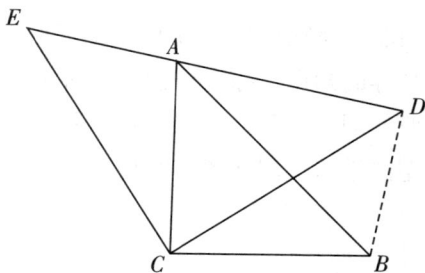

图 2

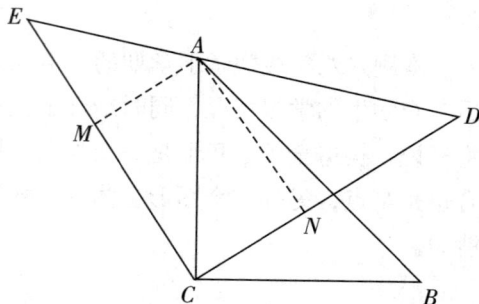

图 3

五、问题导思

1. 思考：本题中是否还有类似的结论？

结论：$AO^2 + BO^2 = 2OC^2$，证明过程与解法 2 类似（图 4）。

2. 思考：本题中是否还有其他结论？

线段和差关系：$BD + AD = \sqrt{2}CD$（图 5）。

四边形面积不变性：$S_{四边形ACBD} = S_{\triangle ECD}$。

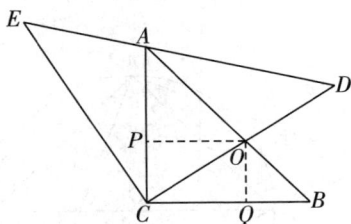

图 4

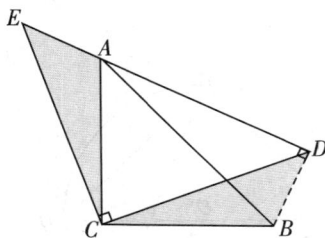

图 5

六、提炼模型（本题涉及的三角形相似模型见图 6）

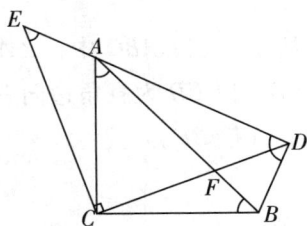

一线三等角模型

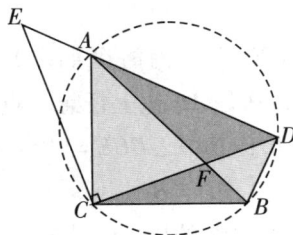

反 8 字模型

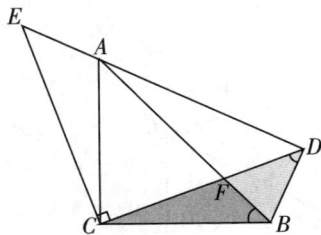

反 A 共边模型

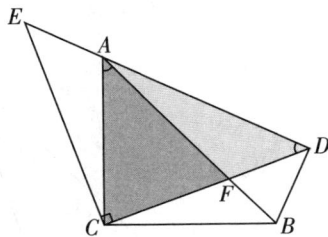

反 A 共角模型

图 6

七、中考链接

1. （2016·广州）如图 7 所示，点 C 为 $\triangle ABD$ 的外接圆上的一动点（点 C 不在优弧上，且不与点 B、D 重合），$\angle ACB = \angle ABD = 45°$。

（1）求证：BD 是该外接圆的直径；

（2）连接 CD，求证：$\sqrt{2}AC = BC + CD$（图 8）；

（3）若 $\triangle ABC$ 关于直线 AB 的对称图形为 $\triangle ABM$，连接 DM，试探究 DM^2、AM^2、BM^2 三者之间满足的等量关系，并证明你的结论。

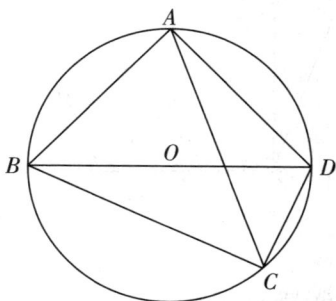

图 7

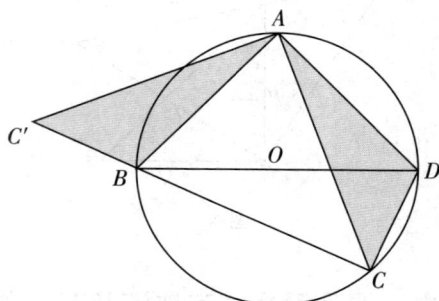

图 8

2. （2020 春·南海区期末）如图 9 所示，在 $\triangle ABC$ 中，$\angle ACB = 90°$，$BC = AC = 6$，D 是 AB 边上任意一点，连接 CD，以 CD 为直角边向右作等腰直角三角形 CDE，其中 $\angle DCE = 90°$，$CD = CE$，连接 BE。

（1）求证：$AD = BE$；

（2）当 $\triangle CDE$ 的周长最小时，求 CD 的值；

（3）求证：$AD^2 + DB^2 = 2CE^2$。

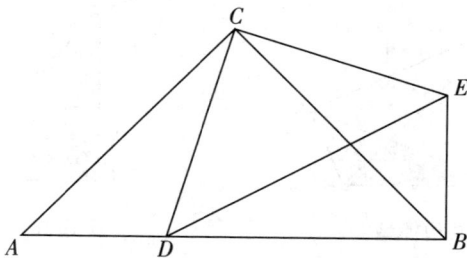

图 9

八、变式拓展

1. 如图 10 所示，△ACB 是等腰直角三角形，$CA = CB$，E、F 是斜边 AB 上两个点，$\angle ECF = 45°$，求证：$AF^2 + BE^2 = EF^2$。

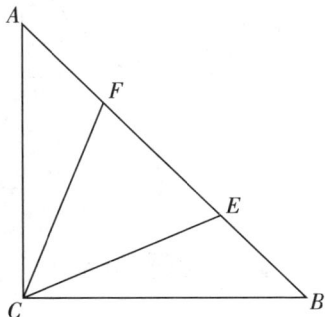

图 10

解析：半角模型的简易版本，通过构造全等的三角形，得到相等的线段，把三条线段放在同一个直角三角形里面，利用勾股定理可证明。

证明：如图 11 所示，将 △ACF 旋转至 △BCD，得到 $AF = BD$，$CF = CD$，$\angle A = \angle CBD = 45°$，构造出一个 Rt△DBE，接着证明 △FCE ≌ △DCE（SAS），所以 $EF = ED$，通过等量代换，可以得到 $AF^2 + BE^2 = EF^2$。

注：半角模型是多结论问题的考查热点，变式后同样是利用全等和勾股定理得到类似的结论，又利用模型加深学生对相关知识的理解和记忆。

2. 如图 12 所示，在正方形 ABCD 中，若 $\angle EAF = 45°$，$\angle EAF$ 与 BD 分别交于点 M 和点 N，请问在图中你可以得到什么结论，并加以说明。

结论有：

① $EF = BE + DF$；

② △CEF 的周长等于正方形 ABCD 周长的一半；

③ $DM^2 + BN^2 = MN^2$。

（可以结合图 13 证明之）

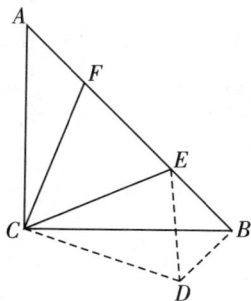

图 11

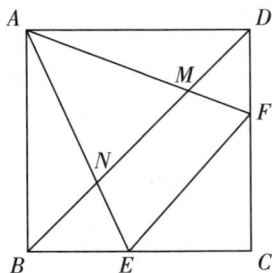

图 12

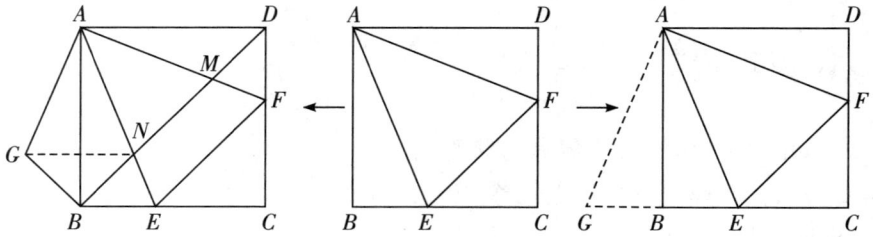

图 13

九、说题总结

通过近几年的中考数学题目可以看出，其对学生的综合能力要求越来越高。我们首先要熟练掌握等腰直角三角形、勾股定理、全等三角形这些重点考查知识，还要重视数学思想方法的总结和对学生数学建模能力的培养。在课堂教学中不仅要求学生的学向多元化发展，还要求教师的教也必须多元化，这样才能使我们在教学中更好落实"双减"政策，培养学生的核心素养。

教师说题案例分享2

一、教材母题（人教版《数学》九年级下册第二十八章第85页第11题）

例题：如图1所示，折叠矩形 $ABCD$ 的一边 AD，使点 D 落在 BC 边的点 F 处，已知折痕 $AE = 5\sqrt{5}$ cm，且 $\tan\angle EFC = \dfrac{3}{4}$。

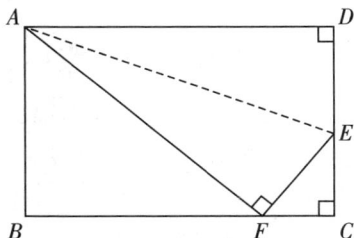

图1

（1）△AFB 与 △FEC 有什么关系？试证明你的结论；

（2）求矩形 $ABCD$ 的周长。

二、题目分析

1. 知识分析

需要利用的知识有：矩形的性质、折叠的性质、全等形的性质、锐角三角函数、相似、勾股定理等。

2. 解法分析

（1）如图2所示，∵ $\angle 1 + \angle 2 = 90°$，$\angle 1 + \angle 3 = 90°$，∴ $\angle 2 = \angle 3$，又 $\angle B = \angle C$，∴ △$AFB \backsim$ △FEC。

（2）如图3所示，∵ $\tan\angle 2 = \dfrac{EC}{FC} = \dfrac{3}{4}$，设 $EC = 3x$，$FC = 4x$。在 Rt△EFC 中，$DE = EF = 5x$，∵ △$AFB \backsim$ △FEC，∴ $\dfrac{AB}{FC} = \dfrac{AF}{FE}$，解得 $AF = AD = 10x$；在 Rt△AEF中，$AF^2 + EF^2 = AE^2$，解得 $x = 1$，即 $AD = 10$ cm，$AB = 8$ cm，所以周长为 $(10 + 8) \times 2 = 36$（cm）。

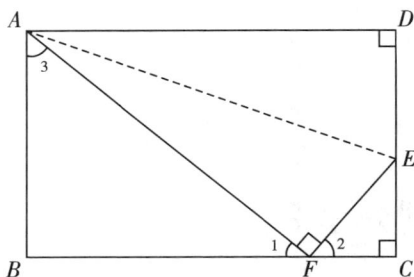

图 2

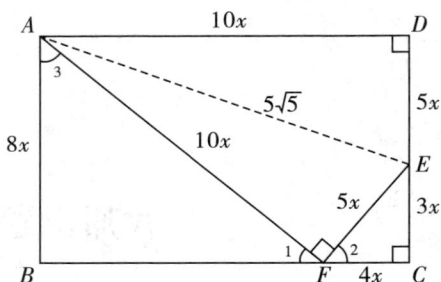

图 3

另外，此题也可以用三角函数解答：

$\because \tan \angle 2 = \dfrac{EC}{FC} = \dfrac{3}{4}$，设 $EC = 3x$，$FC = 4x$。在 Rt $\triangle EFC$ 中，$DE = EF = 5x$，

$\because \angle 2 = \angle 3$，$\tan \angle 2 = \tan \angle 3 = \dfrac{3}{4}$，解得 $BF = 6x$，$\therefore BC = AD = 10x$；在

Rt $\triangle AEF$ 中，$AF^2 + EF^2 = AE^2$，解得 $x = 1$，即 $AD = 10$ cm，$AB = 8$ cm，所以周

长为 $(10 + 8) \times 2 = 36$（cm）。

三、解题小结

（1）熟记相关考点的定义、性质、判定和公式。

（2）灵活应用知识点解决问题，注意问题的关联性，可以用第一问的信息解决第二问。

（3）数学思想：方程思想、转化化归思想、数形结合思想。

（4）数学能力：推理能力、运算能力。

四、题目变式

1. 如图 4 所示，折叠矩形 $ABCD$ 的一边 AD，使点 D 落在 BC 边的点 F 处，已知 $AD = 10$，折痕 $AE = 5\sqrt{5}$，

（1）求 $\tan \angle EFC$；

（2）连接 DF 交 AE 于 O，判断 DF 与 AE 有什么关系，并求出 DF 的长。

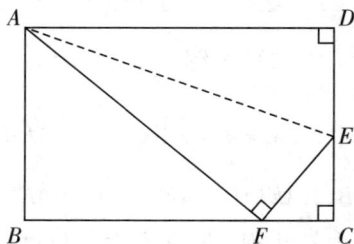

图 4

解：（1）如图 5 所示，由勾股定理得 $DE = EF = 5$，设 $EC = x$，则 $AB = DC = 5 + x$，由 $\cos\angle 2 = \cos\angle 3$ 得 $CF = \dfrac{5+x}{2}$（想一想：能用相似算吗）。在 Rt$\triangle EFC$ 中，$FC^2 + EC^2 = EF^2$，化简得 $x^2 + 2x - 15 = 0$，解得 $x = 3$，$x = -5$（舍），即 $EC = 3$，$FC = 4$，$\therefore \tan\angle EFC = \dfrac{EC}{FC} = \dfrac{3}{4}$。

（2）如图 6 所示，AE 垂直平分 DF，理由如下：由折叠可知 $\angle 4 = \angle 5$，$FO = DO$；又 $\angle 4 + \angle 5 = 180°$，$\therefore \angle 4 = \angle 5 = 90°$，$\therefore DF \perp AE$，且 $FO = DO$；$S_{\text{四边形}AFED} = 2S_{\triangle ADE} = \dfrac{1}{2}AE \cdot DF$，$\therefore 50 = \dfrac{1}{2} \cdot 5\sqrt{5} \cdot DF$，解得 $DF = 4\sqrt{5}$。

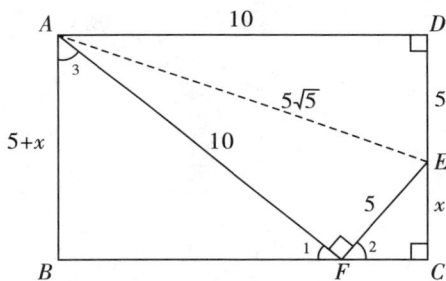
图 5

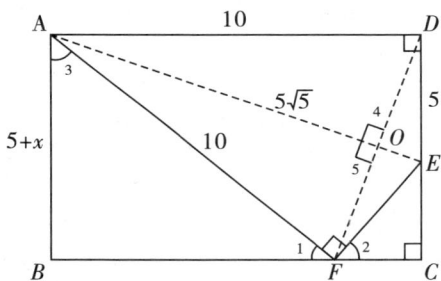
图 6

2. 如图 7 所示，将矩形 $ABCD$ 的一边 AD 沿着 AE 折叠后恰好落在 AC 边上，D 点落在点 F 处，已知 $AC = 10$ cm，$CE = 5$ cm，$\tan\angle DAE = \dfrac{1}{2}$。

（1）求证：$\triangle ACD$ 与 $\triangle ECF$ 相似；

（2）求矩形 $ABCD$ 的周长。

3. 如图 8 所示，已知 $\odot O$ 是以 AD 为直径的圆，$AD = 5\sqrt{5}$ cm，$\tan\angle DAE = \dfrac{1}{2}$，$\tan\angle CED = \dfrac{3}{4}$，四边形 $ABCD$ 是直角梯形，$\angle B = \angle C = 90°$，$BC$ 与 $\odot O$ 相交于点 E。

（1）$\triangle ABE$ 与 $\triangle ECD$ 有什么关系？

（2）求 BC 的长。

4. 如图 9 所示，已知梯形 $ABCD$，$AD /\!/ BC$，$\angle B = 90°$，$\angle ADC$ 与 $\angle BCD$ 的平分线 DE、CE 交于点 E，E 为 AB 中点。

（1）求证：$AD \cdot BC = AE^2$；

（2）若 $CD = 5$ cm，$\tan\angle AED = \dfrac{1}{2}$，求梯形 $ABCD$ 的周长。

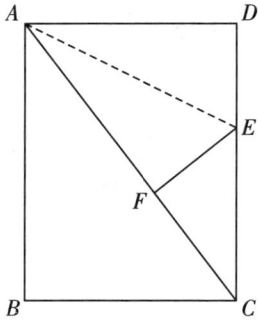

图 7

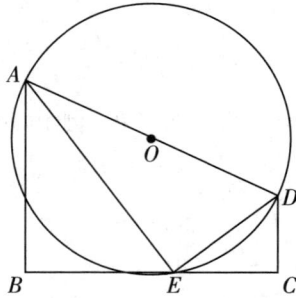

图 8

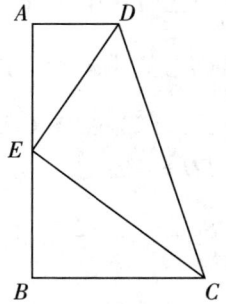

图 9

学生说题案例分享

一、例题 1

如图 1 所示，在矩形 $ABCD$ 中，E 是 BC 的中点，作 EF 分别交 AC、CD 于点 G、F，连接 AF。

(1) 求证：$\triangle ABE \backsim \triangle ECF$；

(2) 求证：以 BC 为直径的 $\odot E$ 与 AF 相切；（较难）

(3) 对角线 AC 交 $\odot E$ 于点 H，$AB = 6$，$BC = 8$，求 CG 的长。（较难）

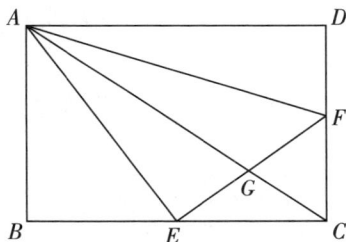

图 1

第 (1) 问：是我们熟悉的"一线三垂直"，证明简单，这里省略。

第 (2) 问：证明以 BC 为直径的 $\odot E$ 与 AF 相切，学生在理解上出现的偏差，容易导致把条件和结论混淆。

如图 2 所示，是一个学生的错误解答：在 AF 上截取 $AM = AB$，连接 EM，点 M 在圆上，在 $\triangle ABE$ 和 $\triangle AME$ 中，$AB = AM$，$AE = AE$，$BE = ME$，$\therefore \triangle ABE \cong \triangle AME$（SSS），$\therefore \angle ABE = \angle AME = 90°$，又 ME 是半径，以 BC 为直径的 $\odot E$ 与 AF 相切。这里错证的原因是学生在 AF 上任意取一点 M 就以为是圆上的点。还有学生误认为 AE 垂直平分弦 BM，主要是对垂径定理不够熟悉造成的。

我们知道要证明直线 AF 是 $\odot E$ 的切线，通常的做法是"连半径，证垂直或作垂直，证半径"，考虑到这里的可确定性，我们可以过点 E 作 $EM \perp AF$ 于点 M（图 3），接下来只需证明 $BE = ME$ 即可。

由 $\triangle ABE \backsim \triangle ECF$ 可得，$\dfrac{AB}{EC} = \dfrac{AE}{EF}$，又 $\because BE = EC$，$\therefore \dfrac{AB}{BE} = \dfrac{AE}{EF}$，即 $\dfrac{AB}{AE} = \dfrac{BE}{EF}$，$\because \angle ABE = \angle AEF = 90°$，$\therefore \triangle ABE \backsim \triangle AEF$，$\therefore \angle BAE = \angle EAF$，然后易

证 $\triangle ABE \cong \triangle AME$（AAS），$\therefore BE = BM = $ 半径，$\therefore$ 以 BC 为直径的 $\odot E$ 与 AF 相切。

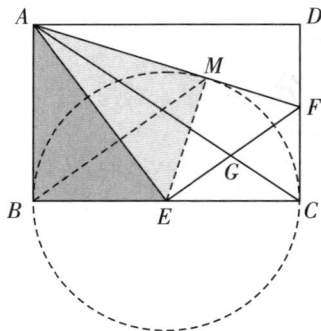 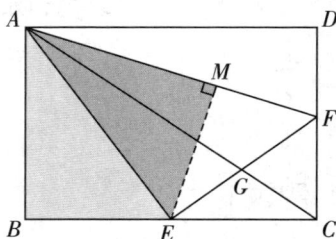

图2　　　　　　　　　　　　　　图3

第（3）问：我们有 5 种解法，解题思路如图 4 所示：

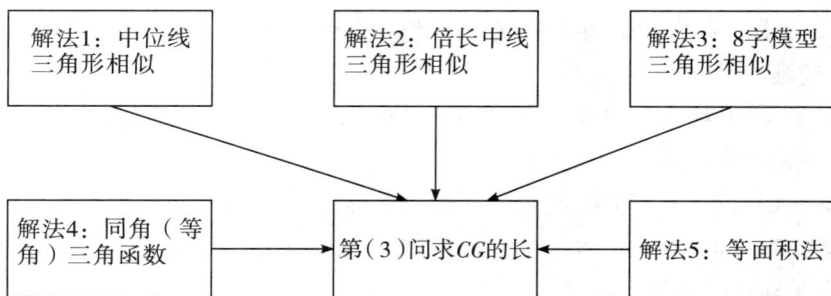

图4

解法 1：如图 5 所示，连接 BD 交 AC 于点 O，连接 OE，由矩形的性质知点 O 为 BD 的中点，$\therefore OC = \dfrac{1}{2}AC = 5$，而 E 为 BC 的中点，$\therefore OE /\!/ CD$，且 $OE = \dfrac{1}{2}CD = 3$，得 $\dfrac{FC}{OE} = \dfrac{CG}{OG}$，由 $\triangle ABE \backsim \triangle ECF$ 得到 $\dfrac{AB}{EC} = \dfrac{BE}{CF}$，$\therefore \dfrac{6}{4} = \dfrac{4}{CF}$，得 $CF = \dfrac{8}{3}$，由 $\dfrac{8/3}{3} = \dfrac{CG}{5-CG}$，得 $CG = \dfrac{40}{17}$。

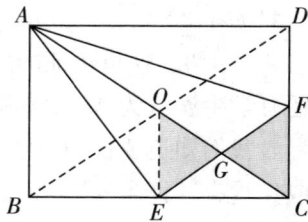

图5

解法 2：如图 6 所示，倍长中线，得 $BH = CF = \dfrac{8}{3}$，$\therefore AH = AB + BH = \dfrac{26}{3}$，由题意得 $AC = 10$，

$\because CF /\!/ AH$，$\therefore \triangle CFG \backsim \triangle AHG$，$\therefore \dfrac{CF}{AH} = \dfrac{CG}{AG}$，$\therefore \dfrac{\frac{8}{3}}{\frac{26}{3}} = \dfrac{CG}{10 - CG}$，得 $CG = \dfrac{40}{17}$。

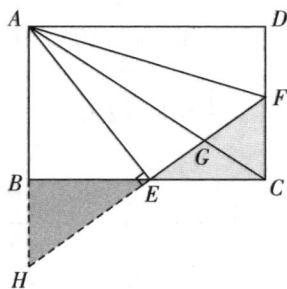
图 6

解法 3：如图 7 所示，延长 EF 交 AD 于点 H，$AH /\!/ BC$，$\therefore \triangle CEF \backsim \triangle DHF$，得 $\dfrac{DH}{EC} = \dfrac{DF}{CF}$，

$\because DF = CD - CF = \dfrac{10}{3}$，$\therefore DH = 5$，$\therefore AH = 13$，$\because CE /\!/ AH$，$\triangle CEG \backsim \triangle AHG$，$\therefore \dfrac{CE}{AH} = \dfrac{CG}{AG}$，$\therefore \dfrac{4}{13} = \dfrac{CG}{10 - CG}$，得 $CG = \dfrac{40}{17}$。

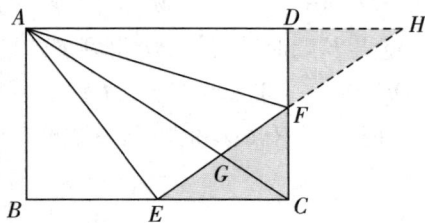
图 7

解法 4：如图 8 所示，过点 G 作 $GH \perp BC$ 于点 H，由 $\angle 1 + \angle 2 = 90°$，$\angle 3 + \angle 2 = 90°$，得 $\angle 1 = \angle 3$，$\therefore \tan \angle 1 = \tan \angle 3 = \dfrac{4}{6} = \dfrac{2}{3}$，不妨设 $GH = 2x$，$EH = 3x$，则 $CH = 4 - 3x$，$\because \tan \angle 4 = \dfrac{GH}{HC} = \dfrac{AB}{BC}$，得 $\dfrac{2x}{4 - 3x} = \dfrac{6}{8}$，解得 $x = \dfrac{12}{17}$，$\therefore GH = \dfrac{24}{17}$，$\therefore CG = \dfrac{5}{3} GH = \dfrac{40}{17}$。

解法 5：如图 9 所示，过点 E 作 $EM \perp AC$ 于点 M，过点 F 作 $FN \perp AC$ 于点 N，$S_{\triangle AEC} = \dfrac{1}{2} EC \cdot AB = \dfrac{1}{2} AC \cdot EM$，得 $4 \times 6 = 10 \cdot EM$，$\therefore EM = \dfrac{12}{5}$，由 $S_{\triangle AFC} = $

$\dfrac{1}{2}FC \cdot AD = \dfrac{1}{2}AC \cdot NF$，得 $\dfrac{8}{3} \times 8 = 10 \cdot NF$，$\therefore NF = \dfrac{32}{15}$，由 $S_{\triangle CEF} = \dfrac{1}{2}EC \cdot$

$CF = \dfrac{1}{2}CG \cdot (EM + NF)$，得 $\dfrac{8}{3} \times 4 = \left(\dfrac{12}{5} + \dfrac{32}{15}\right) \cdot CG$，$\therefore CG = \dfrac{40}{17}$。

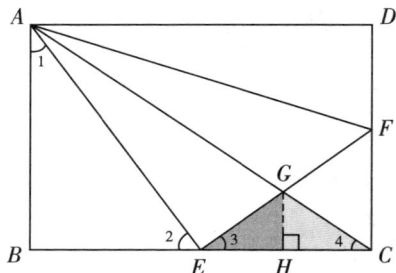

图 8

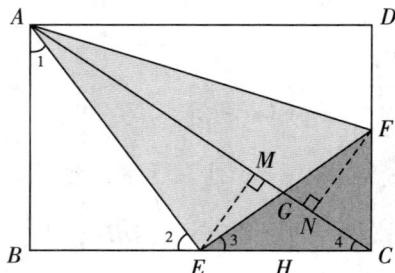

图 9

二、例题 2

如图 10 所示，在正方形 $ABCD$ 中，点 M 是 AB 上一动点（不与点 A 重合），点 E 是 CM 的中点，AE 绕点 E 顺时针旋转 $90°$ 得到 EF，连接 DE、DF。给出结论：①$DE = EF$；②$\angle CDF = 45°$；③$\angle AEM = \angle FEC$；④若正方形的边长为 2，则点 M 在射线 AB 上运动时，CF 有最小值。其中结论正确的是①②④。

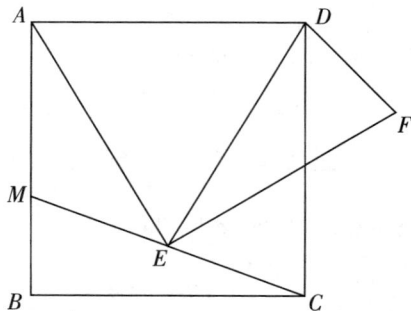

图 10

第①问：证 $DE = EF$ 的解题思路如图 11 所示：

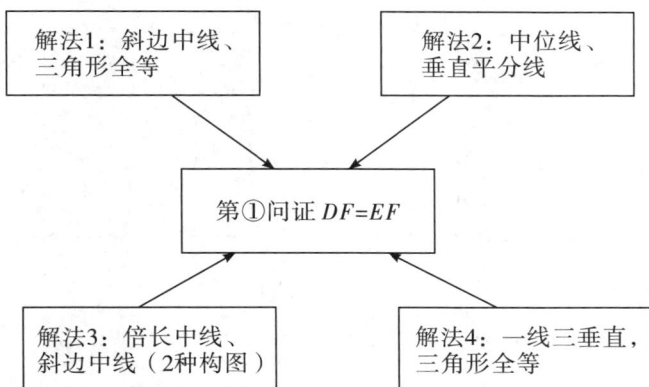

图 11

解法 1：如图 12 所示，$\because E$ 是 CM 的中点，$\therefore$ 在 Rt$\triangle BCM$ 中有 $BE = CE$，$\therefore \angle 1 = \angle 2$，$\therefore \angle 3 = \angle 4$，又$\because AB = DC$，$\therefore \triangle ABE \cong \triangle DCE$（SAS），$\therefore AE = DE$，$\because AE = EF$，$\therefore DE = EF$。

解法 2：如图 13 所示，取 BC 的中点 G，连接 GE 并延长交 AD 于点 N。由矩形的对称性易知 NG 垂直平分 AD，$\therefore AE = DE$，$\because AE = EF$，$\therefore DE = EF$。

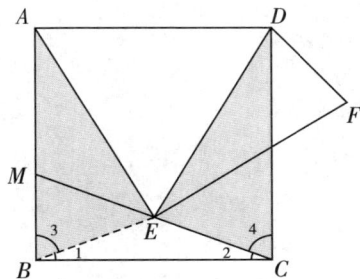

图 12

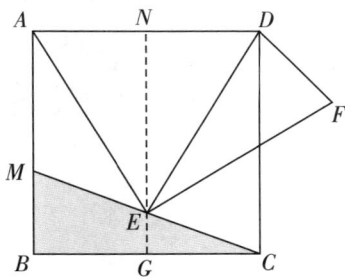

图 13

解法 3：如图 14 所示，倍长中线，易证 $\triangle MEG \cong \triangle CED$（AAS），$\therefore EG = ED$。在 Rt$\triangle ADG$ 中有 $AE = DE$，$\because AE = EF$，$\therefore DE = EF$。（图 15 同理可证）

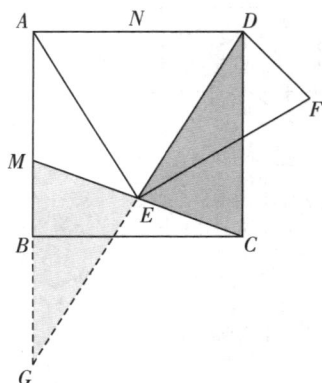
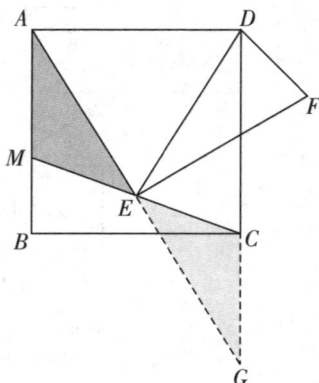

图 14　　　　　　　　　　　　图 15

解法 4：如图 16 所示，过 E 点作 GK∥BC，构造一线三垂直模型，易证明 △AGE≌△EKF（AAS），得 AG = EK = DQ，GE = EQ = FK，∴ △DEQ≌△EFK（SAS），∴ DE = EF。

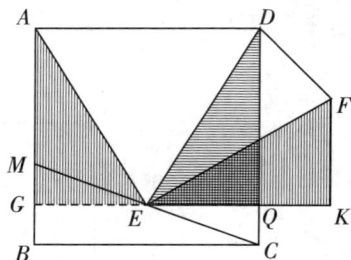

图 16

第②问：证∠CDF = 45°的解题思路如图 17 所示：

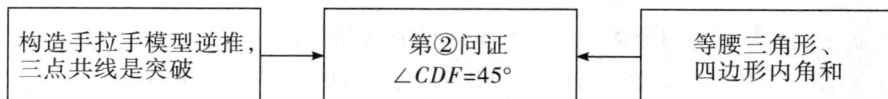

| 构造手拉手模型逆推，三点共线是突破 | → | 第②问证 ∠CDF=45° | ← | 等腰三角形、四边形内角和 |

图 17

解法 1：如图 18 所示，取 BC 的中点 G，作直线 GE 交 AD 于点 I，则 GE 垂直平分 AD，$\therefore HA = HD$，$\therefore \angle HAD = \angle HDA$。作 $\angle HAD = 45°$，AH 与 GE 相交于点 H。连接 HF，假设 AD 的延长线与 HF 相交于点 D'（其实 D 与 D' 重合）。$\because \triangle AIH$ 和 $\triangle FAE$ 都是等腰直角三角形，$\therefore \angle HAI = \angle FAE = 45°$，$\therefore \angle HAF = \angle IAE$，$\dfrac{AI}{AH} = \dfrac{AE}{AF} = \dfrac{\sqrt{2}}{2}$，$\therefore \dfrac{AH}{AF} = \dfrac{AI}{AE}$，$\therefore \triangle HAF \backsim \triangle IAE$，$\therefore \angle AHF = \angle AIE = 90°$，在 $Rt\triangle AHD'$ 中，$\because \angle HAD' = 45°$，$\therefore \angle AD'H = 45°$，在 $Rt\triangle AHD$ 中，$\because \angle HAD = 45°$，$HA = HD$，$\therefore \angle ADH = 45°$，$\therefore D$ 与 D' 重合，又 $\because \angle ADC = 90°$，$\therefore \angle CDF = 180° - \angle ADH - \angle ADC = 45°$。

解法 2：如图 19 所示，$\because AE = DE = EF$，$\therefore \angle 1 = \angle 2$，$\angle 3 = \angle 4$，$\because \angle 1 + \angle 2 + \angle 3 + \angle 4 + \angle AEF = 360°$，$\therefore \angle 2 + \angle 3 = 135°$，$\therefore \angle CDF = 135° - 90° = 45°$。（简单）

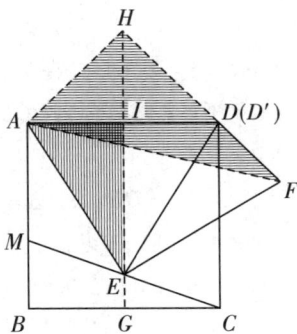

图 18

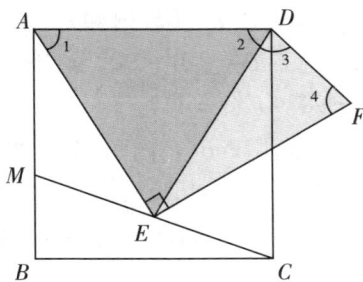

图 19

第③问：证 $\angle AEM = \angle FEC$（图 19 所示就可以推翻此结论）

第④问：若正方形的边长为 2，则点 M 在射线 AB 上运动时，CF 有最小值 $\sqrt{2}$。

解：根据第②问可知，点 M 在射线 AB 上运动时，$\angle CDF$ 始终保持 $45°$，即 $\angle 1 = 45°$。如图 20 所示，过点 C 作 $CF' \perp DF$ 于点 F'，在 $Rt\triangle CDF'$ 中，$CF' = \dfrac{CD}{2} = \sqrt{2}$，即 CF 的最小值是 $\sqrt{2}$。

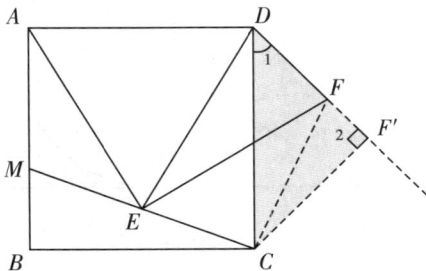

图 20

三、例题3

（2021·广州越秀区校级期中考试）如图21所示，AB 是 $\odot O$ 的弦，点 C 在过点 B 的切线上，且 $OC \perp OA$，OC 交 AB 于点 P。已知 $\angle OAB = 22°$，则 $\angle OCB =$ _____。

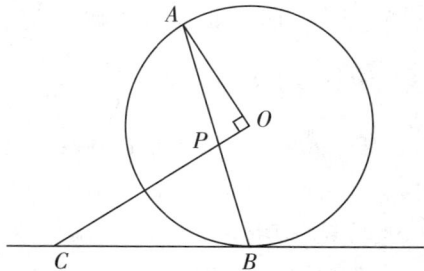

图21

解法1（利用 $\triangle OAB$ 内角和和 $\triangle OBC$ 两锐角互余）：如图22所示，连接 OB，$\because OA = OB$，$\therefore \angle A = \angle 1 = 22°$，$\because OC \perp OA$，$\therefore \angle 2 = 90°$，在 $\triangle OAB$ 中，$\angle A + \angle 2 + \angle 3 + \angle 1 = 180°$，$\therefore \angle A + \angle 3 + \angle 1 = 90°$，$\because BC$ 是 $\odot O$ 的切线，$\therefore \angle 3 + \angle OCB = 90°$，$\therefore \angle OCB = \angle A + \angle 1 = 44°$。

解法2（利用 $\triangle OCB$ 内角和）：如图22所示，连接 OB，在 $\triangle AOB$ 中，$\angle 3 = 180° - \angle A - \angle 1 - 90° = 46°$，而在 $\triangle OCB$ 中，$\angle 3 + \angle OCB = 90°$，$\therefore \angle OCB = 90° - \angle 3 = 44°$。

解法3（利用 $\triangle BCP$ 内角和）：如图23所示，$\because OA = OB$，$\therefore \angle A = \angle 1 = 22°$，$\because BC$ 是 $\odot O$ 的切线，$\therefore \angle 1 + \angle 4 = 90°$，$\therefore \angle 4 = 68°$，又 $\because \angle 3 = 90° - \angle A = 68°$，$\therefore \angle OCB = 180° - \angle 3 - \angle 4 = 180° - 68° - 68° = 44°$。

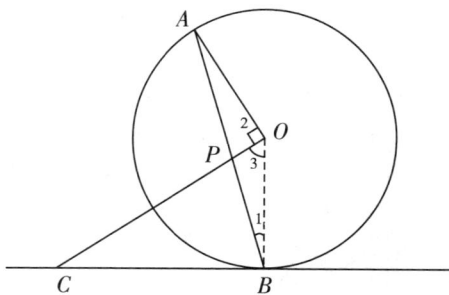

图22

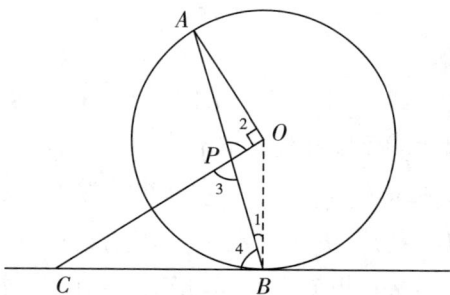

图23

解法4（利用双垂直）：如图24所示，延长 AO 与 CB 的延长线相交于点 E。连接 OB。易知 $\angle 3 + \angle 4 = 90°$，$\angle 4 + \angle OCB = 90°$，$\therefore \angle OCB = \angle 3 = 2\angle A = 44°$。

解法 5（利用弦切角定理）：如图 25 所示，延长 AO 与圆 O 相交于点 F。由弦切角定理易知 $\angle 4 = \angle F = 90° - \angle A = 68°$，又 $\because \angle 3 = \angle 1 = 90° - \angle A = 68°$，$\therefore \angle OCB = 180° - \angle 3 - \angle 4 = 44°$。

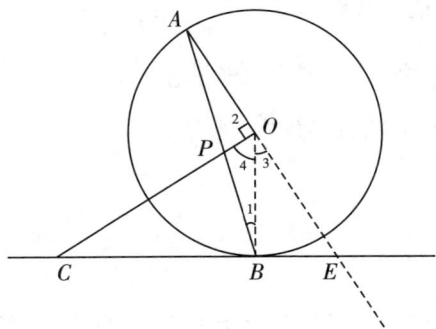

图 24

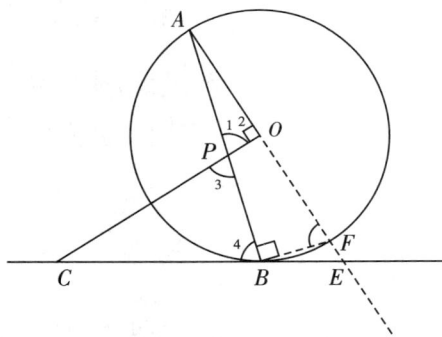

图 25

解法 6（利用一线三垂直多功能辅助线法）：如图 26 所示，过 A 点作 $AF \parallel CB$，连接 BO 并延长交 AF 于点 G，延长 CO 与 AF 相交于点 F。由辅助线条件易知 $\angle F + \angle 3 = 90°$，$\angle 2 + \angle 3 = 90°$，$\therefore \angle 2 = \angle F = \angle OCB = 2\angle A = 44°$。

解法 7（利用外角等于不相邻的两内角和）：如图 27 所示，连接 OB。$\angle 5 = \angle A + \angle 2 = \angle 4 + \angle OCB$，而 $\angle 4 + \angle 1 = 90°$，$\therefore \angle 4 = 90° - \angle 1$，$\therefore \angle A + \angle 2 = 90° - \angle 1 + \angle OCB$，即 $\angle A + 90° = 90° - \angle 1 + \angle OCB$，$\therefore \angle OCB = 2\angle A = 44°$。

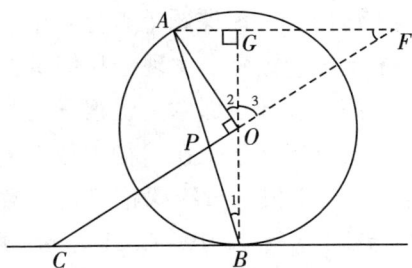

图 26

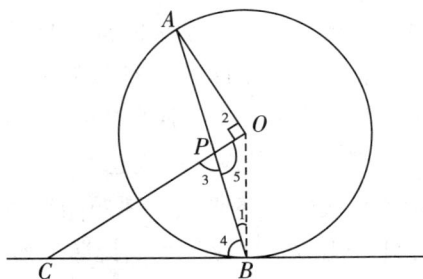

图 27

说出精彩　题现魅力

——省级课题"初三数学'说题'教学的实践研究"阶段性成果分享

2021年7月，中共中央办公厅、国务院办公厅印发了我们称之为"双减"的政策。"双减"的目的就是"发展素质教育，提高教育质量"，从而建设良好的教育生态，让教育回归正途。其中发展素质教育的关键就是发展学生思维，发展学生思维就要让学生在学习的过程中"学进去、说出来，写出来、做出来"，从而构成这样一个学习的闭环。"说题"教学为发展学生思维提供了一个很好的平台。

一、课题的背景

很早我们就开始尝试学生说题研究，2014—2017年笔者主持了韶关市重点规划课题"初中数学集体备课的有效性策略研究"，该课题笔者分4个子课题开展，其中在子课题"有效的活动课集备方案"研究中发现，我们举办的"小老师"说题比赛特别受欢迎，学生参与度高，教师在课堂上也很下功夫培养"小老师"，积极开展说题教学，课堂学习气氛好。于是在"初中数学集体备课的有效性策略研究"课题结题后，笔者立马申报了市级课题"初三数学复习课、周测讲评课学生'说题'教学的实践研究"（2019—2021），结题后又于2021年5月申报了省级课题"初三数学'说题'教学的实践研究"，希望在实践中能研究出一套"精讲·善导·激趣·引思"的说题教学模式，来调动学生主动参与的积极性，从而提高我们的课堂效率。

二、说模式

"说题"分教师"说题"和学生"说题"两种模式，教师"说题"又分全员"说题"和小组"说题"两种形式。全员"说题"是指在我们集体备课时，选取典型案例进行限时训练，然后现场"说题"，这样可以训练教师的解题能力和解题速度，同时有很多解法现场生成，还可以展示教师的教学机智。小组"说题"是指定3~4人为一组，备课组定好题后组员各自准备，这样有准备的教师"说题"会有精美的PPT和多种相对成熟的解法展示。通过这样的集体备课，交流学习，教师在学生"说题"时就能够迅速获取学生信息，或点评或引导或优化，让学生感受到教师在认真倾听他们的声音，感受到教师对他们的尊重，学生想清楚了，说明白了，才能写得完整。学生通过"说题"，胆子大了，口齿清晰了，书写也干净了，兴趣、热情也高涨了，学习氛围自然浓厚了，效果也出来了。教师"说题"主要在于变式与拓展，学生"说题"重点在于审题、多解与反思。这个过程中我们会获得一笔丰富的、宝贵的教学资源。

三、说个案

艾宾浩斯的遗忘曲线规律告诉我们，遗忘最快的时间发生在记忆知识后的1小时内，年龄越小时间越靠前。课堂小结就是离遗忘最近的环节，所以我们往往会在下课前进行课题小结，就是想在将要遗忘的时候强化一下。而学习金字塔理论告诉我们，不同的学习方法，人们的平均保留记忆率也是不一样的，如果立即应用或者教别人，即"在做中学，教别人中学"，两周后还能记住的知识高达90%。费曼学习法说的也是同一道理。

在教学中，学生说题就是要求学生用自己的口头或书面语言把自己解决某一数学问题的思考与分析、解法与策略、反思与拓展等思维过程清晰地表述出来，即把解题过程的思维轨迹用"说"的方式呈现出来，这其实就是一种输出，一种应用，同时对于学生来说就是一种在"做中学，教别人中学"，这样的学习方法可以大大提高学习效率。

"说题"不仅是一种师生与生生之间学习交流的好方式，也是提高课本例题、习题教学效率的有效方法。因此笔者在"说题"教学中比较注重以下"两个关键"：

（一）以课本例题、习题为载体，构建问题式教学课堂

一节好的数学课总会生成许多新问题，把知识传授型的课堂转为问题解决型的课堂是上好一节数学课的关键。笔者喜欢用"学生的问题串"或"教师的追问"这样的方式为学生提供交流、思考的平台，再以"说题"形式输出、分享，这是笔者常用的教学模式。那课堂上的"好问题"究竟从哪里来？"好问题"从"学生问"中来；"好问题"从"学生做"中来；"好问题"还从教师本身来。

1. 案例 1《圆周角教学》

在上圆周角一课时，笔者先让学生画图说数学。

（1）画一个圆心角∠BOC。（复习圆心角的定义）

（2）画一个圆周角∠BAC，能画几个？（看书、自我理解、类比学习，画图，实操得到无数个）

（3）如何将所画的圆周角进行分类？（优弧、劣弧上的角）

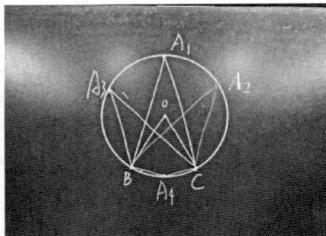

（4）确定研究内容。（角一般研究大小）

①∠A_1、∠A_2、∠A_3 与∠O 的关系；

②∠A_4 与∠O 的关系；

③∠A_1、∠A_2、∠A_3 之间的关系；

④∠A_1、∠A_2、∠A_3 与∠A_4 的关系。

接下来首先探究同弧所对的圆周角与圆心角的关系，如图 1 所示：

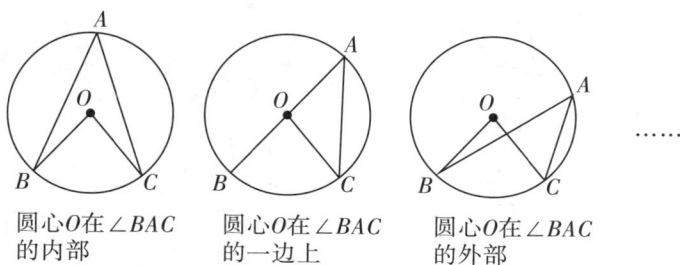

圆心O在∠BAC
的内部　　　　　　圆心O在∠BAC
　　　　　　　　　的一边上　　　　　圆心O在∠BAC
　　　　　　　　　　　　　　　　　　的外部

图1

2. 案例2《习题偶得》

如图2所示，AB 是 ⊙O 的直径，直线 l_1、l_2 是 ⊙O 的切线，A、B 是切点，l_1、l_2 有怎样的位置关系？证明你的结论。（人教版《数学》九年级上册第98页的习题）

学完切线的性质后，笔者让学生完成课本习题，然后追问"AB 是 ⊙O 的直径"改为"OA、OB 都是半径"，这两条切线还会平行吗？一定平行吗？画图试试看。

通过画图，让学生体会到图形的变化和切线长定理的基本图形的构成。不少学生画出图3，引导直线是可以两边无限延长的，于是得到图4，可见，直线 l_1、l_2 在圆 O 外相交于一点 P，然后再继续提问：那如何过圆外一点 P 作圆 O 的切线呢？（过圆上一点作圆的切线，我们得到了圆的切线判定定理，这里意在通过类比学习，希望在作图研究的基础上得到切线长定理）此时，让学生思考、充分交流，教师适当引导（90°圆周角与直径的关系），我们只需做以 OP 为直径的辅助圆就可以了（图5），到此学生显然明白了"圆外一点可以引圆2条切线，并且是有且只有2条"的原理，进而研究切线长的性质（图6）。

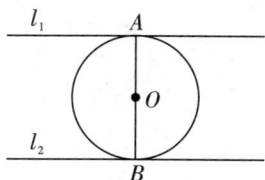

图2

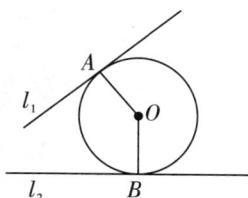

图3

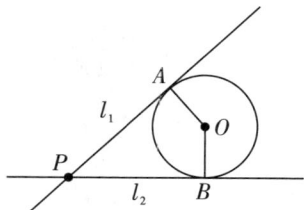

图4

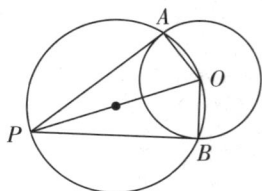

图 5

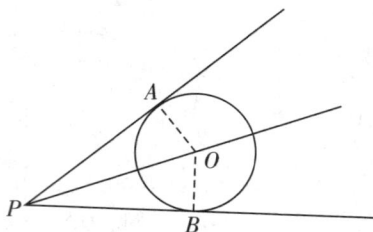

图 6

3. 案例 3《阴影面积》

如图 7 所示，O 为 Rt$\triangle ABC$ 直角边 AC 上一点，以 OC 为半径的 $\odot O$ 与斜边 AB 相切于点 D，交 OA 于点 E，已知 $BC=\sqrt{3}$，$\angle B=60°$，则图中阴影部分的面积为_____。

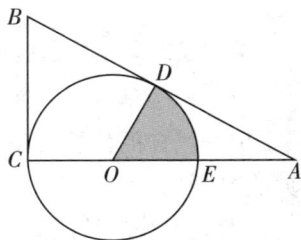

图 7

追问：你可以为同伴涂阴影图形吗？（得到部分学生的设计，见图 8 至图 11）

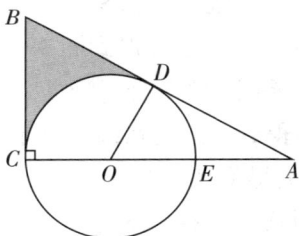

图 8

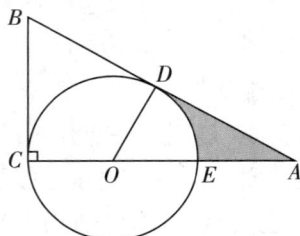

图 9

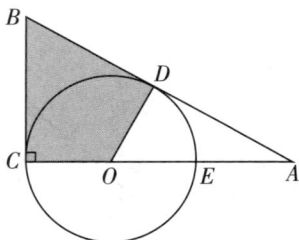

图 10

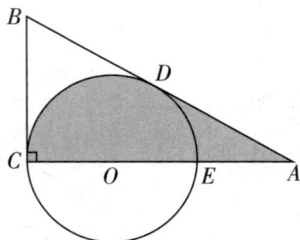

图 11

变式：如图 12 所示，O 为 Rt $\triangle ABC$ 斜边 AB 上一点，以 OB 为半径的 $\odot O$ 与直角边 AC 相切于点 D，交 BC 于点 E，交 AB 于点 F，已知 $BC = \sqrt{3}$，$\angle B = 60°$，则图中阴影部分的面积为 _____。

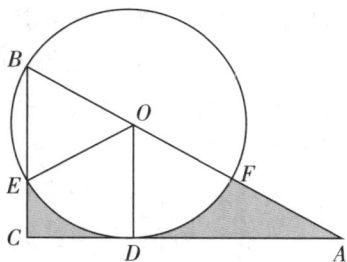

图 12

通过"求固定阴影面积—为同伴涂阴影图形求面积—改变圆的位置后求阴影面积"构建问题式教学，让学生在规则图形中熟练运用公式求解，在不规则图形中学会利用和差、等积转化。

4. 案例 4《整式中的规律探究》（公开课）

图形规律重在引导如何"拆图"去得到对应的数列规律，因此想要快速找到图形的规律，必须对数列规律非常熟练，尤其是等差数列，所以我们平时要注重数列规律的探究（必要性）。数列规律的数感积累需要经过对数列的横纵观察（重难点），如观察数字的符号、分子、分母（统一原则），或奇数、偶数、合数、平方数（或加减 1），或数字与数字本身，还有几个数列之间的关系，然后猜想归纳出数与序号之间的对应关系，再通过具体的项去验证规律，让学生反复经历这么一个探究过程才会掌握研究数列规律的方法，从而积累数感，在图形规律中根据自己的拆图方式快速找到数列规律，进而求解。

例题：如图 13 所示，按此规律，第 10 行最后一个数字与第 11 行最后一个数字之和是 _____。

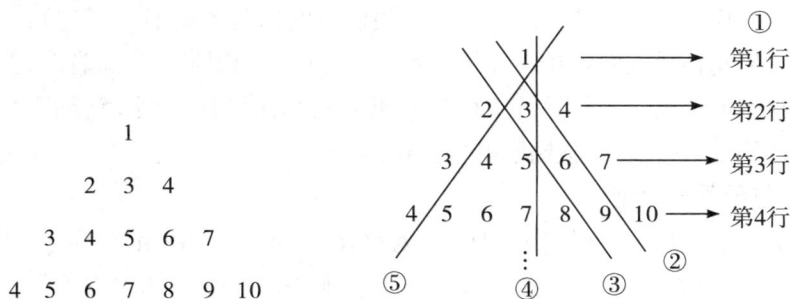

图 13

图 14

这里笔者预设 5 种解法（如图 14 所示）：①直接探究第 2 行比第 1 行多多少，到第 n 行比第 $(n-1)$ 行又多多少，得到通项为 $6n-1$，把 $n=10$ 代入求解；②采用间接法，找到每行最后一个数字的规律为 $3n-2$，再求第 10、11

行尾数相加；③同理②可求；④中间数的数列规律也很明显，易求 $2n-1$，再加上还有（$n-1$）个数得 $3n-2$，进而求解；⑤采用构造法，虽然首、末项相距甚远，但并不阻碍我们找到存在的规律，比如观察首、末项相加（减）得到的新数列有着明显规律。如末减首的差规律得：0，2，4，6，…，$2(n-1)$，末项规律则为 $2(n-1)+$ 首项 n，即 $3n-2$。

　　课堂上教师如何通过提供唯一答案 $3n-2$ 去了解学生那种看不见又摸不着的不同思维呢？唯有倾听，让学生说出自己的归纳过程。通过追问，让学生意识到哪些可以再补充，哪些可以再完善，以达到清晰表达从具体到抽象、从有穷到无穷这么一个思维过程（数列作用之一）。再通过引导，让学生学会从多角度思考问题，让学生说出自己是如何发现数列中的数与序号之间的规律的，借助这样一题多解的典型习题，让学生掌握找规律问题的基本方法并培养学生的数感。

　　"教师的度和学生的悟"达到共振是笔者教学生涯中的另一个追求。其实听课的人并不一定有过多的感受，但是我们上完课的人真的要及时地感悟、反思，教学反思才是一节公开课的终点（其实还没有结束）。

　　以上这些教学案例，笔者都是通过"问题串""追问"，构建问题式教学课堂，为学生提供交流、思考的平台和"说题"的机会，不仅可以把教学目标与教学内容有机地整合在一起，还能提高课堂效率，并实现学生个性化的培养及核心素养的落地开花。

（二）学会多角度看问题，灵活运用几何基本图形

　　笔者在课堂上比较注重的另外一个关键是活用基本图形（模型），如垂径定理、圆周角性质及其推论，切线长定理，熟记基本图形，形象直观记忆，在审题时也方便输出。还要熟练下面这些重要的几何模型（图15至图26），这样可以让学生在考试中迅速找到解题方法。

1. 重要数学模型

（1）若 $\angle ABD = \angle C$，则 $\triangle ABD \backsim \triangle ACB$，$\therefore AB^2 = AD \cdot AC$。

（2）若 $\angle ACB = 90°$，$CH \perp AB$ 于点 H，则 $AC^2 = AH \cdot AB$，$BC^2 = BH \cdot BA$，$HC^2 = HA \cdot HB$。

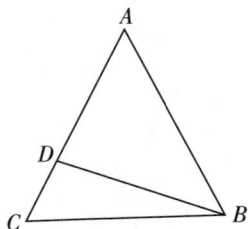

图 15　反 A 共边、共角——类射影模型　　图 16　反 A 共边、共角——双重垂直模型

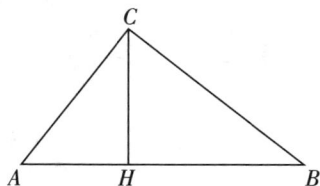

（3）$DE /\!/ BC \Leftrightarrow \dfrac{AD}{AB} = \dfrac{AE}{AC} = \dfrac{DE}{BC}$。

（4）$DE /\!/ BC \Rightarrow \dfrac{DP}{EP} = \dfrac{BQ}{CQ}$。

（5）$DE /\!/ BC \Leftrightarrow \dfrac{AD}{AB} = \dfrac{AE}{AC} = \dfrac{DE}{BC}$。

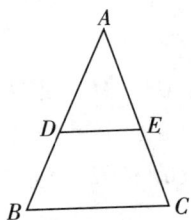

图 17　A 字形模型　　　　　图 18　线束模型　　　　　图 19　8 字形模型

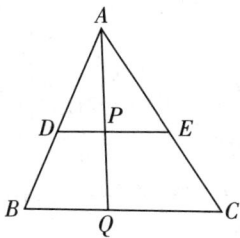

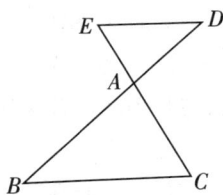

（6）$AD /\!/ BE /\!/ CF \Rightarrow \dfrac{1}{BE} + \dfrac{1}{CF} = \dfrac{1}{AD}$。

（7）"知二得二"：已知任意两线上的比例，可求另外两线的比例。

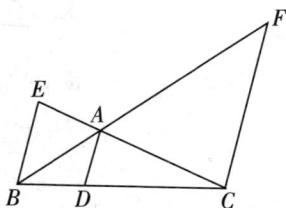

图 20　三平行模型　　　　　图 21　完全四边形

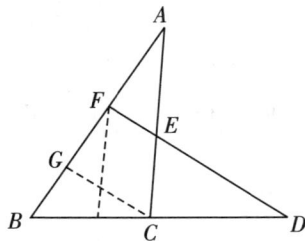

（8）AD 平分 $\angle BAC \Rightarrow \dfrac{AB}{AC} = \dfrac{BD}{CD}$。

（9）若 $\angle A = \angle C = \angle DBE$，则 $\triangle DAB \backsim \triangle BCE$。

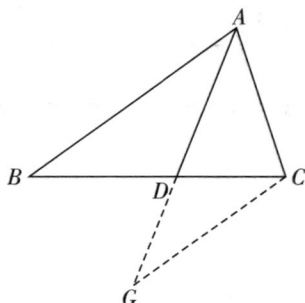

图 22　角平分线定理

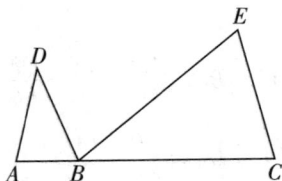

图 23　一线三等角模型

（10）若 $\triangle ABC \backsim \triangle ADE$，则 $\dfrac{AB}{AC} = \dfrac{AD}{AE}$，$\angle BAC = \angle DAE$，$\therefore$ $\angle BAD = \angle CAE$，$\therefore$ $\triangle BAD \backsim \triangle CAE$。

（11）若 $\angle ADE = \angle C$，则 $\triangle ADE \backsim \triangle ACB$，$\therefore AE \cdot AC = AD \cdot AB$，连 CD、BE，进而能证明 $\triangle ACD \backsim \triangle ABE$。

（12）若 $\angle A = \angle D$，则 $\triangle AOB \backsim \triangle DOC$，$\therefore OA \cdot OC = OD \cdot OB$，连 AD、BC，进而能证明 $\triangle AOD \backsim \triangle BOC$。

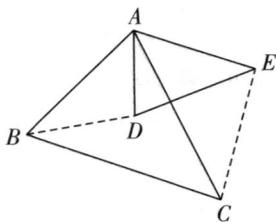

图 24　旋转相似模型

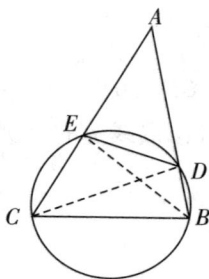

图 25　反 A 模型

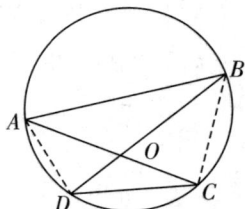

图 26　反 8 模型

2. 例题（2022·山东省枣庄市台儿庄区一模第 24 题）

如图 27 所示，已知 AB 是 $\odot O$ 的直径，AC 是 $\odot O$ 的弦，过 O 点作 $OF \perp AB$ 交 $\odot O$ 于点 D，交 AC 于点 E，交 BC 的延长线于点 F，点 G 是 EF 的中点，连接 CG。

（1）判断 CG 与 $\odot O$ 的位置关系，并说明理由；

（2）求证：$2OB^2 = BC \cdot BF$；

（3）连接 CD，当 $\angle DCE = 2\angle F$，$CE = 3$，$DG = 2.5$ 时，求 DE 的长。

（2）解法 1：从"完全四边形"模型出发。

因为 $2OB^2 = 2OB \cdot OB = AB \cdot OB$，所以只要证明 $AB \cdot OB = BC \cdot BF$，这时只要证明 $\triangle ABC \backsim \triangle FBO$ 即可（图 28）。

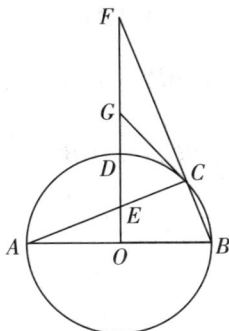

图 27

解法 2：从"反 A 共边、共角"模型出发。

因为 $2OB^2 = (\sqrt{2}OB)^2 = BD^2$，而 $BD^2 = BC \cdot BF$，所以只要证明 $\triangle BDC \backsim$ $\triangle BFD$ 即可（图 29）。

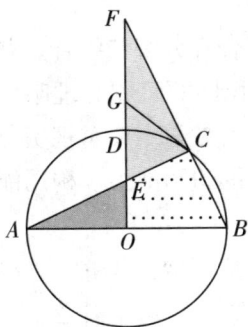

图 28

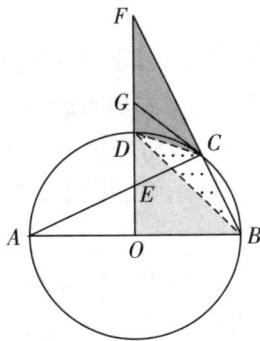

图 29

解法 3：从"反 A 共角"模型出发。

如图 30 所示，由 BC、BF 易联想到找和 BC、BF 有关的三角形相似，连接 AF、OC，易证 $\triangle OBC$、$\triangle FAB$ 是等腰三角形，由 $\triangle OBC \backsim \triangle FAB$ 得 $\dfrac{OB}{AF} = \dfrac{BC}{AB}$，$\therefore AF \cdot BC = AB \cdot OB$，$\therefore BF \cdot BC = 2OB \cdot OB$。

解法 4：从"双垂直"模型出发。

如图 31 所示，由 BC、BF 想到"双垂线模型"，作 $OP \perp BF$，已证 $\triangle OBP \backsim \triangle FBO$，得 $\dfrac{OB}{BF} = \dfrac{BP}{OB}$，$\therefore OB^2 = BF \cdot BP$，由垂径定理可得 $OB^2 = BF \cdot \dfrac{1}{2}BC$，$\therefore 2OB^2 = BC \cdot BF$。

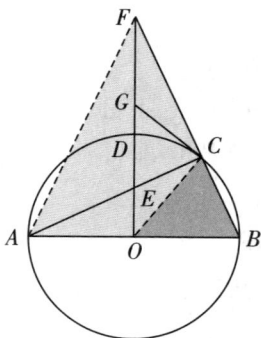

图 30

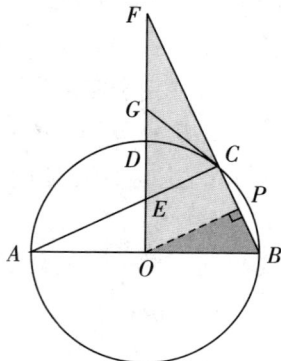

图 31

教学中有意识地引导学生对复杂图形进行合理分解与组合，并从中分离出基本图形（有时需要添加辅助线），获得一些积极的解题心理暗示，找到解题的突破口和思路，使解题思路有水到渠成之感。教学中要重视引导学生总结和识别基本图形，归纳解题模型，进而培养学生的识图能力、构图能力和分析推理能力。

说题充满生命活力，伟大的数学家毕达哥拉斯曾经说过："在数学的天地里，重要的不是学生知道了什么，而是学生怎样知道了什么。"通过说题活动，笔者把课堂还给学生，让学生参与知识的形成过程以及学会如何利用所学知识去解决相应的问题，这样学生就能够将知识理解得更加透彻，从而提升自己的学习水平和学习效率。

"道不远人，能者为师"，正是这样一节又一节的课，组成了教师的职业生涯；正是这样一节又一节的课，构成了学生的发展轨迹。无论是教师还是学生，课堂对我们的影响都十分深远。在当今的课堂上，师生都是学习者，让我们在学习的路上"且行且思，且悟且进"！

第四编

课题研究——在研究中寻道

"初三数学'说题'教学的实践研究"结题报告

一、绪论

（一）课题研究背景、意义与价值

1．研究背景

（1）初三数学课堂教学现状。

如今的初三数学课堂，在教学过程中存在如下突出的问题：教师声嘶力竭地讲，学生昏昏欲睡地听，无法产生共鸣。教师怕耽搁时间，很少请学生谈自己的见解，导致学生的数学语言表达能力薄弱，基本还是"秉承"老观念、老办法，采取"满堂灌"，采用"老师讲题—学生做题"这种讲练结合的传统教学方法，学生参与课堂教学的时间少，独立思考的时间也不够，总是习惯被动地接受知识，缺乏对知识的理解和认知，而如今的中考趋势已经逐渐走向能力选拔和素质选拔的模式，因此初中数学教学急需注入新的方法。

（2）初中数学课程标准与教学改革的新要求。

2022年教育部颁布了《义务教育数学课程标准》，将"双基"拓展为数学教学的"四基"，即基础知识、基本技能、基本思想、基本活动经验。因此，数学教师只把传授数学知识作为己任是远远不够的，更重要的是要想办法将学生培养成为国家需要的有思想、会思考的人。而"说题"这种教学活动能真正做到把课堂还给学生，让学生成为课堂的主人，能使学生的数学表达能力及综合能力得到提高、逻辑思维更强，这样的教学活动有助于落实课程标准的要求。《义务教育数学课程标准（2022年版）》提出义务教育阶段的数学学习的总目标是："通过义务教育阶段的数学学习，学生逐步会用数学的眼光观察现实世界，会用数学的思维思考现实世界，会用数学的语言表达现实世界。"这些目标的整体实现，是学生受到良好数学教育的标志，它对学生的全面、持续、和谐发展有着重要的意义。

（3）初中毕业考试对学生能力的要求。

近几年，中考试题稳中有变，改革意图明显。数学中考试题更加关注学生解决综合问题的能力，除了关注考查的知识点外，知识的综合性更为突出①。由此看来，教师在教学过程中如果还只是对学生进行知识点方面的教学，不注意培养学生的数学解题思维能力，学生的解题能力是得不到有效提高的。在这种局面下，提高数学课堂教学的有效性成为教师的追求，教师需在传统数学教学中注入新的活力。学生"说题"的教学活动可以有效地解决这些问题。它能让学生在学习新知识之后巩固数学知识点。通过"说题"这种教学活动，锻炼学生逻辑思维，使数学语言的表达能力得到提高。做到真正把课堂还给学生，让学生成为课堂的主人，有助于落实课程标准的目的与要求。

（4）初三教学特点。

初三复习课、练习课多，教师除了一般传统教学外，注入"说题"教学，课堂气氛将会更加活跃，学生的学习成果会得到展示、分享，在课堂上丰富了解法，拓展了数学思维。

2. 研究意义

（1）理论意义。

爱因斯坦指出：一个人的语言表达能力，在很大程度上决定了他的智力发展和他形成概念的方法。"说题"遵从新课程标准的教学理念，以学生为本，关注每个个体的发展，关注学生知识的生成和建构过程，倡导多元化的学习方式，重视师生之间、生生之间的交流。

①在总结以往研究成果的基础上，本课题的研究更加清晰准确地界定了"'说题'教学"的概念、内涵、本质。

②填补了该研究的一些理论空白，如提出了"说题"教学活动的教学原则，总结概括了"说题"教学的主要环节等。

（2）实践意义。

关注初三这一特殊群体，对"说题"教学进行研究，并在教学过程中加以实践，着力提高教学的有效性，使学生摆脱题海战术，增强解题兴趣。同时

---

① 郑冰心. 例谈中考数学综合题的"说题"策略［J］. 上海中学数学，2015（10）：22－25.

也可以有效地减负增效，对学生综合素养的发展、思维品质的提高大有益处。有效开展"说题"教学，可以激发学生参与课堂学习的积极性，促进他们在面对问题时进行深度思考。在这种积极的体验活动中提高对学习的认知能力，有效地把外部知识转化为内在的能力。在"说题"的过程中，可以增进教师和学生之间以及学生和学生之间的协调性，在互相帮助和互相指点或提示中，愉快地完成学习任务。在这种模式下，学生可以获得独立学习的愉悦体验，也可以收获合作的快乐。在"说题"的过程中，学生处于积极、活跃的学习状态中，不仅可以发挥学习的主动性，也可以学会如何帮助他人，如何与他人交流合作。在整个数学学习的过程中，"说题"教学既可以有效地激发出学生的学习兴趣，提高学生的语言表达能力，也可以发展和优化学生的数学思维品质。对教师和学生来说，既优化了教与学的过程，做到了教与学的互相促进，有效地降低了教与学中出现的矛盾，也增进了教师和学生之间的感情。在"说题"的过程中，学生在说"思维"的同时，可以不断地调整自己的思维方式和语言组织习惯。当"说题"成为一种常态之后，学生会惊喜地发现，他们相较以前而言已经具备了更有效的逻辑推理能力，他们的听、说、读、思考、创造等各方面的素养都得到了协调发展。

3. 应用价值

（1）激发了学生的学习兴趣，提高了数学核心素养。

①转变了学生学习方式，增强了学习自信心。

"说题"教学活动不仅改变了以往的教学模式，使教师"主讲"成为学生"主说"，也改变了学生的学习方式，变被动的"机械记忆、模仿和练习"为主动的"探究、交流和创造"，学生的参与性、自信心显著增强。

②提升了学生的数学能力，培养了数学核心素养。

"说题"教学的主要特点和环节就是学生把解题过程的思维轨迹用"说"的方式呈现出来。这个过程中，既有学生的思维过程、探究过程，又有学生的操作过程、交流过程；既能检测学生对知识认识的广度和深度，又能反映学生思维的灵活性和创造性；既突出了学生的主体地位和教师的主导作用，又培养了学生的合作精神和创新品质。可以说，"说题"过程是学生知识、能力、素养的大检阅过程，也是数学核心素养培养发展得以全面落实的过程。

（2）为提高数学教学质量和数学教研水平提供了行之有效的方法与路径。

①通过实证研究可知，"说题"教学不仅改变了教与学的模式，更重要的

是为学生提供了一个能主动思考、交流、实践、创造的平台，进而提高了教学的针对性、有效性及学生学习的主动性、参与性和创造性，从而整体性地提高了数学教学质量和水平。

②本课题的研究为优化数学教学和提高数学教学质量找到了一个可操作、可借鉴、可推广的教学新模式、方法和策略，还为数学教学研究开辟了一个新路子，甚至为学生的课外学习活动创造了一个新平台。

（3）有效促进了教师的专业成长。

①课题的研究过程也是教师的教学研究与实践探索过程，参与本课题实验和研究的教师不仅对"说题"教学有了新的认识，还提高了自身的专业水平和教学能力，获得了许多新感悟。

②参与本课题研究的教师从课题的选择、研究方法的确定、研究过程的设计和实践、成果的总结和推广等环节中获得了课题研究全过程的实践和锻炼，不仅获得了许多精彩教学案例，还创作了一批有价值的教研论文，提高了自身的教研能力。

（二）国内外研究现状

教学中发挥学生的主体性，让学生在学习中善于发问、讨论、积极表达与展示自我的教育理念源远流长，国内外这方面的研究也蔚为壮观。

1. 国外研究现状

对于"说题教学"的模式，最早可追溯到古希腊哲学家苏格拉底的"产婆术"。他创立"对话式"教学方法，后续教育研究者称之为"产婆术"教学法，他主张学生在学习过程中不是完全地静听，而是教师通过引导、提问的方式促使学生去"说"，让学生在"说"的过程中提升认知[1]。

1981 年英国发表官方报告《Cockcroft 报告》，首次提出了"数学交流"一词，此后，数学交流不断得到全世界的关注[2]。在 1989 年美国数学教师理事会上制定的《美国学校数学课程与评价标准》中明确把"数学交流"列入课程

---

[1]　陈盛. 初中数学课堂开展"说数学"活动的实践研究［D］. 杭州：杭州师范大学，2016.

[2]　郝欣. 中职数学课堂中开展"说数学"活动的教学研究［D］. 济南：山东师范大学，2011.

目标中①。2000 年，美国颁布了《美国学校数学教育的原则和标准》，其中指出"通过交流组织和巩固他们的数学思维"，使之能"分析和评价他人的数学思维和策略"，数学交流的形式多样，其中最重要的一种形式是说题教学②。随后越来越多的国家把"数学交流"作为教学大纲提了出来：澳大利亚的"培养学生学会数学交流"的课程目标；日本的"数学的表示、表达"；法国的"使学生在书写和口头交流方面形成清楚的习惯"；俄罗斯明确要求要培养学生数学交流方面的能力，等等。

2. 国内研究现状

在我国，1998 年李小树老师在《说题教学的尝试》中为了实现轻负高质，提高课堂效率，提升学生的思维能力，对"说题教学"模式进行了尝试，并取得了一定的效果，这也是第一次明确提出"说题教学"模式③。

2003 年 4 月教育部颁布《普通高中数学课程标准（实验）》，提出"提高数学表达与交流能力"的高中数学课程目标。越来越多的教育工作者投入"说数学"的研究中，并不断扩大到实践层面④，不断涌现出教师"说题"教学活动。根据说题对象不同，分为教师说题和学生说题两种。

2011 年出版的《数学课程标准》，再次提高了学生"说"的地位，更加重视提升学生的数学应用能力，提升数学应用能力也就是开展"说题教学"活动⑤。越来越多的一线教师开始实践"说题教学"，并取得了一定的效果。2014 年杨柳惠在其硕士论文《高中学生数学说题活动研究》中指出学生"说题"能力培养，应从营造说题氛围、强化语言训练、引领认知定向、实践展现真知、内化习得技能这几方面入手⑥。2016 年彭川川的硕士论文《高中学生数学"说题"活动的实践研究》中指出高中生数学说题的形式包括教师引导

---

①　全美数学教师理事会. 美国学校数学课程与评价标准［S］. 北京：人民教育出版社，1994.

②　全美数学教师理事会. 美国学校数学教育的原则和标准［S］. 北京：人民教育出版社，2004.

③　李小树. 说题教学的尝试［J］. 中学数学，1998（3）：8－9.

④　中华人民共和国教育部. 普通高中数学课程标准（实验）［S］. 北京：人民教育出版社，2003.

⑤　中华人民共和国教育部. 义务教育数学课程标准（2011 年版）［S］. 北京：北京师范大学出版社，2011.

⑥　杨柳惠. 高中学生数学说题活动研究［D］. 福州：福建师范大学，2014.

互说、小组合作讨论说、主讲辩论说三种形式①。2019 年董冰的硕士论文《初中学生数学"说题"教学活动的实践研究》指出学生"说题"教学活动提高了学生解决数学问题的能力，增强了学生学习数学的兴趣，促进了师与生、生与生之间的数学问题交流②。而汪志强、毛光寿和吴国富等人主要研究了试卷分析课中的说题。汪志强、毛光寿的《高三数学试卷分析课中的"说题"》的"说题"是指让学生在课堂上说出自己对题目的认识与理解；说题目的条件、结论和涉及的知识点（包括概念、公理、定理等）；说条件、结论之间的转化；说与学过的哪一类问题相似；说可能用到的数学思想方法；说自己的想法和猜测；说解题方法是如何想到的，为什么这样想等③。吴国富的《"说题"教学：初中数学试卷讲评的实践探索》提出"说题"可以转变学生的学习方法、挖掘学生的思维潜力、纠正学生的思维偏差、培养学生多方面的能力、促使学生全面发展④。卢瑞雪的《中学数学学生"说题"活动的实践与研究》指出"说题"在中国的研究已有近三十年，近十年研究开始深入，这与教师们对传统教学模式的反思有关⑤。2022 年 4 月 21 日教育部发布的《义务教育数学课程标准（2022 年版）》提出"会用数学的语言表达现实世界"的要求。

通过文献研究，发现"说题"教学已经被一部分教师尝试用于课堂教学，不过大部分的研究很浅，多数是解题为主的习题课流程论述，关于如何有效进行"说题"教学的指导性论述不够详尽，教学操作性不强，缺乏"说题"教学的理论基础、实施原则和说题内容的指导，缺乏具体评价"说题"教学活动实施的可行性建议，缺乏贯穿整个初中数学"说题"教学的系列探究，相关案例也不够丰富。

---

① 彭川川. 高中学生数学"说题"活动的实践研究［D］. 贵阳：贵州师范大学，2016.

② 董冰. 初中学生数学"说题"教学活动的实践研究［D］. 上海：上海师范学院，2019.

③ 汪志强，毛光寿. 高三数学试卷分析课中的"说题"［J］. 中学教学参考，2009（14）：4－6.

④ 吴国富. "说题"教学：初中数学试卷讲评的实践探索［J］. 读与写，2011，8（12）：77－78.

⑤ 卢瑞雪. 中学数学学生"说题"活动的实践与研究［D］. 合肥：合肥师范学院，2014.

（三）研究内容与方法

1. 研究内容

"说题"提倡学生自主学习、提倡把课堂的主体地位还给学生，是培养学生数学思维品质的有效途径，这个过程对初三的学生是有深远影响的。大多数的初三课堂为了解决进度问题，基本是"一言堂"模式，或者教师讲得多做得多，学生想得少说得少。利用"说题"可以有效解决这个问题，转变以往课堂教学过程中教师"一言堂"的现象，变成了学生可以积极发言的"群言堂"。这可以从根本上改变学生只能被动地听，教师只需不停地讲的消极互动的现象。还可以让学生（在教师的指导下）自主命题，自己讲题，当一次"数学老师"。

对于初三的学生来说，他们的知识体系、智力水平和理解能力已经能够高质量地完成这个任务。在本文中，笔者根据自己的教学实践和调查研究，把研究内容聚焦在初三数学教学过程中学生"说题"上。通过研究得到可行的教学方法，以提高初三学生的数学学习效率，增强其对数学问题的敏锐意识以及提高用数学思维解决问题的能力。实践研究从以下几个方面展开：课堂教学中对"说题"的实践研究；对初三实验班的学生进行跟踪调查研究，说明"说题"这种教学方式会对他们解决问题的能力产生影响；对参与实践研究的部分班级学生进行访谈、成绩的跟踪，了解他们对"说题"的看法。

具体研究内容是对初三数学课堂中学生"说题"活动的探究，简单说来就是在初三数学课堂中如何组织学生"说题"与开展"说题"活动，包括教师集体备课以及教师在数学课堂中组织学生进行有意义的学习，并对初三学生在40分钟的课堂教学中进行"说题"教学活动的案例进行解析。"说题"教学活动的研究主要从以下六个方面进行：

（1）通过问卷测试、师生访谈、网上调研、文献分析等渠道和方式，对初中师生对"说题"教学模式的认知情况与教学现状进行调查分析；

（2）在研究、实践、反思的基础上，总结概括出"说题"教学的基本模式、关键环节、主要特征和教学原则；

（3）理论与实践相结合，探究提升"说题"教学课堂效率的主要教学策略和"说题"的评价方式；

（4）从思辨和实证的角度，对实验班与对照班教学成绩进行既定性又定量的对比分析，用事实印证"说题"教学活动的作用、价值与成效；

（5）收集整理一批可资研究和借鉴的初三数学"说课"教学案例，为课题研究成果的推广与应用提供具体真实样本；

（6）研究"说课"教学模式的探究与实践活动对促进教师专业成长的作用。

2. 研究方法

本课题采用的研究方法主要有：

（1）文献研究法。

文献研究法主要指查阅文献并对文献内容进行分析和研究，从而得到一些科学的认识。借助此研究方法，搜集、鉴别、整理现成的初三数学"说题"方面的理论文献和实践经验，并通过对文献的恰当分析、综合提炼、不断完善和全面优化，形成对数学教学中"说题"教学的科学认识，从中得出相关"说题"教学操作方面的理论、经验和方法，为本研究做准备。

（2）访谈法。

访谈对象主要是学校一线数学教师和初中阶段七、八、九年级的学生。通过对教师进行访谈，了解"说题"教学实施情况和"说题"教学对教师专业提升的作用；通过对学生进行访谈，了解初中阶段学生对"小老师说题"的认知程度、参与程度和学生"说题"对其学习的帮助。

（3）案例分析法。

案例分析法是通过认真研究具有代表性的现象或事物，从而提高整体认识的一种科学分析方法。笔者选取典型教学案例，深入细致地分析，并加以整理与总结，为本研究提供事实依据。

（4）问卷调查法。

通过制定教学调查问卷，分别调查学生、教师对"说题"数学教学的评价和建议，从而发现问题并提出解决策略。

（5）经验总结法。

通过定期的展示课、评优课、研讨课、专题交流会等方式，总结反馈实验的情况。

（6）质的研究法。

这是一种植根"情境中"的研究方法。这种方法讲究在自然的情境之下，研究者面对面地直接接触被研究者，实地考察被研究者的学习状况，了解实践研究对其学习产生的作用。笔者通过对初三实验班的学生的跟踪，进行质的研究，探寻学生"说题"教学对学生个体的影响。

（四）研究思路与创新点

1. 研究思路

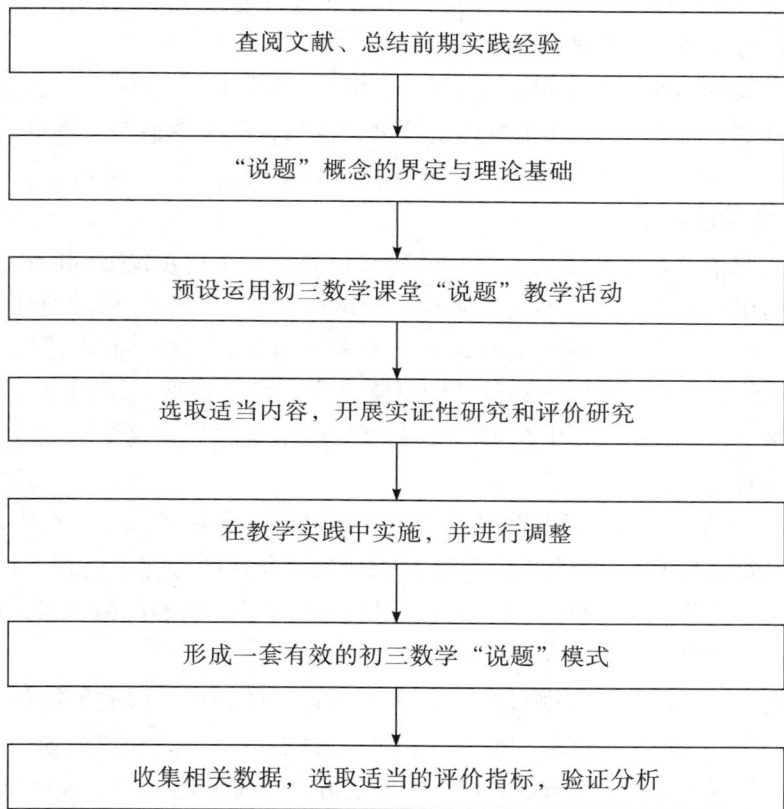

```
查阅文献、总结前期实践经验
        ↓
"说题"概念的界定与理论基础
        ↓
预设运用初三数学课堂"说题"教学活动
        ↓
选取适当内容，开展实证性研究和评价研究
        ↓
在教学实践中实施，并进行调整
        ↓
形成一套有效的初三数学"说题"模式
        ↓
收集相关数据，选取适当的评价指标，验证分析
```

2. 研究过程

本课题于 2020 年 12 月初根据广东省教育研究院相关要求申报，于 2021 年 4 月初被广东省教育研究院正式立项，课题名称为"初三数学'说题'教学的实践研究"，于 2021 年 5 月 10 日在广东韶关实验中学录播室召开课题开题论证会，课题正式开题，本课题研究从 2020 年 12 月开始，到 2023 年 2 月结束，历时两年多，主要分为以下几个阶段：

（1）课题立项阶段（2020 年 12 月至 2021 年 5 月）。

通过研究资料，总结前期课题经验，明确研究的基本方法、研究的重难点和研究的途径，组织研究力量，制订课题研究方案，请专家指导，完善课题研究方案。

（2）课题实施阶段（2021年6月至2022年12月）。

根据研究方案，分解研究目标和研究内容，明确研究职责，实施各种策略研究，及时收集研究的动向和资料，反思研究过程和成果，进一步改进研究方案，完善研究内容。同时对研究的途径和方法及时进行分析，提炼实施研究的有效性，对成果进行阶段性总结。

（3）研究结题阶段（2023年1月至2023年3月）。

汇总研究成果，完成本课题的结题报告及相关的附件整理（案例、论文、实录、活动报告、调查反馈表等），申请结题评审验收。

3．研究创新点

（1）目前对学生"说题"活动的研究还处于一个逐步发展的阶段。研究重点多放在学生"说题"活动的实践或者是对学生"说题"活动的理论基础的研究，很少看到学生在数学课堂上"说题"的真实过程，而本课题正是以课堂为主线，以教材习题为载体，尝试将学生数学"说题"活动贯穿于初三课堂教学中，并对初三学生在40分钟的课堂教学中进行"说题"教学活动的案例进行研究。

（2）我们将教师"说题"纳入初三数学的日常集体备课中，在集体备课前教研组要精心选题、选好题，然后在教研集体备课的过程中做到一题四说，同题众说，说背景、说解法、说变式、说教法与学法，将教师的智慧进行资源共享，进一步提升教师的专业水平。

通过"初三数学'说题教学'的实践研究"的开展，形成了特色研究成果："四学——独学、互学、共学、延学"的课堂教学模式和"六说——说题目背景、说审题过程、说解题思路、说思想方法、说问题拓展、说反思总结"的"说题"步骤，将课堂还于学生，让学生拓展自己的思维，积极展示自己的学习成果，并把教师从课堂中解放出来，让每个学生都能找到自己的位置，让每一颗种子都能生根发芽、成长绽放。

二、概念界定与理论支撑

（一）"说题"教学的内涵

通过查阅文献，目前学界对"说题"的界定主要分为三大类：

（1）学生"说题"即"让学生在课堂上说出自己对数学题目的认识与理解；说与学的哪一类题目类似；说可能用到的数学思想方法；说自己的想法和猜测；说解法是如何想到的；说为什么是这样等"①。

（2）学生"说题"就是利用教学语言口述探寻解题通路的思维过程以及所采纳的数学思想方法和解题策略②。

（3）学生"说题"是指用准确的数学语言表述对题目的理解、分析、判断的过程及解答的方法，是思维过程的语言表述，是比做题更高一层的要求③。

笔者认为，"说题"指的是学生通过对习题的思考，在数学教学活动中运用数学语言说明其解答习题时所采用的思维方式、解题方法，进而提炼出通性通法。学生"说题"的过程不是对习题答案的流水式叙述，而是通过教师引导，学生积极参与。"说题"的主角是学生，但在学生"说题"的过程中，教师需要全程参与。学生"说题"活动前要有准备工作，教师要掌握、选择好学生说哪些题目，由哪些学生参与"说题"。学生"说题"时，教师要适时引导和点评。

（二）教学相关理论

1. 建构主义学习理论

20 世纪 80 年代以后，建构主义教学理论在教育研究领域流行起来。建构主义强调个体的知识是由人建构起来的、强调学生学习的主体性④。建构主义认为知识不是对现实的客观反映，它只是人们对客观世界的一种解释、假设或假说，它不是问题的最终答案，它随着人们的认识程度的深入而不断变化⑤。建构主义认为学生的学习是从已有的知识经验出发，通过对新知识的自我建构而完成的。其中维果斯基提出了最近发展区的概念。

---

① 徐凤杰. 新课标下如何进行数学教学中的"说题"教学［J］. 现代阅读，2012（7）：151 – 152.
② 陈柏良. 中学数学教学中开展说题活动的实践与思考［J］. 数学教学通讯，2002（6）：20 – 22.
③ 陶润文. "说题"促进对学生能力的培养［C］//中国当代教育理论文献：第四届中国教育家大会成果汇编：上. 北京：对外经济贸易大学出版社，2008：725 – 726.
④ 胡卫平，孙枝莲，刘建伟. 数学课程与教学论研究［M］. 北京：高等教育出版社，2007：185.
⑤ 王道俊，郭文安. 教育学［M］. 6 版. 北京：人民教育出版社，2009.

基于建构主义的教学观点：学生的学习是一个自主建构的过程，是在原有的知识、经验的基础上对新知识的同化顺应。

2. 波利亚的解题理论

美籍匈牙利著名数学家和数学教育家 G. 波利亚提出了著名的"怎样解题"表，将解题过程分为四个阶段，可以说是"八字方针"：理解（题意），拟定（计划），执行（方案），回顾（过程）。在第一个阶段，重点是"说"，即问学生：你是否能用自己的语言重新叙述这个题目？在回顾阶段，重点亦是在"说"，即要求学生：能否以不同的方式再次叙述这个题目的意思？正确的视角决定了是否能够成功而且省力地求解问题。然而为了获得正确的视角，就要求不断地尝试，不断地改变看待问题的角度，甚至对题目本身进行变式。

3. 累积学习理论

累积学习理论是罗伯特·加涅提出来的。他认为，学校教育的主要功能是通过语言信息把千百年来人类已经积累的知识一代又一代地进行传承。如果学生能够采用命题的方式把他通过学习获得的内容表达出来，就可以认为他已经具备了语言信息的能力。加涅所说的语言信息，就是我们所讲的书本知识。加涅认为，对学生来讲，语言信息具备三个方面的功能：①通常来讲，如果对基础知识没有了解，就不会学习更加复杂的规则。因此，语言信息是进一步学习的先决条件，是必不可少的；②语言信息会直接对学生将来的生活方式和职业选择产生影响，特别是处在现代社会中，这样的影响更加明显；③有组织的知识是思维运行的工具。学生在解决新问题的时候，出现在头脑中的首先是有关这方面的已有的知识，然后在这些知识中进行选择。

4. 格式塔理论

产生于 20 世纪 30 年代的格式塔教学理论指出：学习活动应该是积极主动的，不应该在被动的情况下受环境的支配。学习过程是否发生了，不是单纯地从外在的现象和看到的行为结果得出结论，而是要深入地了解整个学习的思考过程。如果学业负担过重，不但不能加强学生对知识的理解，相反会对学生关于知识的理解产生阻碍作用。"做"不能代替"思"，反省需要时间。对于年龄小的学生来说，老师的当众表扬、给予的好分数，是一种强化，不过是一种比较肤浅的强化。对年龄大的学生来说，他们所需要的是一种更深层次的强化，一种内涵较深的强化，一种学到知识后的成就感，一种自我满足。

三、"说题"教学的调查分析

（一）关于新课改背景下初三数学教师"说题"认知情况分析

1. 调查目的

了解初三课堂中学生"说题"环节的现状，为进一步开展学生"说题"研究提供基础素材和借鉴。

2. 调查对象

笔者于 2021 年 6 月随机抽取了韶关市初三数学教师 55 名，进行《关于新课改背景下初中数学教师"说题"认知情况》的问卷调查并访谈。

3. 调查结果分析

从表 1、表 2、表 3、表 4 可以看出，韶关市初三数学教师 80% 都具有 10 年以上的教龄，在学校处于核心地位，但只有 10.91% 的教师参加过初中数学"说题"，89.09% 的教师未参加过初中数学"说题"，其中参加初中数学"说题"的教师有 69.09% 是通过校际观摩学习的。教师对"说题"的内容、原则、方法和意义存在疑惑的比例分别是 58.18%、61.82%、85.45% 和 43.64%，其中对"说题"的方法存在困惑的比例高达 85.45%。因此，笔者认为在开展"说题"教学时，必须对"说题"的内容、原则、方法和意义做好明确的指导。

表1　"第2题：您从事教学工作几年？"调查结果统计

选项	小计	比例
5 年以下	7	12.73%
5～10 年	4	7.27%
10 年以上	44	80%

表 2   "第 4 题：您参加过初中数学'说题'吗?"调查结果统计

选项	小计	比例
参加过	6	10.91%
没有参加	49	89.09%

表 3   "第 5 题：您参加的'说题'方式是?"调查结果统计

选项	小计	比例
广东省中小学青年教师教学能力大赛	3	5.45%
校际观摩学习	38	69.09%
校内教研活动	14	25.46%

表 4   "第 9 题：您对'说题'的哪一方面存在疑惑?"调查结果统计

选项	小计	比例
说题的内容	32	58.18%
说题的原则	34	61.82%
说题的方法	47	85.45%
说题的意义	24	43.64%

从图 1 可以看出，影响学生"说题"的因素依次是所掌握的数学知识（92.73%）、对数学语言的掌握程度（85.45%）、沟通的能力（70.91%）和数学学习的兴趣（70.91%），因此开展学生"说题"教学时，应在学生所掌握的数学知识的基础上，激发学生的学习兴趣，鼓励学生大胆进行沟通交流，有意识地去提升自己的语言表达能力。

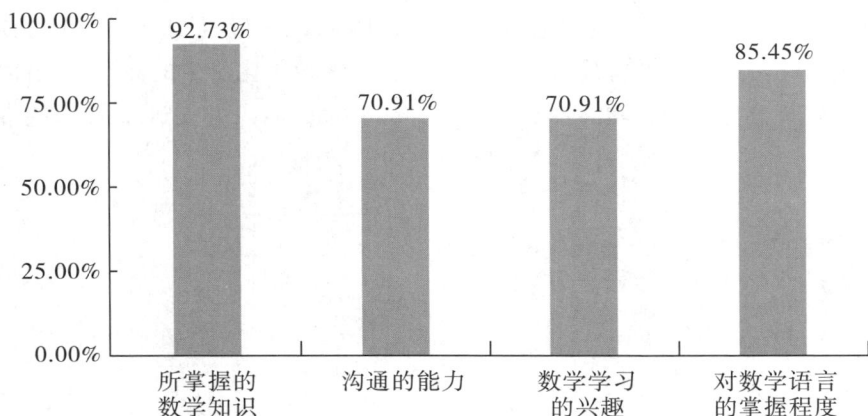

图 1　"第 17 题：影响学生'说题'的因素?"调查结果统计

从表 5 可以看出，"说题"包括的主要内容有试题立意（72.73%）、考查目标（83.64%）、试题解答（87.27%）和试题反思（85.45%），其中试题解答的比例最高，试题立意的比例最低。因此，在"说题"教学中需要教师对习题的背景或来源做引导说明。

表 5　"第 12 题：您认为'说题'要包括哪些内容?"调查结果统计

选项	小计	比例
试题立意	40	72.73%
考查目标	46	83.64%
试题解答	48	87.27%
试题反思	47	85.45%

从图 2 可以看出，85.45% 的教师认为学生"说题"教学活动对培养学生合作学习重要，只有 14.55% 的教师认为一般，没有教师认为不重要。85.45% 的教师认为"说题"教学活动对提升学生的数学逻辑推理能力重要，67.27% 的教师认为"说题"教学活动对改进自己的教学方法重要，69.09% 的教师认为"说题"教学活动对提升自身教学能力重要，这三方面中只有 1.82% 的教师认为不重要。由此，笔者认为在初三开展"说题"教学研究非

常有必要，不仅能够让学生学会自主学习，提高教学的有效性，而且能够激发出学生的学习兴趣，提高其语言表达能力，发展和优化学生的数学思维品质，从而达到提高学生科学素养和培养创新人才的目标，也促进了教师的专业成长。

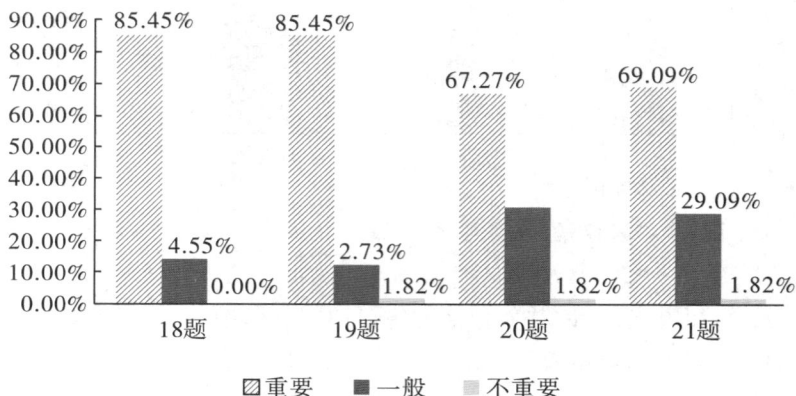

图2 "第18、19、20、21题：您认为学生'说题'教学活动对培养学生合作学习、提升学生的数学逻辑推理能力、改进您的教学方法、提高您的教学能力起到的作用如何?"调查结果统计

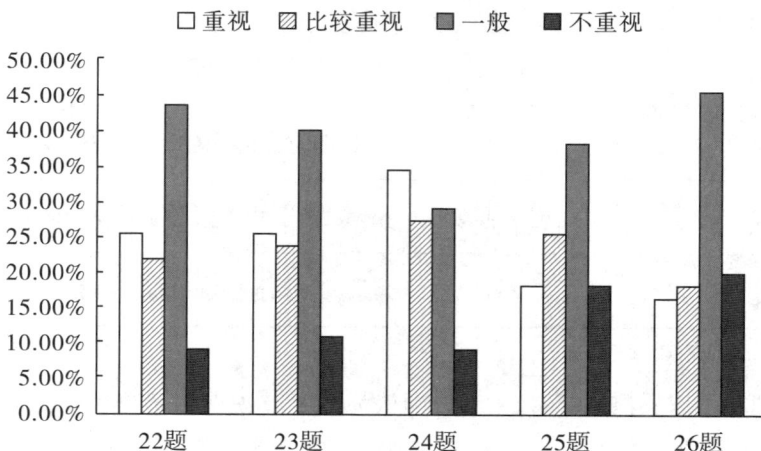

图3 "第22、23、24、25、26题：您会在备课时重视设计学生'说题'教学环节、针对不同层次的学生有梯度地设计'说题'题目、在数学课堂教学中重视对学生'说题'的有效评价、平时注重对学生'说题'能力的培养吗? 您认为在当前教学环境下老师们对学生'说题'教学活动的重视程度如何?"调查结果统计

从图 3 可以看出，50% 以下的教师在备课时对设计学生"说题"教学环节、对不同层次的学生设计不同梯度的"说题"题目、对学生"说题"的过程作出有效评价、培养学生"说题"能力以及对学生"说题"教学活动的重视程度表现为一般，20% 以下的教师不重视，因此急切需要加强教师对"说题"教学的理论学习和初三数学"说题"教学的实践研究，形成一套初三数学"说题"教学模式，为其在初中数学教学中的应用提供一些可行性的教学参考。

4．调查结论

调查结束后，笔者经过细致的整理和思考，获得启示如下：

（1）坚定笔者开展初三学生数学"说题"教学研究的决心。在课堂实施导学研讨、训练拓展课堂教学模式后，学生的学习兴趣增强、解题效率提升、解题能力提高、语言表达能力明显提升，因此笔者开展学生"说题"活动的意义重大。

（2）实施"导学研讨、训练拓展"课堂教学模式后，不足和瓶颈主要是：教师的引导和调控；受学生能力所限，部分试题分析难以深入；学生"说题"大部分停留于解题层面，解题反思意识不足；学生"说题"积极性的维持等，因此这些问题是笔者开展学生"说题"活动需考虑的重要组成部分，进而思考其对策。

（3）总结"说题"标准，比如题目难度适中、富有思维价值、体现一题多解等，为设计"说题"的典型题目提供依据。

（4）明确学生"说题"的内容。学生"说题"的内容主要包含试题解答、试题反思、考查目标和试题立意等，这些虽不完善，但可为笔者后续的"说题"内涵界定提供事实依据。

（二）关于新课改背景下初三学生对数学"说题"认知情况分析

1．调查目的

了解不同层次的学生在课堂进行"说题"教学的参与度；调查"说题"教学活动在学生的学习中所起的作用；了解初三学生对"说题"教学的整体认知现状以及在"说题"教学中存在的问题。

2．调查对象

本次实验的调查对象为广东韶关实验中学九年级学生，为了保证实验结果的可信度和有效度，数据统计都经过计算机精确分析、核对，本次调查采用问卷星制作，网上发布，匿名填写，共收到 658 份有效问卷。

3．调查结果分析

（1）从图4可以看出，本次调查的学生数学成绩108分以上的只有9.27%，72分以下的占到22.34%，学生整体水平有待提高。

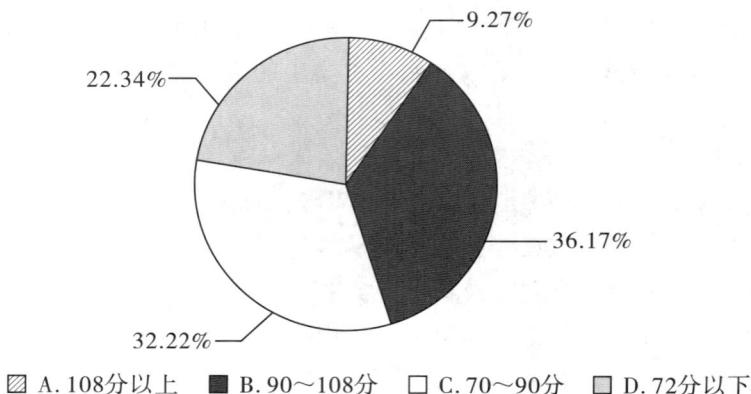

图4　"通常情况下，你的学习成绩"调查结果统计图

（2）由图5可以看出，有50.46%的学生喜欢数学这门学科，有38.91%的学生对数学喜好一般，多达10.63%的学生对数学没感觉甚至害怕。因此，初三学生对数学的学习兴趣还有待提高。

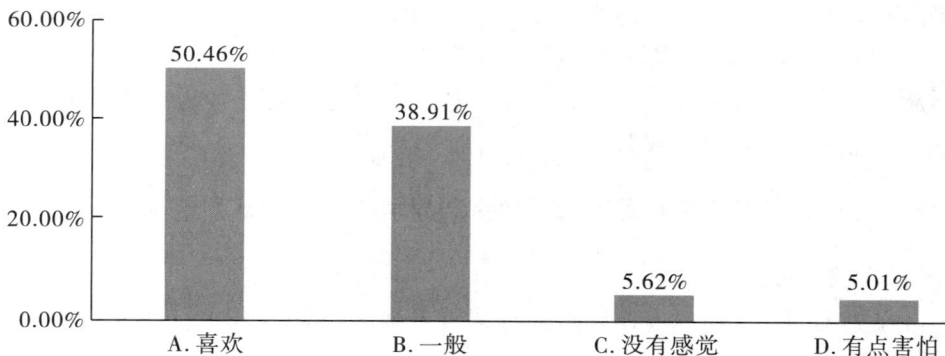

图5　"你对数学的喜好程度"调查结果统计图

（3）由图6可以看出，有65.35%的学生存在知道题目的已知求解，但是找不到解题方法；有53.65%的学生存在审题不清，导致解题出错；有30.4%的学生解题做到一半忘记知识点，导致无法完整解题。因此，初三教学要注重

学生审题、注重知识点、注重方法教学。

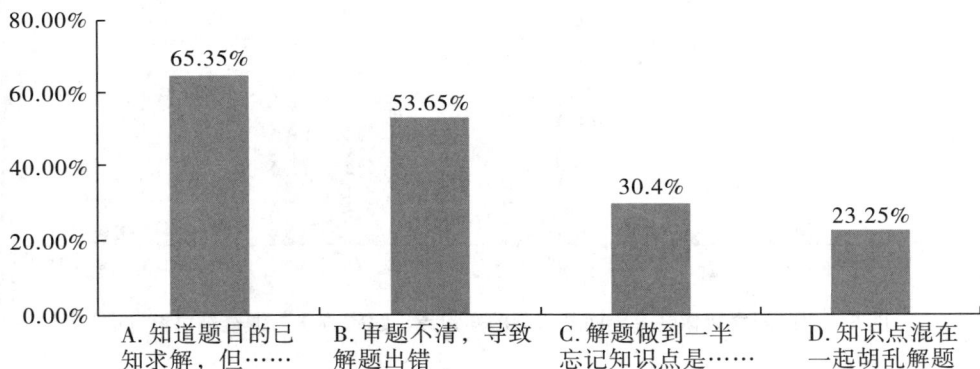

图6　"你在做数学题时，通常遇到的困难是"调查结果统计图

（4）由图7可以看出，在数学学习过程中，遇到难题时，只有18.09%的学生会自己思考，多角度思考、探究直至问题得到解决；有27.05%的学生会先思考，想不出来就放弃；有1.67%的学生会直接放弃。因此，初三教学要注重学生主观能动性的培养，体现学生主体地位，把课堂还给学生，让学生与学生，学生与教师多交流、多探究。

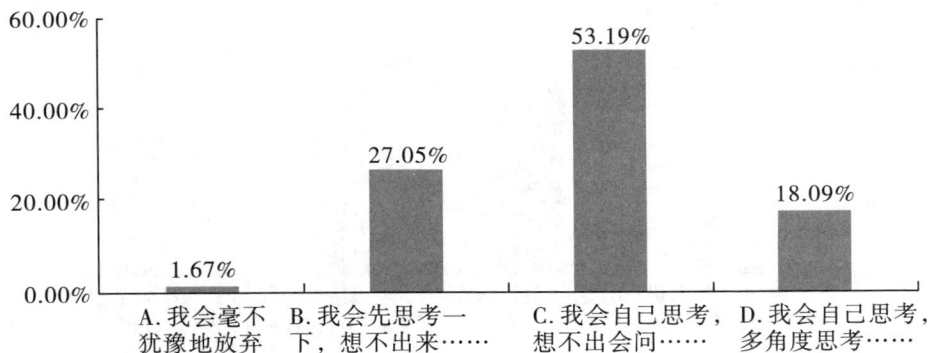

图7　"在数学学习过程中，你遇到难题时"调查结果统计图

（5）由图8可得，在数学学习过程中，解完题之后只有5.78%的学生每次都会回顾习题的知识点、解题方法，而5.78%的学生从未回顾过，只有64.44%的学生偶尔会回顾。因此可以看出学生的解题习惯需要改善。

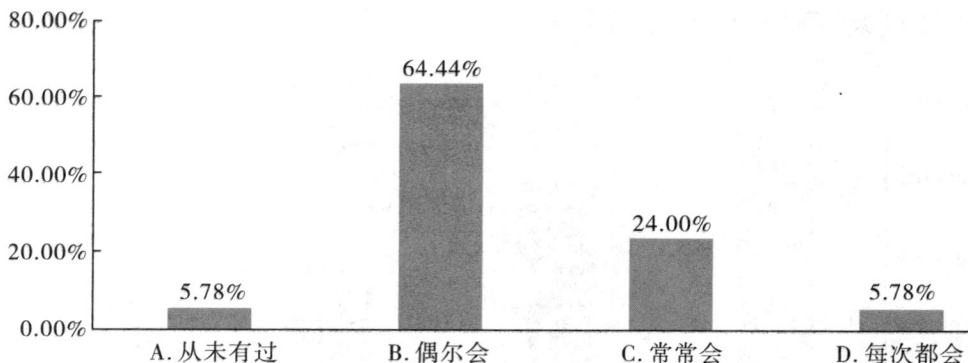

图 8　"解题之后你是否会回顾习题的知识点、解题方法"调查结果统计图

（6）由图 9、图 10 和图 11 可以看出，74.6% 的老师上课时会讲解大部分教学内容；只有 4.2% 的学生独立讲解所有的内容，老师会适时引导；61% 的教师偶尔让学生深入讲习题。学生喜欢的数学教学方法中，"上课时老师主讲，我有听不懂的地方再提问"占比 43.92%，"老师引导，学生进行讨论，如果讨论不出结果老师再讲"占比 40.73%，而"上课时学生主讲，学生有错误师生一起纠错"占比 13.07%。因此，现在的数学课堂主要还是教师讲解，学生讲解的时间不多，学生课堂参与度不高。

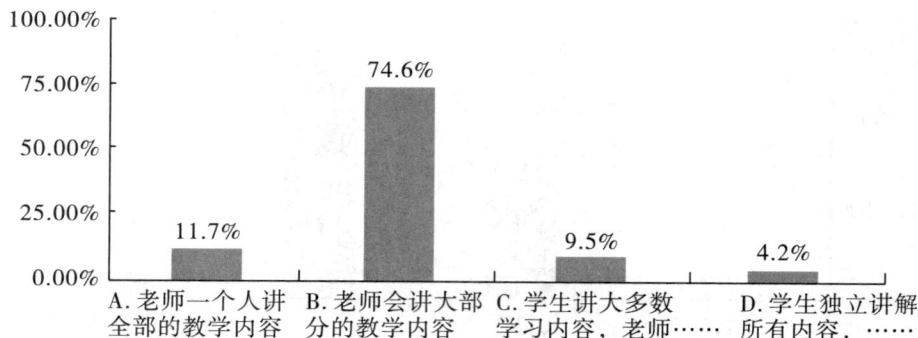

图 9　"上数学课时，你的数学老师使用的教学方式是"调查结果统计图

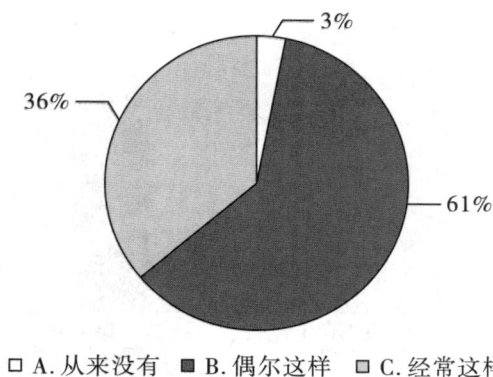

□ A.从来没有 ■ B.偶尔这样 ▨ C.经常这样

图 10 "上课时，你的数学老师是否会让你们逐层深入地讲解题目"调查结果统计图

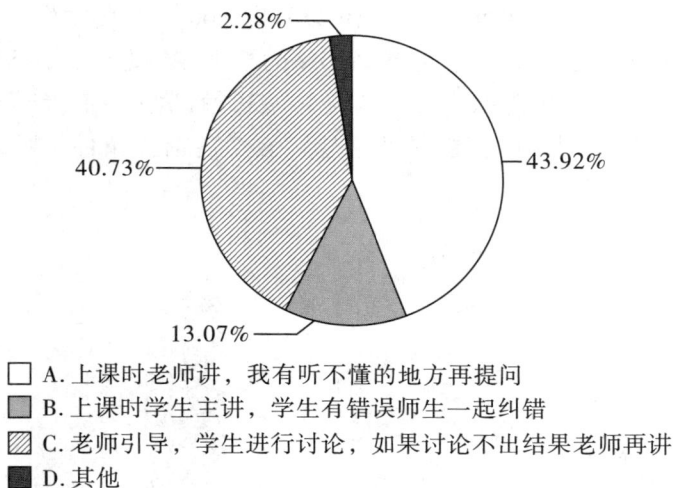

□ A.上课时老师讲，我有听不懂的地方再提问
▨ B.上课时学生主讲，学生有错误师生一起纠错
▨ C.老师引导，学生进行讨论，如果讨论不出结果老师再讲
■ D.其他

图 11 "你喜欢老师采用怎样的教学方法进行数学课教学"调查结果统计图

（7）从图 12 可得，只有 15.2% 的学生认为数学课能将问题全部解决，错题保证不会再错；剩下的有接近 85% 的学生认为数学课上能解决问题，但是下次做到类似题时还会错，说明传统的数学课教学效果不佳。

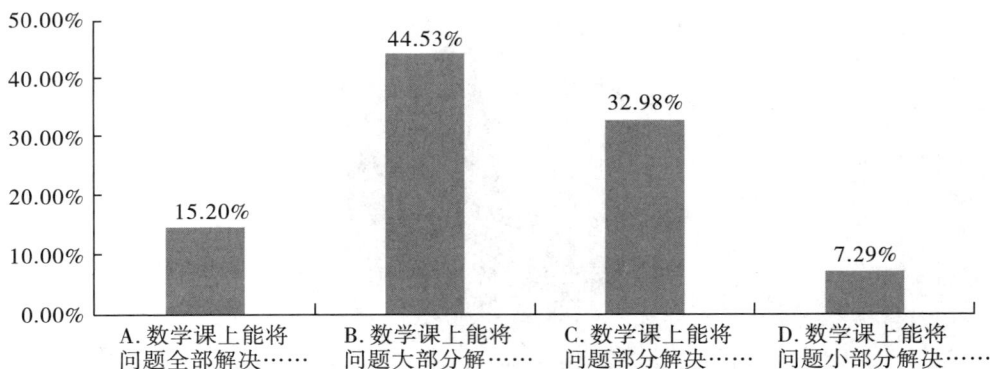

图12　"你在数学课堂的学习效果如何"调查结果分析图

（8）从图13可得，由C、D两项可以看出，66.27%的学生表示愿意在课堂上讲解自己做对的习题；但是有19.6%的学生在讲题时会感觉非常紧张，知道解法，但是不知道怎么讲出来；有14.13%的学生没有经历过讲题。因此，激发学生的"说题"兴趣是"说题"教学的前提条件，要调动学生积极性。

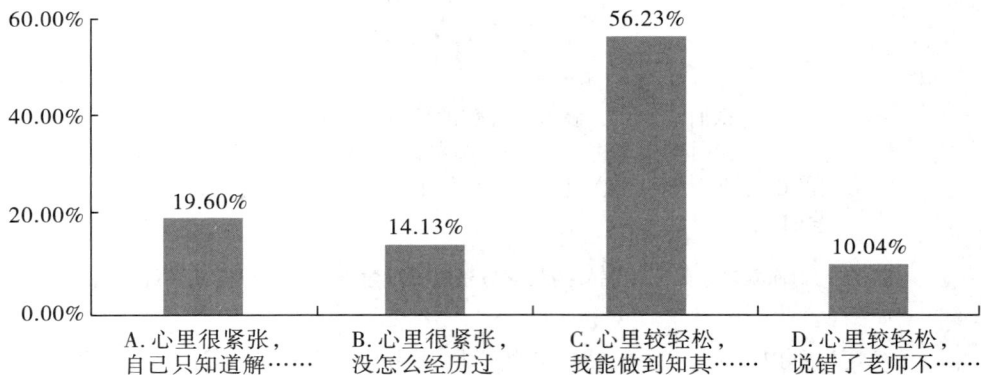

图13　"在数学课上讲解一道你成功做对的题，你会觉得"调查结果分析图

（9）从图14可得，67.33%学生认为自己如果讲题，会重点关注解题思路和策略，只有2.28%的学生会对习题进行反思和感悟，说明学生更关注知识是否掌握，缺乏反思意识。

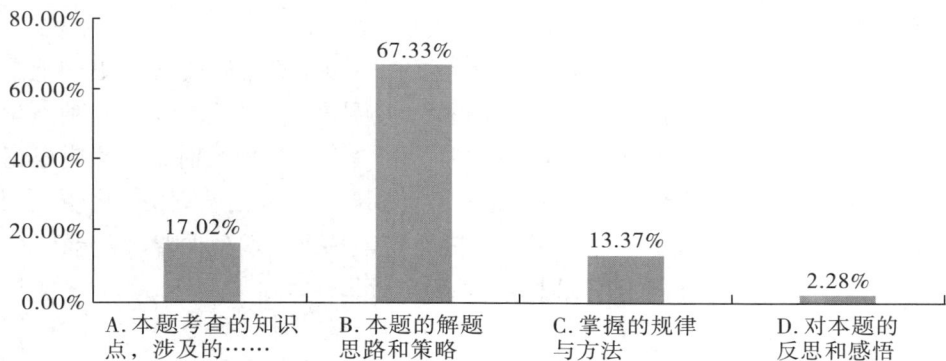

图14　"如果让你讲解一道题，你会侧重于哪一方面"调查结果分析图

（10）对于在数学课堂开展学生"说题"活动，学生还是想尝试的，他们希望通过"说题"活动可以获得更大的进步。从图15可以得出，89.51%的学生关注提高分析、解题的能力，72.64%的学生关注提高数学学习的兴趣和自信心，72.64%的学生关注优化思维品质，63.98%的学生关注提高语言表达能力，63.22%的学生关注形成系统知识结构，58.05%的学生关注形成反思总结的习惯。可见学生开始关注自身能力，眼里不再只有知识和成绩。因此，教师开展学生"说题"活动时，要更加注重对学生思维和能力的培养，吸引学生参与活动。

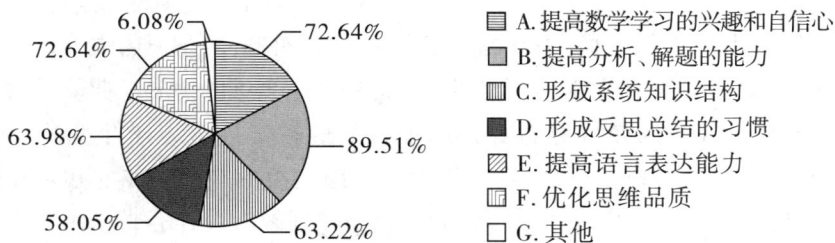

图15　"你希望通过说题活动使自己的学习在哪方面得到改善（多选题）"
调查结果分析图

4. 调查结论

初三的学生面临中考的压力，学业紧张，学生自主学习的时间和空间不足。习题讲评课时，教师往往表现得主观意识很强，过度发挥了主导作用，不会关注学生的解题思路、帮助学生分析和解决问题，而是把学生引到自己的思路框架中，强加给学生，这样不利于学生的思维发展。

由调查结果，笔者认为"说题"活动要注意以下几点：①最大限度地激发学生学习的积极性，拓宽学生的思维空间，引导学生主动思考，养成独立学习、自主学习的习惯。②在实际推广应用学生"说题"模式时，教师应根据实际授课内容和学生实际情况，对其进行设计和调整，要创设宽松、民主、和谐的课堂氛围，合理设置学生"说题"的难度与梯度，学生课堂"说题"要与书面表达相结合，才能真正实现应有的教学效果。

四、初三数学"说题"教学的特色研究

（一）初三数学课堂学生"说数学"的基本原则

1. 主体性原则

在课堂教学中"以生为本，关注生命，充分相信学生，调动学生，利用学生"，突出和保障学生的主体地位，留给学生足够的自主学习、参与学习、合作学习的时间和空间；尊重学生个体差异、从学生的整体认知水平出发，引导学生进行自主学习、合作交流、发现知识、提炼数学思想方法。"说题"教学，让学生展示自我，做课堂学习的"主宰者"。

2. 思维发展原则

数学"说题"教学不仅能让学生掌握数学基础知识和基本技能，还能教学生学会学习，在学习过程中掌握学习方法，形成良好的学习习惯，更重要的是在教学过程中能培养学生的思维能力，促进学生思维的发展。弗赖登塔尔的教育思想和布鲁纳的教育思想都强调了数学的教学应该以学生为本，进行"再创造"或者"发现学习"，延展学生的思维，而不是把现成的知识灌输给学生①。要以"发展学生思维"为宗旨，全面规划教学设计、教学内容、教学策略和教学流程等环节。

---

① 吴国富. "说题"教学：初中数学试卷讲评的实践探索 [J]. 读与写，2011，8 (12)：77－78.

3. 差异性原则

学生的身心发展具有个体差异性，这不仅体现在不同学生同一方面的发展速度和发展水平上，还体现在不同学生不同方面的发展水平上。因此，教学过程中一定要注意个体的差异性，尊重和信任每一位学生，因材施教。

在具体教学中，教师应根据教学目标合理设计教学活动，充分调动学生的学习积极性，让每个学生都能参与到课堂中来；对学习有困难的学生，教师应经常给予积极的鼓励性评价，促使每个学生都能在原来的基础上得到进步。另外，在教学活动中，教师要能恰当评价学生在不同问题的解决过程中所表现的不同水平。

4. 知识结构化原则

知识不是独立于客观事物而存在的，对于知识的学习也不能独立于实际社会。所以教师在教学时要注意帮助学生建构知识的现实意义，将新知识与学生的已有知识经验联系起来，形成一个知识系统。随着社会的快速发展，知识的更新速度也越来越快，教师在教学中应该站在发展和变化的角度看待知识，抓住知识的本质特征进行教学，并且帮助学生建构知识的现实意义，通过建立知识与社会的联系，促进学生对知识的理解，从而发展学生的思维。知识结构化原则有两层含义，一种是教师教学时要注意将知识进行结构化处理，让学生了解学习内容的基本结构，从知识结构的层面上来学习具体知识；另一种是教师要教会学生自己来建构已学知识的基本结构。

5. 循序渐进原则

根据儿童认知发展的阶段性特点，皮亚杰把儿童的思维发展分为：感知运动阶段前运算阶段、具体运算阶段、形式运算阶段[1]。这三个阶段的儿童学习和思维发展有着明显差异。基于思维导图的数学教学要遵循循序渐进的原则，一方面教学要针对学生群体思维发展的阶段性特点，合理安排教学内容和教学进度，使得教学能够促进学生的发展。另一方面教学要根据学生个体思维发展的特点，对于同一个班级的学生，即使年龄相同，认知发展水平也可能存在着很大的差异，那么教师在教学中就要了解每一个学生的思维水平和发展特点，根据学生个体已有的发展水平，制定适合每个学生的由简单到复杂，由易到难的学习任务，通过对学生学习过程的控制，促进每位学生的循序发展。

6. 师生参与原则

建构主义强调学生的主体地位，但也不忽视教师是学生学习的指导者，是

---

① 皮亚杰. 发生认识论 [M]. 范祖珠，译. 北京：商务印书馆，1990：53.

学生意义建构的设计者和促进者的作用。学生在数学课堂教学中是主角，尽管大多数教师明白以学生为主体的重要性，但由于教学进度、个人教学习惯等原因，教师选择在课堂多讲，让学生多做，学生的学习积极性没能被激发出来。学生"说题"是学生把自己大脑中对数学习题的分析用语言表达出来，要给学生充足的时间让他们"说题"，展现自己的思维。同时，教师在数学课堂教学的主导地位是不可替代的，让学生"说题"并不是让教师彻底退出讲台。教师的有效引导、指导，可让学生更主动地参与到课堂教学中来，激发学生的求知欲，开拓学生的思路，使学生更深入地理解题意，说好题目。

师生共同参与"说题"，同时发挥学生的主体性和教师的主导作用，师生教学相长，相互促进。只有学生说出其思，教师发现问题所在，才能有针对性地进行指导。同时，教师的指导能让学生更好地融入教学活动，在思维层次上不断进步。

7. 前期预案原则

波利亚解题表中的解题四步骤也是教师要引导学生思考的问题。问什么样的问题，教师可在波利亚解题理论的指导下进行预设。学生参与度高的课对教师的要求也高。对于课堂"说题"，教师要在课前有预案，不是所有的教学内容都适合让学生"说题"的，教师应选择那些能体现学生的思维能力、提高认知水平的习题作为"说题"教学的内容，避免盲目性。课堂教学中展示哪些题，它们的难度系数如何，选择哪个学习层次的学生"说题"，学生"说题"的过程可能会发生什么情况，教师都要提前预案，整体把握教学对象的情况、教学内容，这是课堂"说题"教学有效实施的保证。

（二）教师集体备课过程中的"说题"教学

"说题"教学是师生双方互动的一个"反馈—矫正"过程。教师是"说题"教学的组织者、引导者和设计者。教师要对这节课做整体安排、做好教学设计，因此教师要提前备好知识内容，即备懂基本思想，备透教材结构及重难点，备化教材的科学性与思想性，能使教师在开展这节课时的"说题"教学中游刃有余。但是初三的数学不管是复习课还是周测讲评课，特别到第二轮的时候，需要处理大量的练习，面对大量的试题，需要教师从中精选、选好题，然后在集体备课中进行"说题"，从而达到精讲，达到以一当十之效，切实减轻学生的负担，因此备课组决定在每周的集体备课中选取周测和教材中的典型题目进行教师"说题"。

笔者所在学校的备课组在 2017 年 9 月至 2019 年 7 月完成了韶关市重点规

划课题"初中数学集体备课的有效性策略研究"（sgjky17086），已经具备了比较成熟的集体备课模式且制定了完善的教研制度，规定每周两次集体教研（备课）。每周一和周三以备课组为单位进行集体备课，每次 1.5 小时左右，由备课组组长组织，在固定的时间和地点进行。集体备课的主要研究内容如下：

（1）周一教研：备课组在上周三已将下周所需编写课时资料的任务分配好，教师独立备课。周一教研首先由教师按照任务分配进行"说课"，然后全组教师讨论修订，最后形成统一认识，确定课时教学目标、重难点、主要教学环节及教法、当堂反馈。所有下周教学的内容都要在本次教研中进行讨论，教师在此基础上进行学案、小卷子、周测等资料的编写，并在周三活动前准备好资料的样稿。

（2）周三教研：本次教研针对教学资料的样稿，备课组逐一进行细节的修订。从课时的教学目标、重难点、教学环节、例题及课堂反馈练习，每一项都从提高课堂实效的角度进行推敲和审定，确保每一份发到学生手中的学习资料有效和高效。然后分配下一周的编写任务，教师在下周一活动前进行个人备课。

（三）初三复习课中的"说题"教学

复习课是初三数学课堂教学非常重要的一种课型。初三分为第一轮基础复习，第二轮专题复习和第三轮模拟。每一个单元、每一个专题都需要做一个总结与复习，但是往往很多教师在此处忽略复习课的重要性，只是领着学生将基本知识点做一个框架式的结构图，复习只是皮毛性的，这样的复习的确起不到什么作用，甚至有些教师将已经罗列好的知识点下发给学生，让其记熟、背会。这种教学非常不利于学生数学逻辑思维的形成。对于初三的学生，复习课完全可以组织学生进行"说题"教学活动，让学生在交流讨论中将零散的、不成系统的知识整理归纳。初三复习课中的"说题"教学设计既要符合学生当前的认知水平，还要结合学生的心理特点来选择教学价值高、针对性强、难度适宜的问题，因此一节复习课的"说题"教学设计的质量就显得尤为关键，选题和问题都需要不断讨论、反复推敲。

（四）初三周末作业讲评课中的"说题"教学

笔者所在的学校每周数学课是有适当作业的，因此周末作业的讲评非常必要。传统的作业讲评课模式是以教师讲评为主，教师包办了一切——讲知识点、讲题、讲思路，而学生只是哑巴听众。学生"说题"模式则可以有效避免和克服传统讲评课中存在的问题和不足，有效提高课堂教学效果。有学者从说题目、说思路、说解法、说错解、说反思、说变式 6 个方面提出高中数学试卷分析教学中新型"说题"模式，初中数学教学课堂中的应用则相对较少。笔者基于自身初中数学教育教学实践和相关课题研究经验，结合其他教育教学工作者的研究成果，探索性将学生"说题"教学模式应用于初三数学周末作业讲评课中，详见《学生说题教学模式初探》（发表于《中学数学教学参考》2022 年第 8 期）

（五）数学活动中的"说题"教学

数学教育的核心是培养解决数学问题的能力，在九年级的数学活动中开展"说题"活动，是学生进行研究性学习的有效途径，不仅可以加强学生的参与意识、交流意识、合作意识，还可以全面训练学生的数学思维，提高学生的问题解决能力、创新能力和数学实践能力。

"说题"是教师钻研教材、探讨教法、不断提高教学水平的一种好方法，更是促进教师专业化发展的有效途径。为了培养教师把握教材、处理教材的能力，提高课堂教学水平，达到以"说"促"教"，追求卓越的目的，我校每年也举办初中数学青年教师"说题比赛"。这个活动既达到了促进教学交流的目的，也为青年教师提供了学习观摩的平台。通过比赛，教师们自觉查找差距、努力提升知识层次，把做题植根于日常的教学实践，视命题为教师基本功的重要组成部分，加深理解"说题"是一种深层次的备课形式，全体数学教研组组员都会以更加饱满的热情投身到做"学习型、反思型、研究型"教师的熔炼中。

（六）初中数学"说题"教学评价表

表 6   初中数学"说题"教学的实践研究"说问题背景"评价表

评价项目		水平划分和描述			
一级指标	二级指标	水平 0	水平 1	水平 2	水平 3
说问题背景	说来源	不能说出问题的来源	大概说出问题的来源	清晰说出问题的来源	清晰说出问题的来源，并说出问题相似的题型出处
	说联系	不能说出涉及的知识点	基本说出涉及的知识点	能说出涉及的知识点与所学知识之间的承接关系	准确说出涉及的知识的相关运算法则、公式、定理等

表7　初中数学"说题"教学的实践研究"说审题过程"评价表

评价项目		水平划分和描述			
一级指标	二级指标	水平0	水平1	水平2	水平3
说审题过程	说信息	几乎不能从题目中找到关键信息	基本能找到关键信息	顺利找到关键信息	迅速找到关键信息，并能在题干中做好标记
	说分析	几乎不能对题目的内容进行陈述、分析	能对题目的内容进行简单陈述，但条理不清，分析缺乏逻辑性	对题目的内容陈述较完整，条理够清晰，但分析不够到位	题目的内容陈述完整，条理清晰，研究方向明确，分析到位
	说条件	几乎不能将题干的信息条件化	能基本将题干的信息条件化	能根据题干的信息梳理出相关的数量关系、构出图形	准确地条件化，并且能够快速地找出等量关系、模型

表8　初中数学"说题"教学的实践研究"说解题方法"评价表

评价项目		水平划分和描述			
一级指标	二级指标	水平0	水平1	水平2	水平3
说解题方法	说表达	几乎没有表达出相关的解题方法	有断续、语言表达不流畅	基本能够完整地表达	表达清晰有条理，准确运用文字、符号、图形三种数学语言
	说思路	理不清思路，无从下手	基本能够完成一部分的思路阐述	思路基本完整	思路清晰有条理，思维严谨
	说解法	找不到突破口	能完成基础部分的过程	过程基本完整，但有疏漏，解法得当	过程逻辑严谨，能够从不同的角度、用多种解法解答

表 9 初中数学"说题"教学的实践研究"说问题拓展"评价表

评价项目		水平划分和描述			
一级指标	二级指标	水平 0	水平 1	水平 2	水平 3
说问题拓展	说题型	没有题型拓展	改变题目条件或结论进行题型拓展	同时改变题目条件和结论进行题型拓展	在原题的基础上进行改编或创新,产生新的题型
	说方法	没有方法拓展	对解决问题的方法进行简单的拓展	对解决问题的方法进行了较好的拓展,能举一反三地应用	对解决问题的方法进行深度拓展,能用该方法解决新的问题

表 10 初中数学"说题"教学的实践研究"说思想方法"评价表

评价项目		水平划分和描述			
一级指标	二级指标	水平 0	水平 1	水平 2	水平 3
说思想方法	说思想	不知道用了哪些数学思想	能简单说出用了哪些数学思想	能说出用了哪些思想方法,能部分指出在哪个知识点使用了哪些思想方法	能说出用了哪些思想方法,能指出所有数学思想的使用过程
	说方法	不知道用了哪些数学解题方法	能简单说出用了哪些数学解题方法	能说出用了哪些数学解题方法,能部分指出在哪个知识点使用了哪些数学解题方法	能说出所有使用的数学解题方法,能指出所有数学解题方法的使用过程

表11　初中数学"说题"教学的实践研究"说总结反思"评价表

评价项目		水平划分和描述			
一级指标	二级指标	水平0	水平1	水平2	水平3
说总结反思	说知识	不知道学了哪些知识，没有对所学知识点进行总结	说了所学部分知识，并对这部分知识点进行了总结	说出了大部分所学知识，并对这些知识点进行了总结	说出了所有所学知识，并对所学知识进行了总结
	说反思	不知道反思	简单地对"说题"过程进行反思	较好地对"说题"过程进行反思，对"说题"过程中的数学思想方法有简单的反思	很好地对整个"说题"过程进行反思，对"说题"过程中的数学思想方法有清晰的反思
	说疑问	不知道存在什么学习疑问	知道存在学习疑问，但不知道学习疑问的解决策略	知道存在学习疑问，知道部分学习疑问的解决策略	知道存在的所有学习疑问，知道所有学习疑问的解决策略

五、初三数学"说题"教学的有效性分析

为了分析两年来初三数学"说题"教学的有效性，笔者分别从教师和学生两个角度进行横纵向对比，主要表现在以下两个方面：一是从教师角度分析初三数学"说题"教学带来的影响。在2021年10月11日和2022年11月26日对笔者所在的中学初中部的40名数学教师参与集体备课的表现展开访问，并对调查结果进行对比分析；二是从学生角度分析"说题"教学带来的变化。将笔者所在学校初中部的2021届和2022届的九年级学生分为实验班和非实验班的学生，并通过追踪其2年的考试成绩，从平均成绩、及格率、优秀率等因素分析"说题"教学带来的影响。

（一）"说题"教学对教师影响的定性分析

从2013年6月起，在2013—2017年开展的两个韶关市重点规划课题研究基础上，本课题组教师进一步延展和深化初中数学教学试验研究，全面开展学

生"说题"的实践和教学尝试，探究建构学生为主的"说题"新型课堂模式。本课题组教师所在的科组从 2017 年 9 月至 2019 年 7 月坚持每周一、周三在集体备课中开展教师"说题"。

集体备课中"说题"教学模式的实践落地，大大提升了教师的专业水平、活化了教研氛围。把教师的智慧进行资源共享，有利于提升教师的专业水平。

（二）"说题"教学对学生影响的定量分析

1. 样本选择

综合考虑各个因素、结合"说题"教学原则，选定笔者所在学校 2021 届九（1）班、九（12）班、九（22）班的学生作为第一次试验对象，九（2）班、九（11）班、九（21）班的学生作为参照对象，一共 269 人，追踪时间为 2020 年 9 月至 2021 年 7 月，试验期为一年；2022 届九（1）班、九（22）班、九（23）班的学生作为试验对象，九（7）班、九（12）班、九（21）班的学生作为试验对象，一共 276 人，追踪时间为 2021 年 9 月至 2022 年 7 月。试验期为一年，总计 2 年，并在 2020 年 9 月至 2022 年 7 月追踪记录九年级数学组每一次教研"说题"过程。

2. 数据处理分析

以九年级上学期适应性考试为前测，下学期模拟考试为后测，利用 Excel 进行数据初步整理，结合 SPSS 对数据进行差异性分析，从平均成绩、差异数、优秀率等各方面分析"说题"教学给学生带来的影响。（S 代表实验班，K 代表对照班）

（1）实验组与对照组前测数据分析。

表 12　2021 届实验组与对照组适应性测试成绩对照分析

测试时间	组别	平均分	差异系数	优秀率	及格率
2020 年 9 月	S	90.68	0.22	26.87%	83.58%
	K	89.68	0.16	12.60%	89.63%

表 13　2022 届实验组与对照组适应性测试成绩对照分析

测试时间	组别	平均分	差异系数	优秀率	及格率
2021 年 9 月	S	94.22	0.27	43.51%	82.44%
	K	95.36	0.26	42.76%	82.03%

　　从表 12 和表 13 可以看出，2021 届实验班和对照班的平均成绩相差不大，但是实验班的优秀率高于对照班，及格率低于对照班；2022 届实验班和对照班的平均成绩、优秀率、及格率都相差不大。

表 14　2021 届实验组与对照组前测 t 检验

	组别	均值	标准差	t	p
前测 2021	S	90.68	19.755	0.475	0.636
	K	89.68	14.111		

　　从表 14 可以看出，2021 届的前测，实验组的均值为 90.68，对照组的均值为 89.68，差别不大。p 值为 0.636，远大于 0.05，故实验组与对照组前测成绩没有显著差异，可以进行对照实验开展。

表 15　2022 届适实验组与对照组前测 t 检验

	组别	均值	标准差	t	p
前测 2022	S	94.22	25.208	-0.380	0.704
	K	95.36	24.430		

　　从表 15 可以看出，2022 届的前测，实验组的均值为 94.22，对照组的均值为 95.36，差别不大。p 值为 0.704，远大于 0.05，故实验组与对照组前测成绩没有显著差异，可以进行对照实验开展。

（2）实验组与对照组后测数据分析。

表 16   2021 届实验组与对照组模拟测试成绩对照分析

测试时间	组别	平均分	差异系数	优秀率	及格率
2021 年 6 月	S	105.40	0.11	48.50%	97.76%
	K	102.39	0.09	31.11%	100%

表 17   2022 届实验组与对照组模拟测试成绩对照分析

测试时间	组别	平均分	差异系数	优秀率	及格率
2022 年 6 月	S	111.48	0.09	82.44%	98.47%
	K	108.44	0.14	75.17%	96.55%

从表 16、表 17 可以看出，无论是 2021 届还是 2022 届，实验组和对照组的平均成绩、优秀率、及格率都有了提高，但是实验组的提高幅度更大。

表 18   2021 届实验组与对照组实验后测 t 检验

	组别	均值	标准差	t	p
后测 2021	S	105.40	11.920	2.363	0.019
	K	102.39	8.747		

从表 18 可以看出，2021 届后测实验组和对照组的平均值分别为 105.40 和 102.39，相差了 3.01 分，p 值为 0.019，小于 0.05，存在显著性差异，说明经过"说题"干预后，实验组和对照组之间的成绩有明显的差距。

表 19   2022 届实验组与对照组实验后测 t 检验

	组别	均值	标准差	t	p
后测 2022	S	111.48	9.958	2.017	0.045
	K	108.44	14.821		

从表 19 可以看出，2022 届后测实验组和对照组的平均值分别为 111.48 和

108.44，相差了 3.04 分，p 值为 0.045，小于 0.05，存在显著性差异，说明经过"说题"干预后，实验组和对照组之间的成绩有明显的差距。

（3）实验组前后测数据分析。

表 20　2021 届实验组前后测配对检验

	组别	均值	标准差	t	p
对 1 前测 2021—后测 2021	前测 2021	90.68	19.755	−9.671	0.000
	后测 2021	105.396	11.920		

表 21　2022 届实验组前后测配对检验

	组别	均值	标准差	t	p
对 1 前测 2022—后测 2022	前测 2022	94.22	25.208	−7.477	0.000
	后测 2022	111.48	9.958		

从表 20、表 21 可以看出，2021 届前测平均值为 90.68，后测平均值为 105.40，提升了 14.72 分，p 值为 0.000，小于 0.05，存在显著性差异。2022 届前测平均值为 94.22，后测平均值为 111.48，提升了 17.26 分，p 值为 0.000，小于 0.05，存在显著性差异。故两届的前后测配对检验说明"说题"对学生的成绩提高产生了明显的影响。

（三）小结

通过初三数学"说题"教学的实践研究和数据的对比分析，笔者深切认识到教师的教学理念应该随着时代的发展不断更新，好的教学理念是教师立于不败之地的法宝；教师教学理念的转变直接受益的就是学生，"说题"教学活动，让学生真正成为学习的主人，学习变得更主动、更有趣、更自信。总结"说题"教学活动主要起到如下作用：

（1）"说题"教学活动增强了学生学习数学的主动性，摆脱了题海战术。"说题"能在众说纷纭中，学生相互启发，领悟并抓住问题的本质，并适当变式，使更多的学生能触类旁通、举一反三，大大减少了机械训练的频率，相应地提高了数学课堂的效率。

（2）"说题"教学活动优化学生的思维品质、培养和发展了学生的思维能力。数学"说题"给学生指明了解决问题的思考策略：说已知、说多种解法、说反思都在培养学生的思维灵敏性和广阔性。"说题"让学生把自己的思维变化的过程展示出来，组建了思维框架，从而提高了学生的思维品质。

（3）"说题"教学模式的实践落地，大大提升了教师的专业水平、活化了教研氛围。将教师"说题"引入初三数学的日常集体备课中，教师在"说题"前，教研组要精心选题、选好题，在集体备课中做到一题四说，同题众说，说背景、说解法、说变式、说教法与学法。把教师的智慧进行资源共享，提升教师的专业水平。"说"以致用，最终落实到课堂教学中，更好地为教学服务，切实提高课堂教学效益。

六、课题研究主要成果

表 22   本课题研究的主要成果

成果名称	作者	形式	完成时间	备注
利用错误资源促进减负增效的教学实践	侯燕香	论文	2023 年 3 月	发表于《中学数学教学参考》
学生说题教学模式初探	侯燕香	论文	2022 年 3 月	发表于《中学数学教学参考》
深挖教学资源　实现减负增效	侯燕香	论文	2022 年 8 月	发表于《中学数学教学参考》
"新冠"疫情下网络直播教学模式的利弊分析	侯燕香	论文	2021 年 3 月	发表于《韶关教育》（双月刊）
以学生说题为"土"　育数学思维之"花"	侯燕香	论文	2021 年 7 月	被广东教育学会中学数学教学专业委员会评为广东省中学数学教育论文（初中组）特等奖
运用模型思维破解中考几何最值问题	葛露婷	论文	2021 年 7 月	被广东教育学会中学数学教学专业委员会评为广东省中学数学教育论文（初中组）一等奖

（续上表）

成果名称	作者	形式	完成时间	备注
广东省青年教师数学问题讲授核心片段展示	刘金媛	教学课例	2021 年 7 月	被广东教育学会中学数学教学专业委员会评为广东省青年教师数学问题讲授核心片段展示一等奖
实际问题与二次函数——拱桥问题	侯燕香	教学课例	2021 年 1 月	被韶关市教育科学研究院评为韶关市中小学优秀课例一等奖
以学生说题为"土"育数学思维之"花"	侯燕香	论文	2021 年 7 月	被韶关市教育学会中学数学教研会评为韶关市中学数学优秀论文一等奖
"变化的是矩形折叠不变的是数学思想"教学设计与反思	侯燕香	论文	2022 年 3 月	被韶关市教育学会中学数学教研会评为韶关市中学数学优秀论文一等奖
专题复习——线段中点的妙用	侯燕香	作业设计	2022 年 9 月	被韶关市教育科学研究院评为韶关市初中数学优秀作业设计（归纳整理类）一等奖
运用 Geogebra 实施教学的效果研究	邓海珍	论文	2022 年 9 月	被韶关市教育局评为韶关市教师信息素养提升实践活动（初中组）二等奖
反比例函数与图形面积	侯燕香	作业设计	2022 年 9 月	被韶关市教育科学研究院评为韶关市初中数学优秀作业设计（分层解题类）二等奖
一次函数图像围成的有关三角形的面积问题	毛树兰	作业设计	2022 年 9 月	被韶关市教育科学研究院评为韶关市初中数学优秀作业设计（整理归纳类）二等奖
实际问题与一元二次方程（几何图形类问题）	刘金媛	作业设计	2022 年 9 月	被韶关市教育科学研究院评为韶关市初中数学优秀作业设计（整理归纳类）二等奖
矩形的性质	李晓帆	作业设计	2022 年 9 月	被韶关市教育科学研究院评为韶关市初中数学优秀作业设计（分层解题类）二等奖

（续上表）

成果名称	作者	形式	完成时间	备注
一元二次方程根与系数的关系	骆祥结	作业设计	2022 年 9 月	被韶关市教育科学研究院评为韶关市初中数学优秀作业设计（实践探究类）二等奖
全等三角形——截长补短	骆祥结	作业设计	2022 年 6 月	被韶关市教育科学研究院评为韶关市义务教育学校"双减"优秀作业设计二等奖
实际问题与一元二次方程（传播问题）	陈熙	作业设计	2022 年 9 月	被韶关市教育科学研究院评为韶关市初中数学优秀作业设计（实践探究类）二等奖
解一元二次方程——配方法	卢贞	作业设计	2022 年 9 月	被韶关市教育科学研究院评为韶关市初中数学优秀作业设计（分层解题类）二等奖
一次函数课题学习方案选择	邓海珍	作业设计	2022 年 9 月	被韶关市教育科学研究院评为韶关市初中数学优秀作业设计（实践探究类）二等奖
与阴影部分有关面积的计算	陈熙	作业设计	2022 年 9 月	被韶关市教育科学研究院评为韶关市初中数学优秀作业设计（整理归纳类）三等奖
切线的判定	林丽萍	作业设计	2022 年 9 月	被韶关市教育科学研究院评为韶关市初中数学优秀作业设计（课前预习类）三等奖
平行四边形的存在性问题	刘金媛	课件	2022 年 9 月	被韶关市教育科学研究院评为韶关市教师信息素养提升实践活动（初中组）三等奖
正方形背景下过对角线交点的对角互补模型	骆祥结	课件	2022 年 9 月	被韶关市教育科学研究院评为韶关市教师信息素养提升实践活动（初中组）三等奖

（续上表）

成果名称	作者	形式	完成时间	备注
切线的判定	林丽萍	课件	2022 年 9 月	被韶关市教育局评为韶关市教师信息素养提升实践活动（初中组）三等奖
正方形的性质	邓海珍	课件	2022 年 9 月	被韶关市教育局评为韶关市教师信息素养提升实践活动（初中组）三等奖
单项式乘多项式教学设计	骆祥结	论文	2022 年 3 月	被韶关市教育学会中学数学教研会评为韶关市中学数学优秀论文三等奖
完全平方公式教学设计与反思	刘金媛	论文	2022 年 3 月	被韶关市教育学会中学数学教研会评为韶关市中学数学优秀论文三等奖

七、课题研究反思及展望

从课题设计实施的结果分析来看，本研究取得了一定的成果。但是由于笔者知识和经验的不足，以及客观条件的限制，初三数学"说题"教学的实践研究仍存在一些值得在后续研究中继续探索的问题：

（1）基于 SOLO 分类评价理论如何应用在"说题"教学研究中，如何对学生"说题"反应进行评价，如何运用统计学对学生"说题"认知现状的影响因子进行相关分析如显著性分析等。

（2）培养学生"说题"能力，形成多维度评价体系。在师生"说题"教学的课堂上，学会多维度、多视角评价学生与教师，不仅关注说的过程，还伴随板书、作图、语言等环节进行整体综合分析评价。

这些问题和困惑既是笔者将来希望解决的，也是笔者未来努力的方向。笔者深知：要想在教育教学方面做出更大的成绩，让学生飞得更高更远，自己还有很长的路要走。只有坚持学习，并不断创新，才能在平凡的岗位上取得更大的成绩。为此笔者将继续自己的初衷，把自己的热情奉献在自己热爱的教育事业上！

"初中数学集体备课的有效性策略研究"结题报告

一、绪论

(一)研究背景

　　课堂是素质教育和新课改的主要阵地，而备课是课堂教学的基础环节，备课质量的高低也是决定教学效率和质量的先决条件。当前，各地的学校都在追求教学的有效和高效，最大限度地防止低效，这种追求毋庸置疑具有非常积极的意义。目前，一些教师（尤其是新教师）把备课当成重复抄写教案，"书写"的时间多于"思考"的时间，虽然所写的教案格式标准、字迹工整，但缺乏自身反思和个性，写教案的目的仅仅是应付常规的检查，教师在课堂教学中还是凭个人经验进行教学，这种形式主义的备课不但不能提高教学效果，而且给教师带来了诸多负面影响。

　　集体备课就是利用集体的智慧与知识，集思广益，将个人才智转化为集体优势，通过教学信息的交流与互补，在课前对教材、学生、教法、学法、课程资源等诸要素进行充分的了解与整合、课后对上课的情况进行充分反思和修正，最终实现优化教学和提高质量的一种教学研究活动，是相对于个人备课的另外一种形式。当前广东韶关实验中学正在推行集体备课，但部分教师对这样的备课有不同认知，本课题研究小组基于日常实践研究和调查反馈，发现在集体备课中存在如下问题：

　　（1）除了主备课人外，其他教师是否认真备课难以保证。从管理层面看，想让教师在集体备课之前个体备课，实际上可能很多教师没有做或不认真做，往往等着集体备课，共享"集体成果"，况且教师利用信息技术提供一篇非本人设计的教案也非常容易。教师认真备课与否，备课质量高低，学校管理者难以量化考核，而形式主义的集体备课效果其实也完全取决于备课组组长的能力及监督力度，集体智慧和力量难以真正发挥。

（2）只让主备课人进行系统的深入思考，而其他教师没有任务驱动，要么凭经验、走老路，要么被动接受主备课人的设计方案，致使不承担主备任务的那些教师"随波逐流"。

（3）由于"二次备课"的不落实，使部分教师的智慧不能充分利用且个性特色难以发扬。不同教师、不同班级即使同一内容，课堂教学也千姿百态，本可"同课异构"，但受主备课人的影响，其他教师往往产生思维定式，失去了优化创新的激情和动力，"二次备课"常常被滑过和虚化。

（4）"个性化设计"不落实，忽视了因材施教。教案的"大统一"，很大程度上忽略了学生的差异性，将课堂变成了一个模式的"生产车间"，学生变成了统一规格的"工业产品"，因材施教与分层教学很难得到落实。

（5）在轮流备课的制度下，导致"懒惰"教师出现。未实行集体备课时，教师都需要写教案，每个人都有教案准备和思考的过程。但实行集体备课后，有的教师仅在集体备课时附和几句，表面上看集体备课是人人参与，实则很多教师"不劳而获"，长此以往，教师素质不仅得不到提升，还将趋于弱化。

以上问题可以概括为：有集体备课之名，而无集体备课之实；强调共性的一致，忽视个性的差异；注重文本的研读，淡化课程资源开发。这些问题实际是统一了上课教案，弱化了集体智慧，失去了教师个性，偏离了集备本意。目前，我校师资相对年轻化，我校的发展迫切需要青年教师的快速成长与发展，需要以"集体备课"教研形式为抓手。探究初中数学集体备课的有效性策略对于学校乃至本地区提高教学质量和促进教学队伍专业化成长，都具有非常重要的现实意义和价值。因此，期望通过韶关市教育教学重点规划课题"初中数学集体备课的有效性策略研究"的研究，为学校和本地区的初中数学集体备课找到一套行之有效、可复制推广的模式、方法、策略。

（二）研究意义

1. 理论意义

（1）数学集体备课研究是连接数学教学理论与教学实践的纽带，通过对一线中学数学教师的集体备课实践的研究、反思、总结，不仅可以优化教学实践，还可以丰富完善相关教学理论。

（2）数学集体备课研究包含对数学教师教学过程的系统全面再认识。教师的备课过程，体现了教师对自己学科思想的理解、对学科知识体系的再认知，需要对教学过程进行设计，需要对课堂时间和空间结构进行优化组合、科学统筹。因此，对集体备课深入全面研究有助于从理性层面认识和规范备课工作的意义、方法、特点、流程等要素。

（3）数学集体备课研究也为促进数学教师专业化发展提供理论支撑。通过本课题研究，可以让教师更加关注备好课的意义和价值，避免资源浪费，从理论上更加清晰地认识到有效备课对教师自身在理念、知识、能力等方面的要求，促进教师厚实知识储备、提高教学技能、主动积极寻求专业发展。

2.　实践意义

（1）在新课改的大背景下，备课的理念、内涵、形式、方法、手段等也在不断丰富和创新，通过本课题研究可以帮助中学数学教师从理论的高度系统全面地认识集体备课的意义、作用、方法、程序等，提高教师积极参与集体备课的意识。

（2）帮助中学数学教师从实践操作的层面掌握集体备课的思路、方法、要点、流程等，提高备课水平和效率。让广大教师能十分清楚明白地根据集体备课的要求，充分熟悉教学对象，深入研究教材，科学设计教案，优化教学流程，以学定教，因材施教，落实"以生为本"的教育理念，全面培养学生数学核心素养。

（3）提高数学教师专业成长的速度。集体备课过程实际上也是教师专业成长和发展的一条高效、便捷的路径。集体备课过程中往往有思想的交流、有教学思路的启发、有教学观点的碰撞、有教学方法的互补，本课题的研究成果为教师专业发展提供了学习资源和行动指南。

（三）研究目的

（1）为集体备课探索出一套符合本校本地特点和实际的集体备课新理念、新思路、新模式、新方法、新策略等，提高教师备课的质量和效率，减少无效备课，化解备课与上课"两张皮"的现象。

（2）为教师专业成长摸索出一条行之有效的路径。集体备课不仅让教师优质高效地达成学科教学目标，还让教师伴随教学和研究不断提升自己的专业素养，促进教师向学者型、专家型、创新型教师发展。

（3）提高教育教学质量。立德树人是教师和教学的根本目的。研究集体备课就是要让教师更优质高效地进行教学，让学生更轻松积极地学习，让教学目标更扎实全面地达成。

（四）研究内容

本课题以解决初中数学教学中存在的突出问题：思维转换难、理解概念本质难、定义定理公理抽象概括难、数学语言相互转换难、几何学习入门难等为研究的出发点和归宿，从理论和实践的层面探索集体备课这一教研形式的模式、方法、策略等及其在研究和解决教学问题中的意义和作用，为今后集体备课活动的有效开展提供理论支撑和实践指导。

（1）研究集体备课的理论、模式、流程、方法、策略等。通过查阅相关文献，了解国内外集体备课的相关理论，进一步明晰集体备课的内涵、方法与途径，结合当前备课组教师集体备课的现状调研分析，尝试集体备课方式方法的优化与创新，探索新的集体备课模式和路径。

（2）以同课异构、试卷评讲、数学活动、几何入门教学等为载体，通过集体备课形式开展教学研究，并总结出有效的教学方法，同时为其他教学问题的研究与解决提供借鉴和示范。

（3）开展专题教学资源包建设（资源包指围绕某个知识点的备课或教学而准备的文字、图片、音频、视频、课件等资料），为教师提供形式多样、内容丰富的教学资源和研究资源，促进教师专业发展。

（五）研究方法

（1）个案研究法：选取韶关实验中学教师较成功的或明显不足的集体备课案例，从教学设计到课堂施教，再到课后反思，进行全方位立体式分析评价，为课题研究提供典型案例。

（2）行动研究法：行动研究法的主要特点是，在相关理论指导下，进行实践加研究，即"研究中实践，实践中研究"。通过"实践活动—个人反思—组内互动—专业引领—调整方案—再次实践—再次反思—再次互动……到最后的经验提升"，在这样一个循环反复的实践与研究的交织活动过程中，感悟和探索集体备课的优势、不足、改进方向，同时带动教学质量和教师专业素养的不断提高。

（3）自我反思法：美国心理学家波斯纳提出，教师的成长 = 经验 + 反思。他认为教师如果在获得经验的同时能坚持自觉反思，那么教师的发展就不是一种短期的或阶段性的，而是一种可终身持续发展的过程。所以，本课题研究过程中，也是引导教师用理性的思维、批判的眼光、创新的视角去回望自己的教育教学行为，并在此过程中逐步养成反思的习惯，以提升自己的教学能力，促进自己的专业发展。

（4）经验总结法：这一方法也是本研究过程中运用最多的方法，通过对以往教学经验的总结、反思，把具体经验上升到观念、原则和方法论方面的理论成果。

（5）问卷调查法：也称问卷法，是调查者运用统一设计的问卷向被选取的调查对象了解情况或征询意见的调查方法。本研究中的问卷调查覆盖范围包括实验教师及上课班级学生，通过这种方法双向了解教与学的真实情况，为课题研究和改进教学提供一手资料。

（6）观察法：指通过感官或辅助仪器，有目的、有计划地对自然状态下发生的现象或行为进行系统的、连续的考察、记录、分析，从而获取事实材料的研究方法。本研究中的观察均为课堂观察，以课堂中实验教师的教学行为及学生现实表现作为量化及分析的主要依据。

（六）研究思路

1. 操作流程

本课题组成员为七年级数学组教师，为了使课题研究高效有序地开展，以研究"同课异构、试卷评讲、数学活动、几何入门教学"等专题内容为切入点，以七年级各班为试验班开展研究。研讨的具体操作流程如下：

（1）制订计划，明确任务。研读教材，确定本课教学中将要涉及的问题。

（2）个人初备，制订解决问题的初步方案。主备人认真研究课程标准、教材、课程资源及学生现状，针对教学的重点、难点构思解决方案。

（3）集体研讨，形成解决问题的预案。主备人陈述自己解决问题的方案，集体研讨进行完善，形成教学预案。

（4）将教材校本化，进行"二次备课"。辅备人根据学生的实际情况和自身的教学风格，形成个性化、有特色的教案。

（5）教师根据课堂的实际情况写出课后反思，明确优点与不足，尔后对自己的教学设计进行修正、优化，再通过集体交流讨论，形成最优化教案，打包汇总，充实教育资源。

2. 实施过程

本课题的研究计划两年完成（2017 年 9 月至 2019 年 7 月），主要分以下阶段：

（1）准备阶段。（2017 年 9 月至 2017 年 10 月）

填写课题申报表，撰写课题方案；专家指导，制订详细研究计划。

（2）研究阶段。（2017 年 11 月至 2019 年 5 月）

①成立集体备课小组，确立职责。课题组现由七年级数学教师组成。小组长负责组织集体备课教案检查及优秀教案和课件收集，同时检查并收集教师论文；各组员负责组织单元备课或课时备课；具体备课内容在学期初由备课组组长统筹安排，做好配当。

②讨论集体备课的模式、方法、流程、要求。依据计划中教案的约定完成时间，主备人提前两天完成备课教案初稿并准备好集体备课的发言稿，将教案打印好分发给组内教师，组内教师则用两天时间完成教案的研究与修改；在集体备课活动中，主备人介绍讲课内容的整体构想、教学目标、重点和难点的突破、教法与学法的具体落实、训练习题的选择以及理论依据等，由小组教师进行集体讨论研究，根据自己对教材的理解，提出改进意见；主备人整合其他人的教学思想和改进意见进行教案的修订，并将修订过的教案打印分发给组内教师，教师再根据自身的教学特点、教学风格、本班学生的实际情况以及所获的教学信息和研读教材的最新感悟，在教案旁作注，增删教学环节、更换教学方法、添补教学内容和情节，写出一份翔实的"统一教案"；教师根据教案进行教学，将教学中的感悟与得失记录下来（我们的教学反思），并于下一周集体备课时反馈给相关主备人，通过查漏补缺形成更加成熟的教案；每一次集体备课，备课组组长需填写《集体备课情况记载表》，记录本组活动概况。

③在集体讨论的基础上形成本科组《集体备课方案》和《集体备课制度》。

④进行信息技术培训。培训内容包括：文字编辑、简单课件制作以及网络资源的搜索、加工、利用等。

⑤逐个以重点内容为研究单元，以解决问题的形式开展行动研究。如"同课异构"集体备课要求：A. 明晰教学目标。确立教学目标，准确把握知识、技能、情感态度"三维目标"，对课堂教学做到正确预设，避免无效和低效备课。B. 有效利用教材。引导教师重视教材、深钻教材、充分利用教材，对教材进行有效挖掘（根据班级进行深度、广度的挖掘），进行教学设计。C. 有效准备教学资源。改变"粉笔＋教案"的传统教学模式，准备好课件、教学用具、学生生活经验、课堂中动态生成的情境问题等教学资源。

⑥教师利用网络写教学随笔及典例。

（3）总结阶段（2019 年 6 月至 2019 年 7 月）

将总结提炼出的研究成果运用于教学实践，进行反复验证和完善，并汇集各种研究材料，申请结题评审验收。

（七）创新与突破

希望通过本课题的研究获得集体备课的理论研究新成果和实践操作的新模式、新方法，最终实现教师备课高质、课堂教学高效、学科素养高位、学生能力高强。

通过大量文献研究，笔者发现，当前有关初中数学集体备课的有效性策略研究相对较少，且大部分只是针对某节课进行研究，对于时间上连续性的集体备课，并针对不同课型、数学活动课、试卷评讲等专题展开集体备课的研究更少。本课题主要创新点如下：

（1）通过开展同课异构教研活动，并从集体备课、教案设计、上课、集中研课、自我反思等几部分研究集体备课对教师、学生产生的影响，形成一套有效的同课异构集体备课模式。

（2）通过试卷评讲课的集体备课，建立了一套可增强初中数学试卷评讲课实效性的教学模式、方法、策略，构建高效课堂，提升初中数学教学效果。

（3）通过集体备课七八年级的几何课程，不断测试、反思、修改，形成了一套几何入门备课的有效教学模式，解决平面几何入门难、教学难的问题。

（4）通过以"数学周"活动和集体备课每一个数学活动为载体，形成了一套有效的活动课教学方案，通过这种形式新颖、内容丰富、学生喜欢的数学活动课，让学生在活动中体验、感悟、反思，培养形成数学核心素养，并为数学教与学开辟新路子。

二、概念界定与理论支撑

（一）教学相关理论

数学集体备课活动是一项具有学术性、科学性、创造性的活动，因此需要一定的教学理论做指导，根舍因的教学思想是本课题最主要的理论支撑。

1. 根舍因的备课认知分析

德国教育学家根舍因于1950年提出"范例教学原理"，主要理论观点可归纳为在教学内容上坚持三个特性；在教学程序上遵循四个阶段；在教师备课上做到五个分析。其中对集体备课的分析进行了详细划分，一般要求教师备课时做到对教学内容做如下五方面的认知分析（图1）：

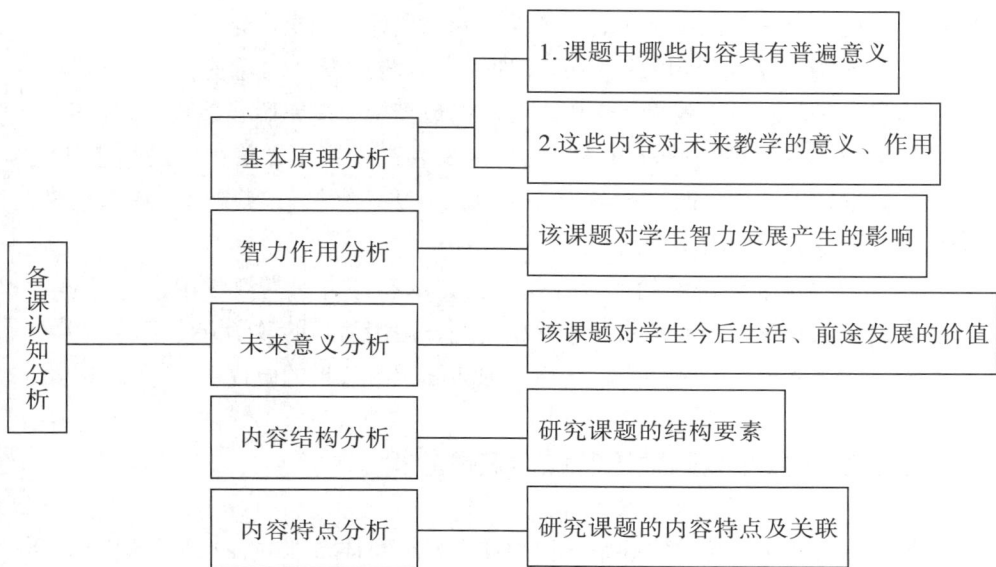

图1

2. 默会知识理论

新课程的三维目标，体现学生全面发展、个性发展和终身发展。然而备课过程中考虑三维目标中的"过程与方法"往往是一些默会知识。英国科学家、哲学家波兰尼将知识划分为明确知识和默会知识。默会知识的本质是一种理解能力，是领会、把握、重组经验，以期实现对它理智控制的能力。

（二）相关概念的界定

（1）集体备课：同一学年、同一学科或同一课程的教师，在各自认真学习教学理论、钻研教材、研究教法和学生学法的基础上，通过相互交流和探讨，对教学活动形成共识，获得最佳教学方案，并以此促进教师教学能力提高和课堂教学质量提高的一种重要的教学研究活动形式。

集体备课的特点是强调备课的过程而非结果；重视交流研讨而不受制于集体备课的形式；注重问题的解决而非教学预案的形成；突出集体智慧但并不忽视个人观点；重视课程资源的开发利用而不仅仅是对教材文本的研读。

（2）同课异构：即同一教学内容，不同的教学设计。它既能体现教学的多样性和艺术性，又反映教师理解教材、理解教学、理解学生的能力与水平。

同课异构的基本流程通常为：教师（多位）施教—确定教学内容—集体

备课—个性设计—上课展示—研课评课—专家点评—二次优化。

（3）试卷：学生学习过程中的各种数学科测试卷。试卷富含教与学两方面的信息，是反映教学效果和学生学习质量最直接、最原始、最真实的材料。

（4）试卷评讲课：通过对学生的检测试卷进行集中评价，帮助学生纠正错误、完善知识结构，改进学习方法、思维方法，掌握学习规律、解题规律，提高学习质量的课堂教学形式。

（5）增强试卷评讲课的实效性研究：在试卷评讲课堂教学中，针对学生试卷中出现的常见错题或易错题等典型问题，运用适当的教学方法帮助学生纠正错误、深化认识、发展能力，从而增强实际学习效果的研究。

三、初中数学教师集体备课有效性分析

为了分析 2 年来韶关实验中学初中数学科组集体备课的有效性，课题组分别从教师和学生两个角度进行对比分析：一是从教师角度分析集体备课对教师的备课理念、行为、效果带来的变化。在 2017 年 10 月 11 日和 2019 年 6 月 26 日分别对初中部的 39 名数学教师参与集体备课的情况展开问卷调查，并对其调查结果进行对比分析。二是从学生角度分析集体备课带来学习方法、学习成绩的变化。将韶关实验中学 2017 级七年级与 2018 级七年级学生分为实验组和对照组，并通过追踪其 2 年的期中期末共 7 次考试成绩，从平均成绩、方差、优秀率等因素分析集体备课带来的影响。

（一）集体备课对教师备课理念、行为、效果等影响的量化分析

1. 问卷编制

本问卷的编制，结合前期的大量文献阅读，以及关于教师的自身认知结构和能力水平的相关研究，在分析以往集体备课经验基础上，设计调查问卷的架构与问题。在问卷的设计过程中参考了 2014 届山西师范大学贾金媛的硕士学位论文《中学教师集体备课的现状调查与对策研究》中的集体备课调查问卷。

问卷共分为三个部分、38 个问题：第一部分 5 个问题，第二部分 10 个问题，第三部分 23 个问题。

2. 问卷回收情况

为了保证搜集到的数据能够反映韶关实验中学初中数学科组集体备课的真实水平，试卷的发放和回收都严格按照调查研究的标准执行。在 2017 年 10 月 11 日和 2019 年 6 月 26 日各发放测试卷 35 份，收回测试卷 70 份，回收率为

100%，回收的问卷中有效测试卷为 67 份，有效率为 95.71%。

3．数据处理

对收回的数据利用统计软件进行处理。特别需要说明的是"教师对集体备课的认识"这部分作为问卷的第三部分，采用李克特 5 点量表计分，完全不赞成计 1 分，不赞成计 2 分，不确定计 3 分，选择赞成项的计 4 分，选择非常赞成计项的计 5 分。这个部分的问题设置包含了三个维度的内容：教师对集体备课目的和任务的认知、教师对集体备课价值的认知、教师对集体备课影响因素的认知。在统计分析时，将教师对集体备课目的和任务的认知计算为新变量 M1，教师对集体备课价值的认知计算为新变量 M2，教师对集体备课影响因素的认知计算为新变量 M3，同时对 M3 的负向题反向计分。正向计分题得分越高说明教师对集体备课的认知越精准，反向计分题得分越高说明教师对集体备课的认知较模糊。

4．调查结果分析

（1）基本信息分析。

根据《初中数学集体备课有效性调查问卷》第一部分个人基本信息的调查数据，分析教师的教龄、学历、职称分布，教师的职位情况等。参与问卷调查样本具体分布情况见表 1：

表 1

项目	属性	人数（人）	有效百分比
教龄	5 年以下	16	45.71%
	6~10 年	10	28.57%
	10 年以上	9	25.71%

教师的教龄能间接反映出教师的教学教研水平，教师的教龄越长，集体备课对青年教师的作用越大，故本研究选取了教师的教龄分布为分析对象。本课题调查样本为 35，从数据上看主要以中青年教师为主。

（2）教师对集体备课的认知分析。

实践决定意识，意识又反作用于实践。教师对集体备课的认知水平会直接影响集体备课的落实情况，反之集体备课也会对教师的思想行为产生影响。

表 2   教师对集体备课的认知水平前后测对比分析

序号	题目	前期	后期
1	集体备课的目的是帮助教师理清教学思路，形成完善的教学设计方案	4.25	4.65625
2	集体备课的目的是解决教师个人不能解决的问题	3.95	4.46875
3	集体备课要对上周遗留的问题进行交流和反思	4.15	4.625
4	集体备课应该注重教师间的互助合作和交流	4.35	4.75
5	集体备课的主要内容就是研究课程标准、学生、教材、教法	4	4.21875
6	集体备课就是大家坐在一起备自己的课，有问题才针对性地讨论	2.9	2.75
7	集体备课只统一框架，具体细节需教师根据自己的情况进行调整	3.55	3.75
8	集体备课大致分为个人初备、集体研讨、二次备课三个环节	4.15	4.4375
9	集体备课有利于教师教学方法和技能的提高	4.25	4.6875
10	集体备课能有效缩短教师备课时间，减轻教师负担	4.05	4.28125
11	集体备课能集合众人智慧，使得备课效率提高	4.35	4.6875
12	集体备课无法做到合作交流，多数流于形式	2.25	1.875
13	集体备课使我思维开阔，授课把握更准确，讨论中学习了别人的经验	3.8	4.3125
14	集体备课在一定程度上统一了教育进度	4	4.375
15	我参加集体备课是出于无奈，学校领导要求参加	2.05	1.71875
16	集体备课比较浪费时间	2.1	1.46875
17	集体备课有利于缩短新教师的成长进程	4	4.4375
18	集体备课实现了资源共享、优势互补	4.35	4.625
19	集体备课有利于促进老教师教学理念的更新	4.25	4.34375
20	集体备课不利于教师教学风格的发挥	2.1	1.90625

（续上表）

序号	题目	前期	后期
21	集体备课不可能做到面面俱到，难免片面和单一化	3	2.59375
22	要做到每节课都集体备课很难实现	3.55	2.90625
23	集体备课有利于教师教学水平的提高	4.3	4.6875

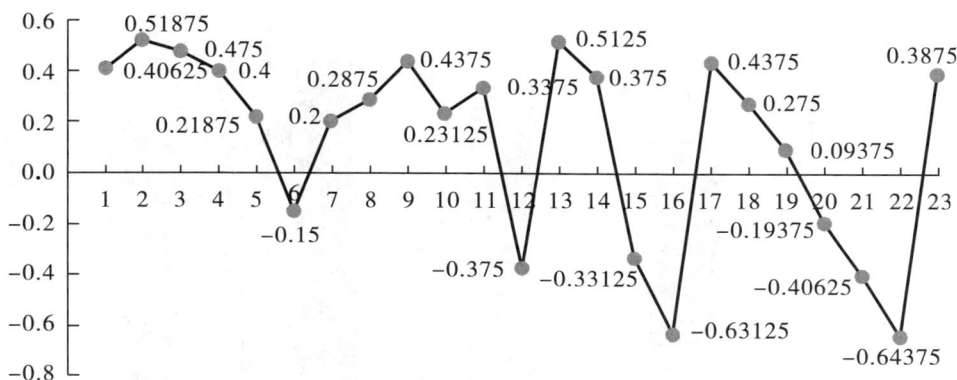

图2　教师对集体备课的认知度分析

　　通过比对前、后期数学教师对集体备课的认知数据可以明显看出，散点主要集中在正数区域，可以从宏观判定，后期的数学教师对集体备课的认知度更为清晰，对集体备课的接受程度更高；同时对落于负数区域的几个数据进行监测可以发现，其所对应的第6、12、15、16、20、21、22题基本上都是负向题，可以从侧面印证教师对集体备课的认知度的提升。综合正负向题的前后期数据变化，可以看到随着教龄的增长，教师会越来越认识到集体备课的价值所在，对其认知也越来越精准。

（二）集体备课对学生学习方法、学习效果、核心素养等影响的量化分析

1. 样本选择

　　综合考虑各个因素、结合可操作性原则，选定我校2017级与2018级的七年级学生作为实验班和对照班，在2017年9月至2019年7月追踪记录七年级数学科组每一次教研集体备课过程，根据七年级上下学期期中、期末共4次考试的数学成绩，从平均成绩、方差、优秀率等各方面分析集体备课带来的影响。

2．数据处理分析

（1）平均成绩。

平均成绩是用来刻画数据平均水平的统计量，可以从一个侧面反映集体备课对学生学习方法、学习效果、核心素养等方面的影响情况。本课题选用了期中期末 4 次成绩，分别是七年级上学期期中、七年级上学期期末、七年级下学期期中、七年级下学期期末。其中前三次考试试卷难度系数 0.8，满分都是 120 分，第四次考试难度系数 0.7，满分都是 110 分。具体情况如图 3 所示。

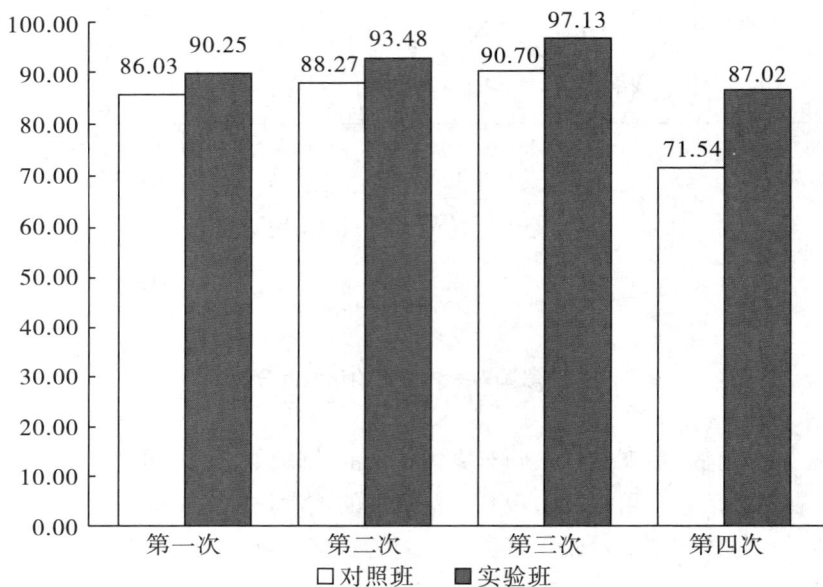

图 3

4 次数学考试成绩表明：实验班的每一次成绩明显高于对照班，随着集体备课时间越来越长，集体备课的效果也越来越明显，第 4 次考试成绩实验班高于对照班将近18%。因此集体备课有助于提高学生的学习效果。

（2）优秀率。

为了了解集体备课给教学带来的影响效果，本课题选取实验班 2017 年 9月—2019 年 6 月的 7 次大考成绩的优秀率进行统计分析，如图 4 所示。

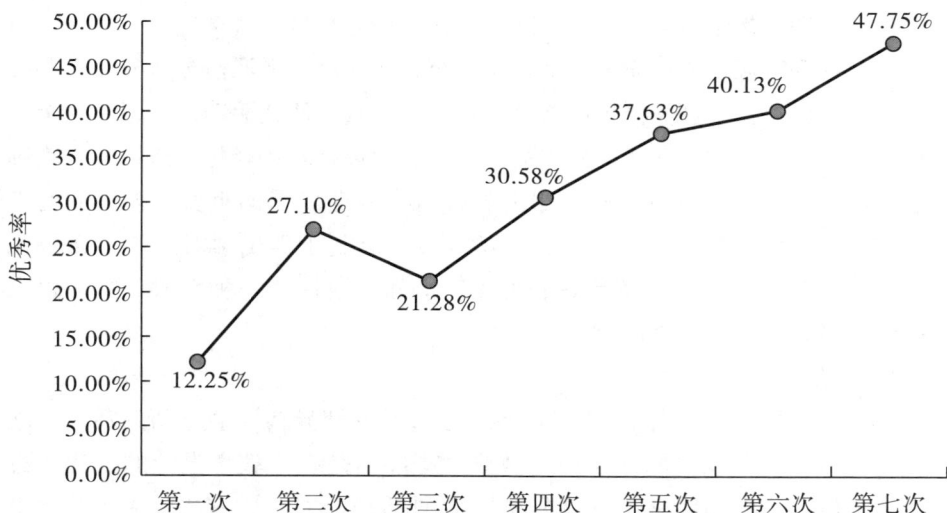

图4

数据表明，第三次考试后，实验班的优秀率不断攀升，在第七次考试达到近一半的优秀率，说明集体备课有助于教师培养优生。

（三）小结

从教师组的实验结果来看，集体备课能够明显帮助教师提升教学教研水平，尤其是对青年教师成长效果更加明显。集体备课总体上教师的参与度高，随着教龄的增长，教师对集体备课的认同感越强；从学生组的实验结果来看，集体备课能够明显提高学生的学习成绩和能力，能够有效帮助教师培育优生。

综上，开展集体备课，无论是对教师教研水平的提升，还是对学生学习质量的提高和优秀学生的培育都显现出非常好的效果。

四、初中数学集体备课有效性的特色研究

（一）"初中数学集体备课的有效性策略研究"子课题之一——集体备课中的"同课异构"教学研究

1. 研究概况

（1）研究的背景与意义。

"集体备课"就是利用集体的智慧与知识，集思广益，将个人才智转化为

集体优势，通过教学信息的交流与互补，在课前对教材、对学生、对教法、对学法、对课程资源等进行充分的准备与整合，在课后对上课情况充分反思和提出改进策略，从而达到共同提高教学质量的一种教学研究活动，是相对于个人备课的另外一种形式。在我校发展的过程中，师资相对年轻化，迫切需要教师们迅速成长与发展，而备课则是帮助教师自身专业发展的重要手段，同时高效、实用的备课也能有效提高教育教学成效，有利于学生学习成长。而"同课异构"是集体备课中具备良好的可操作性和有效性的一种有效方式，也是教师专业成长的一种有效途径。

（2）研究的目标、内容与重点。

①研究目标：A. 对同一教学内容，通过"同课异构"教学研究活动寻求最优施教方案，所以"同课异构"教研过程实质是一个教学设计的择优的过程，通过研究让教师明确"同课异构"教研活动的方式、方法、流程、要求等，并认识到"同课异构"也是高效备课的一条重要路径。B. 研究中通过教师交流讨论、思维碰撞、观点交锋、方式展示等，同步促进教师的专业发展和提高教师的教研能力等。

②研究内容与重点：A. 本课题主要以"课例"研究为载体，通过集体备课、教案设计、上课、集中研课、自我反思等几部分内容在同组之间进行相互交流，以寻求最佳教学设计为目的，形成对"同课异构"这一教研形式的基本认识。B. 本课题重点研究总结"同课异构"教研活动的组织形式及实施策略。C. 建设专题教学资源包，为教师提供充足的教学资源，优化课堂教学，促进教师专业发展。

（3）研究的思路、过程与方法。

①确定课题，独立备课。以学年教研组为教研单位，根据教学进度和教研需要，学科组组长确定主题后，每位研究人员先对教材文本进行个性化的解读，各自查找资料，根据课程标准初步确定本课教学目标，预设教学设计和学生的学案指导，产生教学预案。

②"说课"讨论，优化设计。通过"说课"，各个教师自己对本课的教学目标确定、重难点定位、教学方法选择、教学过程预设等环节从学生情况、理论依据、科学合理性方面进行阐述，然后相互交流观点看法。教师要明确"同课异构"的目的不在于评出课的优劣，比谁的教学能力强、谁的教学能力弱，而是引导教师不"唯教材，唯教参，唯名师"，将精力用在分析学生特点、学习方法以及学生真正需求上。

③课堂实践，检验预设。通过课堂教学的实践检验，对教学目标的达成

度，教学方法的有效性，教学过程的合理性等进行观察记录。每一次教学都要做到详细的记录，为教学反思做好准备。主要记录教师的提问和课堂实际反馈，学生的回答及对同一问题不同的答案，包括学习的状态等方面都详细做记录。

④对比反思，分析优劣。首先由执教教师阐述自己的教后体会，主要从目标的达成情况、成功与不足之处、独特设计之处进行全面综合的自我分析，然后由听课的每一位教师根据自己的课堂观察发表意见，通过比较几位教师的教学优劣，形成教学共识，为再次执教提供更优的教学设计思路。在此基础上，教研组进行最后一次集中备课，重新进行教学设计，形成最优教案。案例当中写明每一步的设计意图和课标要求。

2. 研究成果

通过研究，本课题组获得了如下成果：教师论文 6 篇（见表 3），优秀课堂实录 23 节（见表 4），案例分析 8 篇，学生探究与反思小论文 4 篇，图片资料若干等。限于篇幅，案例分析、学生探究与反思小论文就不在此呈现了。

（1）定性成果。

①"同课异构"教研优化了传统的备课方式，提高了教学的有效性。"同课异构"的教研活动过程，实际上也是寻找最优教学方法的过程。对教学内容的不同理解、对教学环节的不同处理、对例题习题的不同选择等都会影响教学的效果和质量。通过教研活动恰恰可以从中比较优劣，挑选出最佳方案。

如李晓帆老师的《分式的基本性质》一课，学生在教师的引领下，师生之间、生生之间无障碍地交流，学生的思维得以打开，课堂大气自然，学生觉得扎实有效。邓海珍老师的《分式的基本性质》一课，在导课部分与学生进行轻松的交流，交流之中适时点拨，她不仅以自身的热情感染学生，激起学生的学习欲望，更重要的是能把自己的发现及发现的过程讲给学生听，加上多媒体的恰当应用，教师的讲述清楚细腻，学生的学习轻松活泼，作为平行班的学生始终没有丝毫的厌倦情绪，反而神情专注、全心投入，表现出良好的教学效果。

若能将教师的优点充分吸收，不足处有效避免，取长补短，通过实践的打磨，高水平的教学设计和高效课堂自然水到渠成。

②"同课异构"教研拓宽了教师的视野，提高了教学艺术性。苏霍姆林斯基曾说："任何一个教师都不可能是一切优点的全面的体现者，每一位教师都有他的优点，有别人所不具备的长处，能够在精神生活的某一个领域里比别人更突出、更完善地表现自己。"教师的知识储备、能力水平、个性特点、教

学经验等决定了教学间一定存在差异性。

教学不仅是一门科学，更是一门艺术。教师对教材的理解、对教学的理解、对学生的理解，自然引发教学的多样性。通过教研和评课活动，对教学问题展开讨论，各自发表自己对本课的感受和看法，百花齐放，百家争鸣，在思维的交流与碰撞中产生灵感，教学的艺术性伴随教研的深入逐渐增强。

③"同课异构"教研为同伴互助搭建了平台，促进了教师的专业发展。"同课异构"教研活动，为同伴互助搭建了一个相互学习、相互交流、共同进步的平台。通过这个平台，课题组教师共同学习教育教学理论、共同研究课标教材、共同寻求最优教学设计，共同解决教学中遇到的问题，寻求合理的教学过程和最佳的教学效果，课题组成了学习、教学、教研的共同体，成了教师成长发展的阶梯。

（2）定量成果。

表3 2018—2019 年度小课题"同课异构"成果（6 篇教学论文参加韶关市的评优比赛）

序号	单位	姓名	题目	文字稿	电子版
1	广东韶关实验中学	侯燕香	教学反思是促进教师专业发展的有力引擎	1 份	1 份
2	广东韶关实验中学	葛露婷	浅谈平面几何入门问题	1 份	1 份
3	广东韶关实验中学	邓海珍	例说数学解题后的反思	1 份	1 份
4	广东韶关实验中学	李晓帆	创新试卷评讲模式 提升课堂教学效率	1 份	1 份
5	广东韶关实验中学	吴惠	如何提高初中数学试卷讲评课的有效性	1 份	1 份
6	广东韶关实验中学	骆祥结	浅谈对错题二次学习的重要性	1 份	1 份

表4 2018—2019 年度小课题"同课异构"成果（优秀课堂实录23 节）

时间	班级	执教者	课题	级别
第一学期				
3 月 28 日	7(21)、7(1)	唐年、侯燕香	用坐标表示地理位置	校级示范课
4 月 11 日	7(8)、7(6)	邓海珍、吴惠	代入法解二元一次方程组	校级公开课
4 月 18 日	8(21)、8(1)	刘金嫒、王静	正方形的性质与判定	韶关市公开课
5 月 9 日	7(5)、7(16)	周建国、黄克琦	不等式的性质	校级公开课
5 月 16 日	7(17)、7(14)	葛露婷、卢劲松	一元一次不等式组	校级公开课
6 月 13 日	7(22)、7(11)	李晓帆、廖俊辉	实数复习课 相交线与平行线复习课	校级示范课
第二学期				
9 月 26 日	8(6)、8(10)	吴惠、邓海珍	直角三角形全等的判定	校级
10 月 18 日	8(17)	葛露婷	轴对称	校级汇报课
10 月 23 日	8(14)	卢劲松	等腰三角形的性质	校级汇报课
10 月 31 日	8(2)	侯燕香	专题 最短路径问题	校级示范课
11 月 21 日	8(12)、8(11)	廖俊辉、李柱成	用平方差公式进行因式分解	韶关市公开课
12 月 12 日	8(9)、8(21)	李晓帆、邓海珍	分式的性质	校青技赛
12 月 26 日	8(5)、8(8)	林丽萍、黄克琦	分式的加减法（1）	校级公开课

表5 2018—2019 年度小课题"同课异构"成果（4 篇优秀教学设计参加广东省的评优比赛）

序号	单位	姓名	题目	文字稿	电子版
1	广东韶关实验中学	侯燕香	最短路径问题的教学设计	3 份	1 份
2	广东韶关实验中学	邓海珍	直角三角形全等的判定（HL）教学设计	3 份	1 份
3	广东韶关实验中学	黄克琦	9.1.2 不等式的性质教学设计	3 份	1 份
4	广东韶关实验中学	冯洁	探究二次函数中三角形面积最值的简便求法	3 份	1 份

（二）"初中数学集体备课的有效性策略研究"子课题之二——集体备课中的"试卷讲评"教学研究

1．研究概况

（1）课题提出的背景。

新课程标准指出：评价的目的是全面了解学生的数学学习历程，激励学生的学习和改进教师的教学；对数学学习的评价既要关心学生学习的水平，更要关心他们在数学活动中所表现出来的情感与态度，帮助学生认识自我，建立信心。测试是对学生所学知识、思想方法、基本技能等掌握情况的一种综合检验方法手段，试卷测试也是一种常见的教学评价方式。测试后的讲评，既是教师对所测学生掌握知识方法的情况的点评，也是学生对所测知识方法再认识的过程；既是一个对教与学质量水平的评价过程，也是对后继教与学的方法策略的修正优化过程。因此，对试卷讲评课的教学研究具有重要的价值。

然而，当前在这方面的教学中，有些教师重测试轻讲评，没有精准分析，不会用数据说话，表现出很大的随意性；有些教师对试卷讲评"讲什么，评什么"不甚了解，轻重主次不分，缺乏针对性；有些教师独揽讲评大权，垄断课堂，忽视学生的主观能动性，使学生处于被动接受评判状态，影响有效性；这些情况大大降低了试卷讲评课的教学效率，也降低了评价价值。

通过查阅相关资料，课题组发现本课题相关文献较多。综合来看，基本上是从教学实际出发提出了如下观点或做法：有人从试卷分析角度出发，指出试卷分析要重视"四段式"；有人从学生心理角度出发，认为评价不当会挫伤学生心理，对学生的学习产生负面影响，因此应通过评价增强学生学习信心；有人从讲评方式方法，提出试卷讲评课的教学要求；有人则是以课堂学习模式为主题，归纳总结出试卷讲评课的一些基本教学模式。但对于初中数学试卷讲评课的专题研究者相对较少。本课题旨在总结反思本校的教学实践的基础上，探索出一套切合本校本地实际、更高效、具有借鉴和推广意义的新的试卷讲评课模式、方法。

（2）课题研究的意义及主要目标。

①课题研究的意义。

A．理论价值。通过本课题的研究，总结提炼试卷讲评课的一般教学原则、基本流程、基本模式及对学生的心理影响等理性化认识。

B．实践价值。通过本课题的研究，寻找一套可增强初中数学试卷讲评课的实效性的教学模式、方法、策略，构建高效课堂，提高初中数学教学效益。

②主要目标。

A．从教学规律、学科特点、心理因素等多个角度探索数学试卷讲评课应遵循的基本原则和一般规律，以期增强初中数学试卷讲评课的针对性、有效性；

B．通过理论与实践的结合，探索初中数学试卷讲评课的基本流程，探索一套适合本校本地而且具有较大推广价值的初中数学试卷讲评课的模式、方法、策略；

C．通过学生错误的归因分析，引导教师调整和改进教学方法，优化教学过程，同时探索促进教师专业发展。

（3）研究内容。

本课题研究的重点是数学试卷讲评课的有效教学模式构建、学生常见错误类型归纳分析、学生出错的心理因素透视等。

（4）课题研究的方法。

①文献研究法：查找相关理论文献资料，为本课题研究提供理论支撑和实践指导，也为本研究奠定创新性基础。

②调查研究法：以观察、访谈等方式调查教学的现状，为本课题的研究提供实践依据。调查当前各种教学模式、方法的教学效果，收集相关数据。

③行动研究法：在试卷讲评课中，根据新的教学设计改变讲评方法，引导学生进行自查和互查，帮助学生进行有效补偿训练等实验，并收集实验效果的相关数据。通过教研组、备课组层面的实践与总结，及时反思行动方案的科学性与可行性，及时作出修正与调整，优化后继工作。

④案例研究：选取具有代表性的典型案例进行剖析，总结提炼初中数学试卷讲评课基本模式、流程、策略等。

2. 研究成果

（1）数学试卷讲评课的基本教学原则。

①针对性原则。试卷讲评课必须突出针对性，试卷讲评前应做好数据分析，做好调查研究，做到用事实说话，用数据说话，突出重点，找准学生的需求点，有的放矢，减少随意性。

②主体性原则。解铃还须系铃人。对于试卷上学生的错误，不能单靠教师的讲解，对错误的分析与纠正，是学生的一次再学习、再认识过程。因此，教师就不能独霸课堂、一讲到底。可在试卷批改后及时下发，留有充分时间让学生对错题进行分析、交流、讨论、再做，找出错题中丢分的原因并做好标注。达到知错、纠错、防错的目的，提高自身"免疫力"。

③及时性原则。考试是学生独立思考的过程，是思维活动最紧张最活跃的

过程。考完后，学生在心理上处于高度的兴奋状态，对每道题的解法记忆犹新，但是又不能充分肯定自己的解法是否正确、合理。时间一长，学生对于试卷或试题的关注度将明显下降，因此试卷讲评必须"趁热打铁"。因此，考完后，教师应尽快批阅试卷，及时进行数据统计分析，并作出针对性强、重点突出的考情反馈与讲评，这样可收到事半功倍的教学效果。只有及时有效地讲评，学生才能留下深刻印象。比如我校每周周日晚学生返校后都进行周测，通常都是周日晚测试完，周一批改，周二统计好数据上报学校，周二或者周三讲评周测卷，效果很好。

④创新性原则。试卷讲评所涉及的内容都是学生已学过的知识与方法，所以讲评应尽量减少简单重复，要有变化和创新。教师备试卷讲评课时，对于同一知识点的题目应归类分析，对典型错题应从知识、方法、心理进行多层面透视，对典型试题应注意变式、引申、拓展。讲评的方式可以多样化，可以讲解知识点、解题方法和解题技巧等，也可以让学生讲评题目，教师进行补充或总结等。

（2）数学试卷讲评课教学策略。

①数学试卷讲评课前需要教师做前期准备。

A. 及时进行阅卷、评卷。为了及时反馈考试信息，考完就应该马上进行阅卷工作，阅完后将试卷发给学生，留有充足的时间让学生去反思、订正，相当于二次答卷。让学生针对失分的题目进行重新思考并找出正确答案，对于未完成或未答的题目多一些时间思考。考虑到考后两三天是学生对试卷的高度关注期，因此趁此期间学生对自己的解题思路、解题方法还较为清晰的时候讲评才能达到最佳讲评效果。

B. 做好试卷和成绩分析。讲评试卷前，教师需要精心准备，一是对试题从考查的知识点、方法技巧、水平要求、命题意图等进行全面分析；二是具体了解学生的答题情况，统计分析考试成绩，包括统计各分数段人数及题目的得分率，了解学生知识和能力的缺陷及教师在教学中存在的问题，做到有的放矢。

C. 精心备课。在试卷讲评前，教师需要备好内容，做到心中有数，切忌面面俱到或随意讲解。对于试卷中灵活性较大或拓展余地较多的试题，教师则可以"借题发挥"，进行改编或拓展，切莫就题论题。要让学生举一反三、触类旁通。

②试卷讲评课教学策略。

A. 分清主次，突出重点。无论是单元测试卷还是综合测试卷，试题都覆盖了大部分的知识点，但在讲评试卷时，通常无须面面俱到、逐题讲解，要分清主次，对各题做到心中有数，合理安排讲评时间，有些试题只需"点到为止"，有些则需重点剖析。对于失分较高的试题，得对症下药，找准错因；对于涉及重难点知识或能力要求较高的综合性试题则需细细剖析，帮助学生理清思路，寻找到解题的思想方法。

B．以学生为主体，以教师为主导。在试卷讲评过程，若教师一讲到底，没有学生参与的时空，学生往往会感到枯燥无味，影响效果。因此教师不能独霸课堂，而要充分调动学生的积极性和主动性，给学生提供纠错平台。进行二次答卷后，可让学生做"小老师"，交由学生点评。

C．注重思想方法的渗透。讲评课不应只是简单的对答案，而应侧重解题思路、方法、技巧和步骤的讲评。有些题目学生丢分于解题不规范，则应注重解题格式的示范。难度较大的题目，突出解题思路的分析、数学思想方法的运用分析。选择题与填空题是数学考试中的两大题型，它们的显著特征是只要解题结果，不要解题过程。在讲评这两种题型时，教师可以引导学生用特殊值法与排除法快速、准确地解答。针对不同题型，教师需引导学生掌握不同的答题技巧。

D．分类归纳，集中讲评。讲评试卷时，不必按题号逐题讲解，可采取分类归纳，集中讲评。一是针对涉及考查同一个知识点的题目，可集中讲评。易于学生把握出题风格。二是形异质同的题即数学情景不同但是数学过程本质相同或解决方法相似的试题，可集中讲评。三是形似质异的题，可集中讲评。形似质异的试题是指数学情景貌似相同，但数学过程本质却不相同的试题。对于这类试题也宜集中讲评。要引导学生透过表面现象看内在本质，注意比较异同，防止思维定式产生的负迁移。

E．课后反思，适当训练。在试卷讲评后，教师应对自己的教学方法和教学内容进行反思，特别是对学生考试中错误相对集中的试题，要反思自己是否漏讲，是否讲透。同时要引导学生进行自我反思、自我分析——对不懂的题目是否已经弄懂，模糊的概念是否已经梳理清晰，似懂非懂的知识点是否已经完全掌握。

每次讲评后要求学生将答错的试题全部用红笔订正在试卷上，并把典型错误的试题收集在"错题本"中，做好错因的分析，并给出正确解答。同时，教师要及时依据讲评情况，针对试卷上出错率较高的题目，可选择与考题相似的题目进行二次训练，使学生彻底弄清弄懂。

（3）数学试卷讲评课的基本流程。

①课前学生自我剖析，自查自改。在试卷讲评之前，学生可先完成以下几

项工作：A．简单的错误，可以直接找出错因，并做好"！"标注，自行解决；B．一些似是而非的题目，学生在知道错因后，可从多角度重新审视问题，为组内的探讨交流做好准备；C．对于自己不能解决的问题可以先用"？"标记，留作重点，听教师或同学评析。

②课堂组内交流合作，互帮互助。学生自身思想、方法、学习成果也是学生间相互学习的重要课程资源。试卷讲评课可以将一些简单的问题放在小组内讨论释疑，自行解决。优等生帮助学困生。有一定难度的题目可在小组内进行初步的讨论，教师再适当点拨，提高学生自身的"造血功能"。

③适时补充例题，落实重点，突破难点。对于重要知识点出现的错误，不能仅靠试卷上的几道题来突破难点。教师可根据题目的特点补充适当的例子讲解，或是在试题的基础上进行变式训练，进行加固性训练。长期以来，我校在试卷讲评以后都会对学生进行一个强化巩固训练，即"周周清"，每周五放学前对于周测不过关的学生进行重测，收到了良好的教学效果。

④师生课后反思，提高纠错防错能力。让师生写出考后反思是试卷讲评课后续的一个重要内容。不断反思才能不断进步，在课后反思的过程中可以客观地找出自己的优势和存在的不足，促进师生共同成长。

3．反思

在本课题研究的同时教师也经历了一个"理论学习—教学实践—教学反思—教学改进—再实践"的过程，这个过程也是教师专业发展的过程。在这期间教师的理论水平、教学反思能力、科研能力和教学水平都得到了大幅度的提升。

（1）收获：①课题研究提高了教师批改试卷、收集数据、归因分析等方面的能力和水平。②课题研究找到了试题讲评课的基本原则、基本模式、主要流程等，提高了试题讲评的针对性、有效性。

（2）不足：①由于研究时间有限，数学试卷讲评课的模式在科学性、高效性等方面还有等完善。②讲评课中，教师对学生的评价有时不科学、不合理，在一定程度上影响了教学的效果。

（三）"初中数学集体备课的有效性策略研究"子课题之三——集体备课中的"平面几何入门课"教学研究

1．研究概论

（1）课题提出的背景。

数学是人们对客观世界定性把握和定量刻画，通过逐渐抽象概括获得相关数学方法和数学理论，并进行广泛应用的学科。数学教学的最终目的是促进学生全面、持续、和谐地发展，教学过程不仅要符合数学自身的发展规律，也应遵循学生学习数学的认知规律。新课标强调数学教学从学生已有的生活经验出发，让学生亲身经历将实际问题抽象成数学模型并进行解释与应用的过程，使学生加深对数学理解的同时，在思维能力、情感态度与价值观等多方面得到发展。平面几何作为初中数学的重要组成部分，是培养学生逻辑思维能力、空间想象能力、运算求解能力、分析和解决问题能力的重要课程，也是从"数"转入"形"、从"代数思维"转入"几何思维"的过程，对学生思维逻辑能力有着较高的要求，也是数学教学的重点和难点。

课题组经过大量的文献梳理发现，当前国内外研究主要是通过问卷调查和几何测试来确定学生几何入门难的问题点，但并没有形成具体的策略放到一线教学中；在实际教学上，学习几何要求高，很多教师容易忽视概念教学，不关注学生的心理以及学习几何的困难。因此，课题组期望通过本研究，为教师教授几何入门课提供教学参考，化解初中几何入门教学难点，提高教学质量。

（2）课题研究的意义及主要目标。

①课题研究的意义。

A. 理论上的意义。在初中几何入门阶段，探究几何学困生的心理现象，获得基本的几何入门教学规律。

B. 实践上的意义。通过对学生几何入门学习阶段的各种影响因素的调查分析，弄清学生在接触初中几何初期的困难点，探究困难根源，帮助教师把握教与学的着力点。

②主要目标。

A. 从学生情感因素、学科知识因素以及外在环境因素入手，分析学生在学习平面几何初步阶段存在的各类问题，并进行归因分析。

B. 以韶关实验中学七年级的几何入门教学为研究样本，了解各类影响因素的成因、防范方法，提出关于初中生几何入门课的相关教学建议和对策。

（3）课题研究的理论依据和方法。

①理论依据。

A. 范希尔几何思维水平。范希尔夫妇作为荷兰一所中学的数学教师，每天都亲身经历着这些问题，最让他们感到困惑的是教材所呈现的问题或完成作业所需要的语言及专业知识，常常超出了学生的思维水平，这使得他们开始关注皮亚杰的工作，经过一段时间的研究，他们提出了几何思维的五个水平：直观（Visualization）、分析（Analysis）、推理（Inference）、演绎（Deduction）、严谨（Rigor）。这些不同的水平是不连续的，却是顺次的。学生在进入某一水平学习之前，必须掌握之前一个水平的大部分内容。

B. 最近发展区理论。维果斯基从三个方面来阐述教学与发展的关系。第一，从"最近发展区"的角度。认为学生的发展有两种水平：一种是学生的现有水平，指独立活动时所能达到的解决问题的水平；另一种是学生可能的发展水平，也就是通过教学所获得的潜力。两者之间的差异就是最近发展区。教学应着眼于学生的最近发展区，为学生提供带有难度的内容，调动学生的积极性，挖掘其潜能，超越其最近发展区而达到下一发展阶段的水平，然后在此基础上发展下一个发展区。第二，从"教学应当走在发展的前面"的角度。维果斯基认为，教学"可以定义为人为的发展"，首先，教学主导或决定着儿童智力的发展，这种决定作用既表现在智力发展的内容、水平和智力活动的特点上，也表现在智力发展的速度上；其次，教学"创造"着最近发展区，儿童两种水平之间的动力状态由教学决定。第三，从"学习的最佳期限"的角度。维果斯基认为学习任何内容都有一个最佳年龄，如果不考虑学习的最佳年龄，从发展的观点来看是不利的，会造成儿童智力发展的障碍，因此在开始某一教学时，除必须以儿童的成熟和发育为前提外，还必须将教学建立于正在开始但尚未形成的心理机能的基础上，即教学应该走在心理机能形成的前面。

C. 认知学习理论。认知学习理论的代表人物布鲁纳和奥苏泊尔认为学习的过程是原有认知结构中的有关知识与新学习的内容相互作用，形成新的认知结构的过程。其实质是有内在逻辑意义的学习材料与学生原有的认知结构关联起来，新旧知识相互作用，从而使新材料在学习者的头脑中获得了新的意义。它既强调已有知识经验的作用，也强调学习材料本身的内在逻辑结构；既强调了有内在逻辑结构的教材与学生原有认知结构的关联，又指出了新旧知识发生相互作用和新材料在学习者头脑中获得新的意义。

D. 成功教育理论。成功教育，是转变教育观念和方法，通过教师帮助学生成功，学生尝试成功，逐步达到自己争取成功。它是追求学生潜能发现和发展的教育，是追求学生自我的教育，是追求全体学生多方面发展的素质教育。成功教育理论鲜明而响亮地提出了"让每个学生获得成功"的口号，这是成功教育的主旨，也是成功教育的总目标。

E. 建构主义学习观。建构主义强调学习的主动建构性、社会互动性和情境性。学习不是由教师向学生传递知识的过程，而是学生建构知识的过程；学习者不是被动的信息吸收者，而是主动的信息建构者。学习者综合、重组、转换、改造头脑中已有的知识经验，来解释新信息、新事物、新现象，或者解决新问题，最终生成个人的意义。

②课题的研究方法。

A. 文献研究法。为了了解当前关于初中几何入门阶段的困难的研究成果，搜集学生在此阶段的学习中存在的各种困难，为归因提供依据；同时搜集教师的相关经验体会与教学建议。通过了解以往的研究，明确本研究的框架，确定本研究的课题。

B. 调查研究法。以观察、访谈、问卷、测试等形式调查研究教学现状，为本课题的研究提供实践依据。

（4）课题的研究过程。

①课题准备阶段。（2018 年 1 月至 2018 年 3 月）

建立课题组，确定课题组成员，明确分工，了解国内外该领域的现状，掌握开展课题研究相关知识和理论。在调查研究和广泛收集资料的基础上，设计出具有较强科学性、可操作的实验方案。

②实施研究阶段。（2018 年 4 月至 2018 年 11 月）

A. 全面启动。潜心备课，深度挖掘教材的实践性和趣味性，注重每节课的导入设计。比如：欣赏图片、看实物、做实验等，使学生感受到几何就在身边；指导学生动手操作，增强其动手能力，如用折纸法找角平分线、找对称轴，用拼凑法得出三角形的内角和为 360 度、利用几何画板动态图设计最短路径等。让学生眼、手、脑并用，积极参与到整个教学过程中，激发几何学习的兴趣。在教学进度安排上，坚持先慢后快；在教学内容上，把握四基要求，稳扎稳打。

以课堂为主。平面几何一开始就出现大量的概念，对于七年级的学生，往往会感到抽象、晦涩、难以理解，更加不会应用解题。因此需要加强学生读、说、听、写、思的能力。主要表现为教师引导学生开口说，说思路、说理由、说概念，同时注重对学生几何书写的规范培养，建立良好的师生互动、合作探究教学模式。

建立师生反馈机制。教师在每节课后及时整理教学过程中学生出现的问题，并对学生进行及时访谈，从以下方面了解学困成因：思维方式转换，基础概念区分，定义、定理、公理理解，文字语言、符号语言、图形间的相互转化，几何语言不规范和不当的教学模式。

B. 深入研究。为深入了解几何入门教学研究成果的应用效果，选取了韶关实验中学七年级 3 个班级，共 150 名学生作为实验对象。从 2018 年 4 月到 10 月，调查追踪学生的听课、作业情况，课后及时询问课堂上有疑问的学生的困难之处，并对学生的作业进行仔细查阅，记录学生出现的错误情况；抽取七年级第二学期期中、期末，八年级第一月考、期中试卷中的 10 道几何题，进行数据分析研究，这些题目的考查点涵盖了几何概念、定理的理解，计算，定理证明的灵活运用，识图、作图能力，几何证明等方面。

C. 总结反思。本研究成果将以研究报告、论文等为主要成果形式，计划于 2019 年 1 月完成。

2. 研究成果

（1）理论成果。

①平面几何入门难的成因分析。

通过调查分析和实践研究，课题组总结和归纳了学生在几何入门学习存在困难的五点共性原因：

A. 思维方式转换不够快。刚从小学升入七年级的学生，在几何学习之初，习惯用代数思维，拿到题目第一反应就是用代数方法解决。比如相交线求角度等问题，很少会去考虑几何方法。几何入门首要就是转变思维方式，学生则会存在一个思维转换适应期，七年级几何是初中几何的基础，影响着后面整个几何部分的学习，部分学生由于不能快速有效转变思维，陷入了被动学习状态，效率低下。

B. 基础概念区分不清晰。初中几何是从基本元素、表示方法逐步过渡到逻辑推理，是一个循序渐进的学习过程。例如七年级上册第四章"几何图形初步的认识"，从点、线（线段、射线、直线）、角的基本表示方法到探究线与线、角与角的相互位置关系、数量关系，概念的呈现最开始是相互关联的文字，再转化为符号语言，这种转变也带来了理解上的困难，不少学生由于不懂利用数形结合，导致基本概念区分不清。

C. 定义、定理、公理理解不透彻。几何公式和定理是几何推理证明的依据，具有高度的抽象性和概括性，专业术语多、符号多，学生初次接触这些定义、定理和公理时，不能很好地把握和理解关键词。例如，学生学习"在同一平面内，过一点有且只有一条直线与已知直线垂直"的定义时，没有理解关键词"在同一平面内""有且只有"等具体意思，全部停留在死记硬背的层面上，含糊不清，导致后期做题时不能准确描述出所作的辅助线，解题难度加大。

D. 三种数学语言的相互转换不顺畅。几何语言讲究精炼、严谨，多一个字或少一个字所表达的意思都可能不同。例如，学生在做题过程中很容易把"连接直线外一点与直线上各点的所有线段中，垂线段最短"简单说成"垂线段最短"。进而写成垂线最短或者线段最短，少一个字，意义完全不同，从而导致错误。图形语、文字和符号语言这些几何的基本语言都是相互存在、渗透、转化的，学生很难快速熟练地掌握这三种语言之间的关联。

E. 数学语言的应用不规范。很多学生在初步接触几何时，基本不理解几何的学习特点，不习惯推理论证，不能将题目条件和图形有效结合，不能从结论入手寻找证明思路，甚至是解答和证明也分不清楚，逻辑思维混乱，语言叙述跳跃性大，解题过程书写无序，表达极其不规范。

②几何入门难产生的心理机制及类型。

根据问卷调查所得到的数据，课题组将初中几何入门阶段的学困生在情感、态度、价值观等方面存在的问题归纳为：兴趣缺乏型、学习懒散型、不求甚解型、信心不足型、环境依赖型。

A. 兴趣缺乏型：兴趣是一种特殊的意识倾向，是学习动机产生的主要原因。比如自身不喜欢数学而连带着不喜欢几何，对几何学习的短时不适应导致几何学习兴趣的缺乏，又或者是自身的性格贪玩不爱学习等。

B. 学习懒散型：学习懒散型的学生通常表现为三种类型。一是自我放纵型，对自己的学习没有任何规划，也没有什么远大的理性，更不用说学习目标了。他们的学习目标不明确，缺乏学习几何的积极性和主动性；二是有不良的学习习惯，上数学课时注意力不集中，学习自觉性差，课前预习不到位，课后也没有及时复习；三是意志力薄弱型，几何入门阶段的概念、定理的识记较多，需要思考，熟记本质属性，这类学生经常知难而退，完不成学习任务。

C. 不求甚解型：这类学生容易满足现状，遇到综合题、复杂的推理论证题时，不愿深思，或束手无策，或不求甚解。

D. 信心不足型：学生数学基础差、学习能力低下，尽管每节课都很努力，作业认真完成，但是解题能力差。

E. 环境依赖型：几何入门难的主要原因不是来自自身，而是外界因素，其中最主要的就是依赖教师，学生会因为授课教师的性格、教学方式以及对自己的态度决定自己对数学的学习态度。

③解决学生平面几何入门难的对策建议。

经过师生访谈、实证研究，课题组获得了突破几何入门难的教学对策。

A. 培养学生学习平面几何的兴趣。教师在备课环节要深度挖掘蕴藏在教材中的实践性素材和趣味性素材，注重每节课的导入设计，比如：欣赏图片、看实物、做实验等，让学生感受到几何就在身边。指导学生动手操作，增强动手能力，如用折纸法找角平分线、找对称轴，用拼凑法得出三角形的内角和为

360 度、利用几何画板动态图设计最短路径等，让学生眼、手、脑积极参与到整个教学过程中去，激发学习几何的兴趣。在教学进度安排上，坚持先慢后快；在教学内容上，坚持四基要求，稳扎稳打。总之，创设轻松、愉快的学习氛围，使学生一直保持良好的兴趣。

B. 加强概念、定义、定理的教学。平面几何一开始就出现大量的概念，七年级的学生往往会感到抽象、晦涩、难以理解，更加不会应用解题。因此需要加强学生读、说、听、写、思的能力。教师在讲解定义和定理时，语言要精练、准确，要重视解题示范，重点语句要结合图形特别标注、重点讲解，要求学生齐读，让学生在结合图形复述时注意三种数学语言相互转换，注意引导学生从数与形、图形与实物等多角度加深对概念、定理的理解和记忆。

C. 教会学生分析命题。辨别条件和结论是证明题目的关键，但对于初学几何的学生来讲很难将两者区分清楚。在教学中要详细地分析，要让学生注意到条件部分一般用"如果"开头，结论部分一般用"那么"开头，具体应用时可以把定理改写成"如果……那么……"的形式。

D. 指导学生识图画图。平面几何主要任务是研究平面图形的性质，认图和画图是学好几何的关键，因此要抓好实物到图形过渡的教学、抓好识图与画图的教学、抓好数学语言的教学。

E. 指导学生逐步掌握逻辑推理的方法。初学几何一般最困难的是不会论证几何题。主要是学生在生活中缺乏推理、述理的习惯。因此要教会学生审题、分析、论证的基本方法。对于初学几何的学生，要教会他们先从分析入手，分清题目中的条件和结论，再从结论入手，一步步逆推，直至与题目中的条件和已学过的定理完全联系起来为止。教师先做示范，再引导学生尝试，再逐步要求学生用准确规范的数学语言表述解题过程。几何题的证明方法往往有多种，要注重一题多解、一题多证和一法多用的教学示范，举一反三，循序渐进。

（2）实践成果。

①培养学生良好的思维逻辑能力。

从心理学、教育学的角度分析：刚从小学升入七年级的学生，思维方式处于从"图形语言"到"符号语言"、从"几何直观"到"推理论证"的学习和认识过程，需要一定的适应和转变时间，从而导致几何入门难。在本课题的研究过程中，课题组教师重视从实物到图形、从图形语言到自然语言再到数学语言的训练，重视教师的示范与学生的尝试的教学，学生的逻辑思维能力快速提高。

经过一年的跟踪比较和调查发现，实验班的学生对几何课的兴趣明显提高，大大高于对照班。

实验班达到了 90%，而对照班只有 60%，对教师、教学方法和课堂的整体满意度，实验班都远远高于对照班。

②学生对几何的学习兴趣大大提升，学习成绩明显提高。

实验班与对照班相比，几何入门难的现象获得根本改变，不少学生由怕学到爱学、会学，学习效率和学习成绩明显提高。通过四次测验的平均分、优秀率、及格率，对实验班和对照班的学生成绩进行分析，结果显示，经过一年的实验，实验班的平均分、优秀率、及格率都远远高于对照班。

③促进教师专业发展。

学生几何学习入门难，其实几何入门教学也难，在一定程度上考验教师的教学智慧。在课题研究阶段，教师创新思路，优选方法，多种教学手段并用，促进了教师专业技能的提升。

3. 反思

初中几何入门教学的成功与否，直接关系到学生数学学习兴趣的维持和思维品质的提高。本课题虽然获得了一些成果，但仍欠深入，主要表现在：

（1）由于研究时间有限，几何入门的教学模式还不成熟，只是在某些环节上取得一些共识和突破，获得点滴经验，需要继续研究，获得更全面深刻的研究成果。

（2）本课题研究对象只是选取了广东韶关实验中学一所学校，虽然具有一定的代表性，但仍不能代表其他地区的学生情况。

（四）"初中数学集体备课的有效性策略研究"子课题之四——"数学活动周"教学研究

1. 集体备课"数学活动周"方案

数学教学的实质就是数学活动的教学。学生的数学核心素养必须通过形式多样、内容丰富的学习活动、实践活动形成和获得。因此，数学活动的开展非常必要，自然数学活动课的集体备课也非常重要。2019 年 5 月，我校开展了"数学活动周"活动，全体数学科组成员集体备课多次，从活动主题到各个项目环节，反复斟酌、多次修改、不断完善，最终形成如下实施方案。

一、活动主题

数·智人生　学·趣无穷

二、活动背景

为全面贯彻《国家中长期教育改革和发展规划纲要（2010—2020）》及

《中国学生发展核心素养》文件精神，深入推进 STEM 教育理念在数学课堂中的应用，加快信息技术与学科教学的创新融合，同时为学生提供展示自身聪明与智慧的平台，激发学生学习数学的兴趣，启迪数学思维，让学生真正走进数学、感受数学、喜欢数学，在数学中得到快乐，提升数学素养，经学校研究决定特举办首届"数学活动周"，活动由初中数学科组承办。

三、活动目的

（1）全面推进我校 STEM 教育理念在课堂中的落地，真正做到科学（Science）、技术（Technology）、工程（Engineering）与数学（Mathematics）的跨学科深度融合。

（2）给学生提供一个多途径、多方法、多角度了解数学的舞台，引导学生以数学的眼光观察世界，以数学的思维认识世界，在活动中提升思维，在挑战中享受乐趣。

（3）通过活动提高学生的运算能力、应用能力、逻辑思维能力和动手操作能力，同时培养学生的团队合作意识，在动手动脑过程中发展想象能力，培养创新意识。

（4）增强学生学习数学的信心，在数学魅力的感染下，自觉掀起学数学、用数学、爱数学的热潮，为学校创造良好的数学人文环境，展现教育教学成果，促进特色文化建设。

四、活动时间

2019 年 6 月 3 日至 2019 年 6 月 7 日

五、活动组织

（一）活动领导小组

组　　长：夏明星

副组长：赵文、张运兰、侯燕香

组　　员：七、八年级所有数学教师

（二）活动参与对象

七、八年级全体学生。

六、活动形式

本次活动分为数学嘉年华游园游戏活动、数学知识竞赛和数学讲座三大模块，主要包含巧算24、魔方竞技、数学谜语、拍"7"令数学游戏、数独大赛、数学故事演讲比赛、五子棋大赛、小老师说题比赛、手抄报比赛、七年级数学竞赛以及数学讲座共计 11 个项目，具体见下表。

活动计划表

序号	模块	活动项目	参与年级	活动时间	活动地点	所需道具	负责人
1	数学嘉年华游园游戏活动	巧算24	七、八年级	6月3日下午 2:30—4:30	一楼大厅	四副扑克牌	徐兴玉、薛腾
2		魔方竞技	七、八年级	6月3日下午 2:30—4:30	一楼大厅	10个三阶魔方，2个二阶魔方，1个金字塔魔方；6个秒表	方文君、聂小琴
3		数学谜语	七、八年级	6月3日下午 2:30—4:30	一楼大厅	2个移动展板（借用一楼展板）、A4打印纸一包（粉红色）、双面胶5个	邓海珍、黄克琦
4		拍"7"令数学游戏	七、八年级	6月3日下午 2:30—4:30	一楼大厅	班级塑料凳子100张	杨芳、毛树兰
5		数独大赛	七、八年级	6月5日下午 6:30—8:50	阶梯教室	铅笔、水性笔等必备工具（选手自带）	李晓帆、葛露婷、卢智斌
6		数学故事演讲比赛	七、八年级	6月4日下午 6:30—8:50	三楼录播室		冯洁、刘会水
7		五子棋大赛	七、八年级	6月5日下午 2:30—4:50	一楼大厅	用纸代替棋盘，用笔代替棋子，信纸、不同颜色的笔	唐年、廖俊辉
8		小老师说题比赛	八年级	6月3日下午 6:30—8:50	三楼录播室		侯燕香
9		手抄报比赛	七、八年级	6月3日全天			吴惠、卢劲松

（续上表）

序号	模块	活动项目	参与年级	活动时间	活动地点	所需道具	负责人
10	数学知识竞赛	七年级数学竞赛	七年级	6月5日下午6:30—8:50	阶梯课室2间		刘海景
11	数学讲座	数学讲座	八年级	6月3日下午6:30—8:50	阶梯课室2间		李柱成

2. 研究成果

为深入推进 STEM 教育理念在数学课堂中的应用，为学生提供展示自身聪明与智慧的平台，激发学生学习数学的兴趣，我校于6月3日—6月5日举办了首届数学周活动。本届活动以"数·智人生　学·趣无穷"为主题，旨在以数学活动为载体，让学生真正走进数学、感受数学、喜欢数学，体验、感悟数学之美。

当日下午开展的游园活动则成功掀起了数学周的第一个高潮，七八年级2 500多名学生参与其中，场面火爆，人山人海。活动一开始，拍"7"令数学游戏、巧算24、数学谜语、五子棋大赛、魔方竞技等数学游戏摊位瞬间就排起了长龙，学生乐此不疲地排队、做游戏，全校顿时成了数学的海洋。

采用竞速制的魔方竞技最是引人注目，在班级初赛中脱颖而出的近100位选手根据现场抽签结果分组，7人一组进行激烈对抗，比赛采用统一用具，选手要在最短时间将打乱的魔方进行复原，每当小裁判喊"观察时间到，选手开始比赛，3——2——1"后，全场观众屏气凝神，聚精会神地观看比赛，生怕错过选手的每一个细节，选手们娴熟的手法也令参赛学生叹为观止，不时爆发出阵阵掌声。

还有采用两人合作方式的巧算24，通过小裁判任意派发的4张扑克牌，运用运算符号，使最终牌面得数为24，既体现出对抗又讲究合作，还锻炼了快速运算能力，获得了诸多学生的喜爱。历时两小时的游园活动环节井然有序，学生们或苦思冥想，或笑逐颜开，或激烈竞速，或共商对策，气氛活跃，大家积极参与其中，乐此不疲地收集集赞卡印章，活动结束后纷纷拿着集赞卡到班里兑换心仪的礼物，收获满满的乐趣，笑容洋溢在每一位学生的脸上。

当晚于初中部三楼录播室举行的"小老师说题比赛"也吸引了诸多关注，通过抽签决定比赛顺序，评委事先准备10道几何综合题，学生随机抽取题号，并给予 15 分钟做题，说题时间限制在 6 分钟以内，从八年级 22 个班脱颖而出的 22 个小老师齐聚一堂，进行了激烈角逐。讲题过程中学生缜密的思维、超强的逻辑、适当的互动、提问，活像一个个博学的小老师，精彩的表现也赢得了评委的一致好评。

（五）"初中数学集体备课的有效性策略研究"子课题之五——"韶关实验中学初中集体备课个案分析"研究

1. 广东韶关实验中学简介

广东韶关实验中学位于广东省韶关市芙蓉新城，按省一级以上标准设计和建设，定位为布局合理、设计独特、管理规范、队伍强大、质量优良的基础教育学校。该校秉承以人为本和可持续发展的办学思想，坚持将人文和科学相交融，注重博学与厚德相当的育人理念，在不断超越的过程中，构建了富有特色的校本课程，形成了富有特色的学校文化。该校初中数学教师共 40 余名，主要分布在 22～40 岁，是一支年轻的教师队伍，实行以年级科组为单位的集体备课两年有余，从最开始的没有具体内容，到现在已被用来作为教学管理的常规工作固定进行，无论是在内容还是形式都在不断地改进和完善，对学校教研活动的深入开展发挥了重要作用。

2. 初中数学集体备课实施状况

（1）集体备课的制度建设。

广东韶关实验中学实施的集体备课经历了两个阶段，集体备课制度在不断实践、研究中逐步完善。最初学校集体备课制度尚不完善，通常以周为单位，以年级学科组为单位，集体讨论本周的教学进度以及下周课程的重点、难点、需要使用的教育资源等，备课组组长向备课组成员传达学校一周的教学工作会议，分配下周的教学任务，对备课内容的讨论并没有实质性的交流和反思。

为了规范教师在集体备课中的行为，保证集体备课的效果，修订了新的教研制度，这是集体备课发展的重要节点。修订后的教研制度如下：每周两次集体教研（备课）。每周一和周三以备课组为单位进行集体备课，每次 1.5 小时，由备课组组长组织，在固定的时间和地点进行（时间规定在下午活动时间，地点位于教学楼 1 楼会议室），每个学科备课组都有其固定的教研室。

（2）集体备课的实施流程。

集体备课的实施流程大致分为三个部分，集体备课前的准备工作、集体备课中的讨论交流、集体备课后的二次备课。初中数学组将集体备课和学案教学相结合，创造出一个独特有效的集体备课流程，具体流程如下：

①领取任务阶段，时间安排在上周三，即在上一轮集体备课完成后就安排下一轮集体备课的内容。备课组组长要安排全体成员对下一轮集体备课内容的准备工作，包括对教材和考试大纲的研读。

②独立备课环节。备课组的教师独立备课，根据教学实际情况各自备课。

③"说课"研讨环节。参加集体备课活动的教师逐个进行"说课"，其他教师认真听课并学习。"说课"完成后，众教师可讨论交流本次备课内容的大致框架，并确定主备课人。

④编写样稿。主备课人要将自己的备课方案制作成草案，即学案的草稿，这个学案的编制也有一定规章流程。（后面通过个案让组员熟悉流程）

⑤集体审定。主备课人将草案发给备课组教师人手一份，并对该内容进行解说，其他教师听取主备课人的解说，讨论备课草案。需要注意的是，主备课人要讲清楚各个环节的设计意图及原因，集体讨论时要充分发扬学术民主，百家争鸣，允许不同的意见。

⑥修改印发。备课组教师个体结合自身的教学风格和班级学情，在集体备课形成的提纲的基础上编写教案。

（3）集体备课的主要内容。

初中数学组规定了每个备课周期内集体备课的主要研究内容。

①周一教研：备课组在上周三已根据下周所需编写的课时资料分配任务，教师独立备课。周一教研首先由教师按照任务分配进行"说课"，然后全组教师讨论修订，最后形成统一认识，确定课时教学目标、重难点、主要教学环节及教法、当堂反馈。所有下周教学的内容都要在本次教研中进行讨论，教师在此基础上进行学案、小卷子、周测等资料的编写，并在周三活动前准备好资料的样稿。

②周三教研：本次教研针对教学资料的样稿，备课组逐一进行细节的修订。从课时的教学目标、重难点、教学环节、例题及课堂反馈练习，每一项都从提高课堂实效的角度进行推敲和审定。确保每一份发到学生手中的学习资料有效和高效。然后分配下一周期的编写任务，教师在下周一活动前进行个人备课。

3. 集体备课活动案例分析

（1）"同课异构"案例。

在集体备课相关制度指引下，本节选取人教版《数学》八年级上册第十五章第一节"分式的基本性质"的集体备课为案例进行分析。学生通过类比分数的基本性质，理解和掌握分式的基本性质，灵活运用分式的基本性质进行分式的恒等变形及最简分式的化简；通过与分数的类比，导出分式的基本性质，培养学生类比转化的思维能力。

①制订计划，明确任务。综合公开课时间以及初二数学的进度，确定人教版《数学》八年级上册第十五章第一节"分式的基本性质"第一节课时作为集体备课目标。

②个人初备，制订解决问题的初步方案。主备课人李晓帆老师认真研究课程标准、教材、课程资源，查找课件多达百余个，视频35个，开始制作课件。

③集体研讨，形成解决问题的预案。李晓帆老师陈述自己解决问题的方案，集体研讨进行完善，形成教学预案。

④二次备课，个性化设计，课堂实践动态生成。辅备课人根据学生的实际情况和自身教学风格，对集体备课预案进行个性化设计，并在课堂实践中动态生成。

⑤反思调整，形成解决问题的方案。教师根据课堂教学的实际情况写出课后反思，同步调整自己的教学策略，再通过集体交流讨论，形成解决问题的最佳方案，同时进行汇总，完善教育资源。

⑥分享成果和心得。一节优质课视频获得校级青年教师基本功大赛一等奖。

（2）几何入门课案例。

平面几何学习入门难、教学难一直是教学难题。通过集体备课，可以有效缩短教师备课时间，提高教学效率。以人教版《数学》八年级上册"13.4 课题学习　最短路径问题"的教学设计为例（这也是笔者的校级示范课），经历了个人初备、集体研讨、二次备课、反思调整等过程，最终形成《课题学习　最短路径问题的教学设计》。

13.4　课题学习　最短路径问题的教学设计
人民教育出版社数学八年级上册

一、上课时间：2018 年 10 月 31 日下午第 6 节

二、上课班级：广东韶关实验中学八年级（2）班

三、上课教师：侯燕香

四、教学内容与地位

最短路径问题涉及的知识点比较多，如：两点之间，线段最短；三角形两边之和大于第三边；垂线段最短；轴对称、平移等。出题背景也相当丰富，常常与角、三角形、特殊四边形、圆、坐标轴、抛物线等进行综合考查，是中考

的热点。纵观近几年中考，利用对称解决将军饮马等类似问题出现比较多，这类问题还和生活实际紧密联系，是难度系数比较高的一类问题。它的解题思路是"折转直"，比较抽象，学生因此畏难情绪严重。本节课是最短路径的第一课时，通过研究将军饮马问题，让学生经历将实际问题抽象为数学的线段和最小问题，再利用轴对称知识将线段和最小问题转化为"两点之间，线段最短"，为日后解决中考九分题中的最值问题打下良好的基础。

五、学情分析

尽管八年级学生已经储备了一些关于最值问题的知识，但由于学生首次遇到某条线段或线段和最小，所以无从下手。另外证明两条线段和最小时要选取另外一点，学生想不到、不会用，所以利用轴对称将最短路径问题转化为线段和最小问题，逻辑推理证明所求距离最短是本节课的难点。

六、教学方法

本节课通过复习预备知识、创设情境，以将军饮马问题为载体给学生提供探索的空间，引导学生通过自主探究、合作交流、推理论证、建构模型，让学生形成技能，发展思维，学会学习。

七、学法指导

引导学生观察、思考、交流、解决问题串、建立模型，指导学生利用所学知识解决实际问题，学习中重视伙伴们的互动。

八、教学媒体准备

课件 PPT，投影仪，几何画板。

九、教材分析

教学目标	知识技能	能利用轴对称解决简单的最短路径问题，体会图形的变化在解决最值问题中的作用
	过程方法	在将实际问题抽象成几何图形的过程中，提高分析问题、解决问题的能力及渗透感悟转化思想
	情感态度	通过有趣的问题提高学习数学的兴趣。在解决实际问题的过程中，体验数学学习的实用性
重点		利用轴对称将最短路径问题转化为"两点之间，线段最短"问题
难点		利用轴对称将最短路径问题转化为线段和最小问题，逻辑推理证明所求距离最短

十、教学流程（略）

十一、教学反思

本节课以数学史中的一个经典问题——"将军饮马问题"为题开展对"最短路径问题"的课堂研究，让学生经历将实际问题抽象为"数学的线段和最小问题"，再利用轴对称将"线段和最小问题"转化为"两点之间，线段最短"（或者"三角形两边之和大于第三边"）问题。此类问题涉及的知识点比较多，有两点之间，线段最短，三角形两边之和大于第三边，垂线最短，轴对称、平移等，出题背景也相当丰富，常常以角、三角形、特殊四边形、圆、坐标轴、抛物线等为背景进行综合考查，是中考的热点，其解题思路是"折转直"，比较抽象，学生因此比较难找到路径最短的位置。为此我做了如下设计：

先以练习的形式复习了本节课需要的预备知识，然后借将军饮马典故引入探究课题，利用问题串（四问）及追问（两问），引导学生把实际问题抽象出数学问题，找出饮马点，然后利用几何画板对作法进行验证，并在画板的屏幕上设计了四点突破，引导学生论证了此时所求的距离最短，从而突破了教学难点，也加深了学生对重点知识的理解。从中培养学生自主探究、合作交流等解决问题的能力，整个过程教师都时刻关注学生思路的表达，重视数学模型的建构及思想方法的渗透。

整节课表现下来做得比较成功的有：①设计科学、合理，紧扣教学重点，突破难点，集知识性和技能性的培养，重视数学思想方法的渗透和数学模型的建构。②关注学生的课堂表现（参与是否积极、语言表达是否准确、是否与同伴交流、说理时的思路是否清晰等），时刻以学生为主。③善于巧妙设问引导、灵活追问强调。④语言精练，思维严谨，过渡自然，有自己独特的课堂教风。⑤总结小令、德育作业不乏是本节课的教学亮点。

但教学是门遗憾的艺术，本人在难点突破的地方还差些火候，过于相信自己的学生，放得比较开，稍欠引导，学生明显比较吃力，导致在后面练习中略显仓促。因此在二备反思中做了修改，即在几何画板演示的图形中直接进行引导，证最短路径意在比较路径 $AP+PB$ 和路径 $AC+CB$ 的大小（其中点 P 是直线 l 上异于点 C 外的任意点），从而转化为在三角形中比较三边的大小即可。另外在某些细节处理上还有待加强，如 PPT 图形的虚实线、字体大小等；学生回答问题声音小、作品展示期间背挡题，这些都应该做到及时提醒。

4. 案例研究总结

从上述两个案例呈现的内容与集体备课过程分析来看，韶关实验中学初中数学八年级教师在集体备课过程中体现出了以下特点：

（1）在整体的集体备课过程中任务目标明确、态度端正，参与积极性好。由上述两个集体备课案例分析可知，该校数学集体备课组在集体备课讨论的过程中，内容涉及本节内容的教材分析、目标设计的描述、学生情况的分析以及算术知识与方程知识的交叉运用，对本节内容的设计和讨论充分而详细。同时在较轻松的集体备课氛围下，两位数学教师都能够较好地表明自己对某一知识点或某一具体情形的观点或态度，全程认真地聆听其他教师的发言，并进行记录和补充。

（2）在整个集体备课过程中，主备课人的行为表现积极主动，通过案例分析可以看出，作为主备课人的李晓帆老师将自身所授课的教案和课件整体进行展示，和其他教师进行对话式问题探讨和解决，没有出现较激烈的争论，整个氛围也较轻松、自由，更易展现出自身在集体备课讨论中的观点和意见，使问题在讨论中得到完善和补充。

（3）在整个集体备课过程中，大家一致认为集体备课效率较高，因为讨论的内容是之前定好的，同时不论谁作为主备课人，这些知识都是在场的教师一起经历过的，又或者是一起准备、一起完成的，所以每位教师都会有感而发。从备课、上课到再次备课，再上课时教师观察发现集体备课后原来的架构有了新内涵，体现出集体备课的成效。

五、初中数学集体备课的有效性策略研究成果

起初决定研究这一课题的目标有三个：一是为了提高我们集体备课的实用性，做到备而能用。二是我们学校的年轻教师太多，整个团队偏年轻化，一个个辅导需要时间和精力，便想通过集体教研这块来促进教师们的专业成长，提高教学水平，帮助教师们高效完成教学任务，做到有利于教。三是想让我们的学生学得快，学得扎实，能更好地完成三维目标，做到有利于学。从课题研究的过程看，基本完成了研究目标。

我们通过开展"同课异构"的子课题研究，大大提高了课堂教学的有效性，拓宽了教师们的视野，丰富了教育教学艺术，也大大加深了教师对教材的理解，通过相互对比，引起教师对授课方法的思考，智慧碰撞，并构建了多重对话平台，让教师们在"同课异构"的过程中，就每一个问题展开了热烈的

讨论，打开自己的心扉，发表自己的感受和看法。经验丰富的教师奉献自己的教学专长，年轻教师展示自己的新观点新思路。讨论得越深入，发现的问题也就越多，对问题的理解也就越透彻。这个过程不仅大大促进了教师的专业成长，还提升了课题组的团队意识。"同课异构"丰富了我们备课组的资源包，包括个人优秀课件、导案、反思、实录及教学设计等。我们共录了 23 节优秀课堂实录；4 篇优秀教学设计参加了广东省的评优比赛，其中两篇获大奖；6 篇教学论文参加韶关市的评优比赛，均获奖，并有两篇论文获广东省优秀论文特等奖；同时在多种场合开展了各级各类的个人优秀讲座。

针对我校每月有月考，每周有周测，每天有限训，和初中生几何入门难这一事实，我们开展了初中数学集体备课有效性之讲评试卷和初中数学集体备课有效性之平面几何入门教学的两个子课题研究。在研究过程中我们已经建立了一套可增强初中数学试卷讲评课实效性的教学模式、方法、策略，也形成了一套几何入门备课的有效模式，解决平面几何入门难、教学难的问题。无论是学生的兴趣还是成绩都有较大幅度的提高。

通过以"数学周"活动集体备课的教研，课题组形成了一套有效的活动课集体备课方案，引导学生参与到数学活动中，并在活动中体验、感悟、反思，培养和形成数学核心素养。活动本身不仅展示了数学学科的魅力，更丰富了校园的文化生活，激发了学生学习数学的兴趣。活动形式和内容在校内外引起了巨大的反响，也给教师们留下了诸多思考，同时为今后的数学教学改革开辟了新的路径。正所谓：为师情润点线面，学子心系角方圆。

六、展望与不足

通过两年系统扎实的学习、调查、研究、实践、反思、修正等研究探索过程，本课题取得了一系列研究成果，达到了预期目标和效果，但受时间、能力、条件等多个因素的影响，本课题仍存在不少欠深入全面的地方，有待今后进一步探讨。

首先，"初中数学集体备课的有效性策略研究"这个课题涉及理论与实践两个层面的研究，特别是理论层面的研究对中学教师来说难度较大，对课题组教师的学识、能力、拥有的资源、信息技术水平等方面要求高；其次，本课题的研究既涉及教师的教，又涉及学生的学，不同的教师群体和不同的学生群体对课题结论也会带来影响，因此影响因素多；第三，不同学校、科组在教研方法、活动方式、组织管理等方面有很大差异，这也在一定程度上影响教研成果的普适性。

　　虽然本课题研究已经结束，但因为其重要性与价值促使我们仍保持继续研究的心向和动力。在理论上将想借助高校教师和相关专家的资源，作进一步的提炼升华，丰富本课题的理论成果；在实践方面拟扩大研究力量，争取多校教师参与，同时增加实验班级，增大本课题的研究样本，增强本课题成果的实践性与普适性，提高本课题成果的实用价值和推广应用价值。